Sarah Turner

Windelwahnsinn

Eine junge Mutter packt aus

Aus dem Englischen von
Christiane Burkhardt

GOLDMANN

Alle Ratschläge in diesem Buch wurden von der Autorin und vom Verlag
sorgfältig erwogen und geprüft. Eine Garantie kann dennoch nicht
übernommen werden. Eine Haftung der Autorin beziehungsweise
des Verlags und seiner Beauftragten für Personen-, Sach- und
Vermögensschäden ist daher ausgeschlossen.

Der Verlag weist ausdrücklich darauf hin, dass im Text
enthaltene externe Links vom Verlag nur bis zum Zeitpunkt
der Buchveröffentlichung eingesehen werden konnten.
Auf spätere Veränderungen hat der Verlag keinerlei Einfluss.
Eine Haftung des Verlags für externe Links ist daher ausgeschlossen.

Verlagsgruppe Random House FSC® N001967

 Dieses Buch ist auch als E-Book erhältlich.

1. Auflage
Deutsche Erstausgabe Februar 2017
Wilhelm Goldmann Verlag, München,
in der Verlagsgruppe Random House GmbH
Copyright © 2017 der deutschsprachigen Ausgabe
Wilhelm Goldmann Verlag, München,
in der Verlagsgruppe Random House GmbH,
Neumarkter Str. 28, 81673 München
Copyright © 2016 Sarah Turner
Originaltitel: *The Unmumsy Mum*
Originalverlag: Bantam Press
Umschlag: Uno Werbeagentur, München
Umschlagmotiv: FinePic®, München
Fotos S. 10/11: © privat, mit freundlicher Genehmigung der Autorin
Redaktion: Sylvie Schlichter
Satz: Uhl + Massopust, Aalen
Druck und Bindung: GGP Media GmbH, Pößneck
KW · Herstellung: CF
Printed in Germany
ISBN 978-3-442-17630-4
www.goldmann-verlag.de

Besuchen Sie den Goldmann Verlag im Netz:

Für Debbie Sheppard,
die beste Mutter überhaupt
(1954–2002)

Inhalt

Darf ich vorstellen? Die Turners

MUTTER
Sarah
alias The Unmumsy Mum,
http://theunmumsymum.blogspot.de/

Autorin/Bloggerin oder so was in der Art. Hat ihr Philosophie-Studium mit Auszeichnung abgeschlossen (nein, »gemacht« hat sie damit nie irgendwas). Trinkt eine Unmenge von Tee, manchmal auch Traubensaft für Erwachsene und Gin Tonic aus der Dose. Krankhaft süchtig nach der BBC-Serie »Sturmhöhe«. (Tom Hardy als Heathcliff ist der lebende Beweis dafür, dass Träume doch in Erfüllung gehen können.) Häufig auf Facebook unterwegs.

ERSTGEBORENER
Henry
alias Henry Bear, Henners,
H Bomb

Riesenfan von Darth Vader, Scooby-Doo und seinem unsichtbaren Monsterfreund namens »unsichtbarer Monsterfreund«. Hat ein lebenslanges Abo auf Valentinskarten, weil er am 14. Februar Geburtstag hat. Liebste Gesprächsthemen: Popos und Pupsen.

VATER
James
alias Hubbs

Vorbildlicher Staatsdiener mit
einer Vorliebe für Fernsehmarathons
(wenn es um Autothemen geht) und
Keksvernichtungsmarathons. An einem
richtigen Marathon hat er auch schon
teilgenommen (London, 2011) und jede
einzelne Sekunde davon gehasst. Geht
gern zum Fußballspielen in den Park und
kann es nicht ausstehen, etwas über sich zu
erzählen. Ändert bei Hochzeiten heimlich
die Tischordnung, damit seine Frau neben
Wildfremden sitzen muss. Würde alles für
seine Familie tun – ein echter Traummann!

ZWEITGEBORENER
Jude
alias Seine Majestät, Ginger Biscuit,
Judy Pops

Isst alles, was ungenießbar ist.
Schmeißt alles rum, was essbar ist. Nutzt
das Wohnzimmer als seinen persönlichen
Hindernisparcours. Zieht Peppa Wutz
jedem noch so niedlichen Teddy vor.
Ein kleiner Ron Weasley inmitten einer
blonden Familie.

Ein Brief an meine Jungs

Liebster Henry, liebster Jude,

wenn ihr das hier lest, werdet ihr dieses Buch wahrscheinlich komplett lesen. Ich weiß nicht recht, wie ich das finden soll, schließlich werdet ihr Dinge über eure Mutter erfahren, die ihr vielleicht nie erfahren wolltet. Aber das wird sich wohl leider nicht vermeiden lassen, also sei's drum.

Zunächst einmal hoffe ich, dass ihr das erst lest, wenn ihr bereits Teenager seid. Bestimmt wird euch auffallen, dass ich manchmal Wörter benutze, die ich euch verboten habe. Aber es wirkt einfach authentischer, wenn ich aufschreibe, was mir gerade durch den Kopf geht, und das kann schon mal so was wie »Scheiße« oder »Arschloch« sein. Zu Hause will ich diese Wörter aber nicht hören, klar? Für solche Verbote ist man nie zu alt!

Als ich in eurem Alter war, habe ich Tagebuch geschrieben. Mit Stift und Papier. Ja, ich weiß, dass ich mich jetzt anhöre wie eine uralte Oma, aber in euren

Augen bin ich vermutlich ohnehin schon scheintot: Ich wurde noch im letzten Jahrtausend geboren und bin in den 1990er Jahren aufgewachsen, mit den Spice Girls, mit Tamagotchis, bunten Strähnchen im Haar und Musikkassetten (bitte erinnert mich daran, euch zu erklären, was das war). Ich werde euch nicht verraten, was in diesen Tagebüchern stand – in der Zeit nach der Schule drehten sie sich nämlich hauptsächlich darum, wie ich euren Vater rumkriegte. Okay, ihr könnt aufhören, euch vor Scham zu winden – dieses Geschreibsel habe ich längst verbrannt.

Kurz nachdem ich mit eurem Vater zusammenkam, habe ich mit dem Tagebuchschreiben aufgehört. Erst als ich Mutter wurde, hatte ich wieder das Bedürfnis, meine Gedanken zu Papier zu bringen. Nur, dass ich diesmal nicht mehr zu bunten Kugelschreibern und hübschen Kladden griff, sondern einen Online-Blog ins Leben rief – ohne im Vorfeld auch nur zu ahnen, was meine in die Welt hinausposaunten Gedanken für eine Welle nach sich ziehen würden. Das Internet ist wirklich eine erstaunliche Sache!

Nun möchte ich ein paar Dinge klarstellen, damit ihr versteht, warum ich so freimütig von meinem Mutterdasein erzähle. Ihr dürft ruhig wissen, was damals in mir vorgegangen ist, denn das Allermeiste davon drehte sich um euch, meine süßen kleinen Puddingköpfe.

Mama zu sein, ist verdammt hart.

Egal, wie alt ihr seid, wenn ihr das lest, ich bin sicher,

dieser Satz wird auch dann noch seine Gültigkeit haben. Doch die ersten Jahre mit euch waren eine ganz andere Hausnummer. Wenn es mal wieder besonders schlimm war, weil ich kaum geschlafen hatte, wenn einer von euch dermaßen brüllte, dass ich es kaum noch aushielt, wenn das Haus aussah, als hätte eine Bombe eingeschlagen, ja dann ... dann hätte ich gern von jemandem gewusst, dem es genauso geht. Ich hätte zu gern gelesen, dass ich nicht die Einzige bin, die gerade völlig durchdreht, und dass ich deswegen nicht mit dem Kopf gegen die Wand rennen muss, sondern dass irgendwann alles gut wird – auch wenn im Moment gar nichts gut ist. Genau so was hätte ich gebraucht. Doch stattdessen fielen mir bloß Ratgeber mit Einschlaftipps in die Hände, in denen stand, dass ich jede Minute mit euch genießen sollte. Ratgeber, in denen jeder einzelne Satz mit einem Ausrufezeichen endete: »Ihr Baby ist jetzt vier Monate alt! Ein Alter voller wunderbarer Erlebnisse! Ein guter Moment, um übers Abstillen nachzudenken!« (Ich wollte aber nicht übers Abstillen nachdenken, sondern bloß eine schöne heiße Tasse Tee und etwas Schlaf und das Gefühl, wieder ein bisschen ich selbst zu sein.)

Es gab Blogs von Müttern, aber auf denen sah das Muttersein einfach nur fantastisch aus – genau so, wie ich mir das immer erträumt hatte. Blogs, auf denen alle festliche Weihnachtspullis tragen, niemand eine nasse Hose hat und die Kinder um die Wette strahlen. Ich kann nicht behaupten, dass die mir eine große Hilfe gewesen wären!

Also beschloss ich spontan, selbst etwas zu schreiben, und mein Blog war geboren. Wie besessen schrieb ich einen Beitrag nach dem anderen über mein Leben mit Klein-Henry, über meine Schwangerschaft mit Jude, über Krabbelgruppen, Ausflüge mit Kind und alles, was mich sonst noch so umtrieb. Es war kein bisschen glamourös und manchmal auch einfach wildes Gezeter. Aber damals fühlte ich mich eben auch alles andere als glamourös und hatte das dringende Bedürfnis, mal so richtig Dampf abzulassen. So gesehen war mein Blog nichts anderes als ein modernes Tagebuch.

Ich hatte das alles eigentlich vor allem für mich geschrieben, aber dann begannen plötzlich andere Leute, meine Einträge zu lesen. Erst nur ein paar wenige, dann Hunderte und Tausende – bis Millionen mein Geschreibsel verfolgten, und ich bemerkte, was für eine Öffentlichkeit ich hatte. Diese Erkenntnis traf mich wie ein Schlag, und auf einmal war ich mir nicht mehr sicher, ob es wirklich so eine gute Idee war, mich als Mutter dermaßen zu entblößen. Ich hatte einfach bloß offen und ehrlich erzählen wollen, wie es mir ging. Doch je mehr Leute meinen Blog lasen, desto nervöser wurde ich bei der Vorstellung, dass jetzt alles auf einem Server im World Wide Web stand und sich nie mehr löschen lassen würde. Wir alle sagen manchmal Dinge, die wir lieber vergessen würden, für die wir uns schämen und die uns peinlich sind. Nicht umsonst werden viele Tagebücher irgendwann verbrannt – aber das war in diesem Fall ja nun keine Option. Was hatte ich bloß getan?!

Doch dann begann ich mir all die Mails, Kommentare und Tweets anzusehen, die ich als Reaktion auf meinen Blog bekommen hatte, und merkte: Hey, der ist ja vielen eine Riesenhilfe!

»Danke!«, stand darin. »Danke, dass ich mich endlich wieder normal fühlen darf!«

»Danke, dass ich wieder lachen kann.«

»Danke, dass du mir in einer besonders harten Woche Mut gemacht hast.«

»Danke, dass du mich darin bestärkt hast zuzugeben, dass diese Woche echt scheiße war, und ich wirklich nicht jede Minute mit meinem Kind genießen muss.«

Einige Nachrichten, die ich von anderen Müttern (aber auch von einigen Vätern) erhielt, rührten mich zu Tränen. Sie gaben mir Einblick in ihr Leben, schilderten ihren Kampf gegen postnatale Depressionen, ihre ständigen Schuldgefühle, ihre Überzeugung, komplett zu versagen und damit ganz alleine dazustehen: »Ich dachte, das geht nur mir so«, hieß es da.

Am liebsten hätte ich sie alle zu mir eingeladen und »He, ihr seid nicht allein!« in ein Megafon gerufen. Stattdessen beschloss ich, weiterhin über mein Dasein als Mutter zu schreiben – ein Entschluss, der irgendwann erstaunlicherweise ein Cover und viele Seiten bekam und zu meinem ersten Buch wurde.

Eines Tages werde ich meine Texte bestimmt noch

einmal lesen und mir denken: »Meine Güte, musstest du wirklich so viel jammern?«, oder: »Wahnsinn, ist diese Zeit schnell vergangen!« Und einiges, was damals meine Realität war, werde ich im Nachhinein sicher am liebsten löschen wollen.

Gut möglich, dass ich euch ein, zwei Mal mit Schimpfwörtern wie Arschloch belegt habe – das tut mir aufrichtig leid. (Wenn ihr erst mal selbst ein paar kleine Arschlöcher zu Hause habt, werdet ihr mich bestimmt verstehen.) Gut möglich, dass ich mich nach Überstunden im Büro zurückgesehnt und unmissverständlich gesagt habe, dass längst nicht alles Friede, Freude, Eierkuchen ist. Dass mich die Spielplatzbesuche und Krabbelgruppen zu Tode langweilen und ich nicht jede Sekunde mit meinen Kindern genieße.

Trotzdem sollt ihr wissen, dass ich unzählige Momente sehr wohl genossen habe. Momente mit der Familie, Momente, in denen wir gekuschelt, vorgelesen, nette Leute getroffen und schöne Ausflüge unternommen haben. Momente, in denen ihr euren Dad und mich zum Lachen gebracht habt (und zwar jeden Tag aufs Neue).

Ich hätte euch wirklich gern eine etwas geschöntere Beschreibung eurer ersten Lebensjahre präsentiert. Dann hättet ihr nie erfahren müssen, wie oft eure Mutter geflucht und sogar geweint hat. Ich wäre wirklich gern so gewesen wie eine dieser Mütter im festlichen Weihnachtspulli. Tut mir leid, dass ich euch in dieser Hinsicht enttäuschen muss.

Oft habe ich an mir als Mutter gezweifelt – aber nie an meiner Liebe zu euch. Ihr seid einfach wunderbar, unglaublich witzig und total drollig, und ich bin wahnsinnig stolz darauf, Teil dieser Familie, ja eure Mutter zu sein. Egal,
was ich im Leben noch alles erreichen werde – ihr beide seid die absolute Krönung, und nichts könnte mir wichtiger sein.

Dieses Buch habe ich für uns geschrieben.

Ich liebe euch bis zum Mond und wieder zurück.

Mama

Über dieses Buch

Als ich mir ausgemalt habe, wie mein Leben mit Kindern aussehen wird, dachte ich, dass alles so bleibt, wie es ist, nur dass ein paar kleine Menschen mit ins Bild reinkopiert werden: niedliche Winzlinge mit Ringellöckchen und dicken, marmeladeverschmierten Bäckchen. Natürlich hatte ich mich vorher informiert – ich wusste, dass es größere Umstellungen geben würde (weniger Schlaf, mehr Windeln, weniger Alkohol, mehr Kinderwagenschieben). Aber abgesehen vom Mutterschaftsurlaub, dem unvermeidbaren Kontakt mit Körperflüssigkeiten wie Rotze, Kotze und Kacke und der scheinbar unvermeidlichen Anschaffung eines Lauflernwagens mit Plastiktelefon ging ich nicht davon aus, dass sich mein Leben grundlegend ändern würde.

Dass es dermaßen durcheinandergewirbelt werden würde.

Als mich der Baby-Tornado im Winter 2012 traf, war ich kein bisschen vorbereitet. Rein körperlich, zubehörtechnisch war ich bestens ausgestattet, aber seelisch und emotional nicht im Geringsten. Die perfekte Ausrüstung, aber trotzdem keine Ahnung – genau so war es.

Ich werde immer wieder gefragt, was das Schwierigste am Kinderkriegen ist. (Ich persönlich schlage mich momentan glücklicherweise lediglich mit dem Problem herum, dass nur einer meiner Söhne Ringellöckchen hat.) Dann kann ich natürlich ausführlich von schlaflosen Nächten und kindlichen Tobsuchtsanfällen im Supermarkt erzählen, von dem Frust und der Langeweile, die sich einstellen, wenn man sich irgendwelche Naturdokus im Fernsehen ansieht, während man ein nimmersattes Baby stillt, obwohl man eigentlich viel lieber duschen möchte.

Ja, all diese Dinge sind schon Herausforderung genug, aber das Schlimmste sind die ständigen Selbstzweifel.

Warum liebe ich nicht jede einzelne Sekunde?
Wieso lieben alle anderen Mütter jede einzelne Sekunde?
Kann es sein, dass irgendwas mit mir nicht stimmt?
Dass ich einfach nicht fürs Muttersein gemacht bin?
Das ist nämlich kein bisschen so, wie ich es mir immer vorgestellt habe!

Als ich morgens um drei beim endlosen Stillen googelte: »Hilfe, ich will mein altes Leben zurück!«, habe ich den Verlauf sofort gelöscht. Ich schämte mich – und außerdem wollte ich mein altes Leben gar nicht zurück. Ich war total verknallt in meinen kleinen Wonneproppen und überaus dankbar für unsere kleine Familie. Aber es gab durchaus

Momente (zum Beispiel den, als ich nachts zum vierten Mal aufstand und das Baby gerade in hohem Bogen in seine Wiege kotzte), in denen ich dachte: Was haben wir nur getan? Momente, in denen ich nicht mehr aufhören konnte zu schreien: »Ich kann nicht mehr, James! *Es ist einfach nur scheiße!*« Und auch meinem Mann war eindeutig anzusehen, dass das Baby-Abenteuer kein bisschen so lief, wie er sich das immer vorgestellt hatte.

Doch nun, nach einigen Jahren, in denen sich magische Momente immer noch mit solchen abwechseln, die ziemlich scheiße sind, ist etwas Unglaubliches passiert: Auch wenn mich nach wie vor akute Selbstzweifel überfallen, weiß ich, dass ich damit nicht allein bin. Warum? Ganz einfach, weil die überwältigenden Reaktionen auf meinen Blog, auf die darin geschilderten Höhen und Tiefen, eine eindeutige Sprache sprechen.

Aus einigen wenigen Kommentaren wurden Hunderte, aus Hunderten wurden Tausende, und jetzt quillt mein Postfach regelrecht über von Mails, in denen Eltern ganz ähnliche Erfahrungen schildern. Eltern, die sich ständig Vorwürfe machen, dass sie nicht jede Sekunde lieben, weil es nun mal verdammt hart ist, Eltern zu sein. Als ich noch keine Kinder hatte, habe ich verächtlich geschnaubt, als ich einmal hörte, Eltern sein wäre der härteste Job der Welt. Tja, ein paar Jahre später kehrte ich freiwillig früher aus der Babypause zurück, um endlich wieder halbtags im Büro unter Erwachsenen arbeiten zu dürfen.

Der Name meines Blogs – *The Unmumsy Mum,* die unmütterliche Mama – wird oft fehlinterpretiert. »Mütterlich« ist keinesfalls ein Begriff, der für mich negativ belegt ist, im Gegenteil: »Mütterlich« klingt natürlich, glücklich, unbeschwert – so, wie ich auch immer sein wollte. Mein Blog heißt nur deshalb »The Unmumsy Mum«, weil ich mich bei seiner Gründung genau so gefühlt habe: »*un*mütterlich«, so als würde ich das Muttersein bloß spielen und gar nicht wirklich zu diesem Verein gehören. Als ich mir damals einfach alles von der Seele schrieb und anschließend die Kommentare anderer Eltern las, die besagten, dass es ihnen ganz genauso geht, war mir das eine große Hilfe und hat mich dazu inspiriert weiterzumachen (mit dem Schreiben und mit dem Muttersein, schließlich habe ich noch ein zweites Kind bekommen!).

Dieses Buch ist all jenen Eltern gewidmet, die mir damals geschrieben haben, aber nicht nur ihnen. Es richtet sich an Eltern überall auf der Welt, an Mütter und Väter*, Stiefmütter und Stiefväter, Pflegemütter und Pflegeväter, Omas und Opas, einfach an jeden, der kleine Menschen großzieht.

Ich muss allerdings betonen, dass dies hier kein Erziehungsratgeber ist. Wenn Sie von mir Tipps erwarten, wie Sie Ihr Baby pünktlich vor dem Fernsehkrimi zum Einschlafen bringen oder wie sie es am besten abstillen, sollten Sie dieses Buch lieber gegen eines von der Sorte »Wie

---

* Väter sind wirklich herzlichst willkommen, auch wenn ich an dieser Stelle vielleicht vorwarnen sollte, dass ich auch über verstopfte Milchdrüsen und strapazierte Vaginen schreiben werde.

Sie liebevoll auf die Bedürfnisse Ihres Kindes eingehen und dabei klare Grenzen setzen« eintauschen.

Dieses Buch gibt keine Erziehungstipps und schreibt auch nicht vor, was man sich kaufen oder wie man sich fühlen soll. Aber ich hoffe, dass es Ihnen trotzdem weiterhilft – weil Sie ihm entnehmen können, dass es jede Menge Leute gibt, denen es genauso geht, egal, wie Sie sich gerade fühlen.

So, Sie halten ihn also in Händen, meinen ungeschönten Bericht darüber, wie es ist, innerhalb von drei Jahren zwei Kinder zu kriegen. Über die Theorie und die Praxis. Über emotionale Höhepunkte ebenso wie über Momente, in denen ich einen Kackhaufen aus der Badewanne fischen musste. Damit lege ich den brutal-aufrichtigen Bericht vor, den ich mir damals gewünscht hätte, als ich mich um drei Uhr morgens verzweifelt in Baby-Foren tummelte. Ich muss mich schwer zusammenreißen, nicht das Wort »Erfahrungsbericht« zu verwenden, denn ich hasse es, wenn Leute mit ihren verdammten spirituellen oder Sonst-was-Erfahrungen angeben. Auch wenn dieses Buch natürlich nichts anderes als ein Erfahrungsbericht ist.

Trotzdem viel Spaß damit!

»Wenn ich heute daran zurückdenke, wie ich mir das Leben als Mutter und Hausfrau so vorgestellt habe (nämlich genau wie in den Fünfzigern: Ich habe Lockenwickler im Haar, während um mich herum rotwangige Kinder spielen und ich in aller Ruhe mit meiner Freundin Kaffee trinke und selbst gebackene Muffins esse), muss ich laut lachen, während ich mir Rotze von den Leggins wische.«

Lara

Was haben wir nur getan?

»Das nächtliche Stillen
ist schon sehr speziell,
und mit ›speziell‹ meine ich
ziemlich scheiße.«

Nur wir zwei

Machen wir eine kleine Zeitreise zurück ins Jahr 2009, als ich noch nicht Mutter war. Denn daran lässt sich gut zeigen, wie unser Leben aussah, bevor wir Kinder hatten. Es war das Jahr, in dem wir unsere erste Wohnung kauften und beide endlich einen guten, »erwachsenen« Job hatten: James war in den Staatsdienst übernommen worden, und ich war gerade in einem Asset-Finance-Unternehmen zur Kundenberaterin aufgestiegen. Das bedeutete, dass ich ständig zu irgendwelchen Farmen in Devon fuhr und Landwirtschaftsmaschinen finanzierte – ich fand es toll.

Wir arbeiteten bis zum Anschlag und feierten auch bis zum Anschlag. Manchmal kamen wir erst nachts um zwei nach Hause und stanken nach Wodka und Döner. Aber im Nachhinein hätten wir noch viel mehr arbeiten und feiern sollen. (Irgendwie trauere ich den Raves auf Ibiza, auf denen ich nie gewesen bin, doch hinterher. Nicht, dass ich je den Drang verspürt habe, mich auf einer Schaumparty in Trance zu tanzen, aber damals hätte ich es jederzeit tun können, wenn ich nur gewollt hätte.) Ich wusste unsere Freiheit damals einfach nicht richtig zu schätzen.

Nach einer harten Arbeitswoche verbrachten wir das Wochenende am liebsten mit Pizza vom Lieferservice und jeder Menge Wein und Bier oder aber damit, auf dem Sofa herumzuliegen, Tee zu trinken und Kekse zu essen, während im Hintergrund der Fernseher lief. Ab und an unternahmen wir auch einen Strandspaziergang oder einen Ausflug. Unsere einzigen Pflichten bestanden darin, das Auto zu saugen (was wir in aller Ruhe tun konnten, während wir Radio hörten), einzukaufen (und zwar *worauf* wir Lust hatten und *wann* wir Lust hatten) und aufzuräumen (was gerade mal eine halbe Stunde in Anspruch nahm, da wir nur unsere Arbeitsklamotten bereitlegen oder ein ohnehin schon ziemlich aufgeräumtes Wohnzimmer in Ordnung bringen mussten).

Das Leben war schön, und wir waren glücklich. Wir hatten es *geschafft!*

Ein Jahr später heirateten wir und gaben uns der gefährlichen Freizeitbeschäftigung hin, nach einer besseren Wohnung Ausschau zu halten. Bestimmt lag es auch an der Aussicht auf ein zusätzliches Zimmer, eine Garage und nette Nachbarn, dass wir erstmals das Kinderthema anschnitten. In dieser Lebensphase war das einfach der nächste logische Schritt. Ein Haustier hatten wir uns schon angeschafft – Floyd, unsere Katze, behandelten wir im Grunde ohnehin wie ein kleines Kind.

Ich kann mich nicht mehr an den genauen Wortlaut des

Gesprächs erinnern, bei dem wir beschlossen, ein Baby zu bekommen. Aber ich weiß noch, dass wir uns darauf einigten, dass ich die Pille absetzen würde – so nach dem Motto: Mal schauen, was dann passiert. Das hört sich lässiger an, als es ist, denn Fakt ist: Wenn man damit aufhört, ein Kind aktiv zu verhindern, versucht man aktiv, eines zu bekommen.

Ich weiß auch nicht, wieso wir es so eilig hatten. An meiner biologischen Uhr lag es eindeutig nicht, denn ich war erst dreiundzwanzig Jahre alt. Wir hatten noch alle Zeit der Welt, uns fortzupflanzen, aber irgendein Instinkt sagte uns, dass jetzt der richtige Zeitpunkt war. Wir waren zwar erst wenige Monate verheiratet, aber schon seit sieben Jahren zusammen. (Ich war sechzehn, als wir ein Paar wurden, in einem Klub auf einem Industriegelände – ja, genau, es war wie im Märchen.)

Plötzlich sah ich überall nur noch Babys und Schwangere. Obwohl mir meine Arbeit nach wie vor Spaß machte, ebenso der Wein und die ungestörten Freitagabende mit Pizza auf dem Sofa, wünschte ich mir sehnlichst, Mutter zu werden.

Ich ging davon aus, dass es ziemlich bald passieren würde.

Aber dem war nicht so.

Nach zehn Monaten, in denen ich regelmäßig rief: »Ich glaube, ich habe meinen Eisprung, kannst du den Fernseher ausmachen und schnell nach oben kommen?«, waren wir unser Pensum von zweimal Sex am Tag und danach immer brav Kerze machen (das betraf natürlich nur mich) ziemlich leid.

Außerdem mussten wir uns auch noch um andere Dinge kümmern, denn wir hatten gerade unsere alte Wohnung verkauft und ein neues Haus erworben – mit einem Zimmer mehr plus Garage, hurra! Es war eine turbulente Zeit, da wir nur wenige Wochen freihatten, um zu packen, umzuziehen *und* uns auf einen einwöchigen Urlaub auf Kos vorzubereiten. Den hatte ich bereits gebucht, als wir noch nicht wussten, dass wir in diesem Monat umziehen würden. Mitten in diesem Chaos standen wir kurz davor, zum Flughafen Cardiff aufzubrechen. Ich ließ mir ein Bad ein (um mich um das dringend nötige Vor-Urlaubs-Enthaaren zu kümmern), und während ich im Schlafzimmer noch ein paar Dinge zusammenpackte und darauf wartete, dass die Wanne voll wurde, hatte ich plötzlich das sichere Gefühl, meine Tage zu bekommen: schmerzende Beine, leichte Bauchkrämpfe. Insofern war es nur vernünftig, dass ich auch eine Schachtel Tampons in die Tasche warf. (Nach der Lektüre dieses Buches werden Sie Dinge über mich wissen, die Sie nie erfahren wollten, wie zum Beispiel, dass meine Periode früher immer sehr unregelmäßig kam – was eine Schwangerschaft durchaus erschweren kann.)

Ich weiß nicht mehr, ob dieses Gefühl doch etwas anders war als sonst oder ob ich nur sichergehen wollte, dass ich im Urlaub literweise Ouzo trinken durfte. Aber irgendwas brachte mich dazu, einen Schwangerschaftstest aus der Schublade zu ziehen und draufzupinkeln. »Ich glaub, ich krieg meine Tage, aber ich mach nur schnell einen Test, damit ich auf jeden Fall Alkohol trinken kann«, rief ich James zu.

James kam zu mir nach oben. Ich war inzwischen splitternackt (ich wollte schließlich ein Bad nehmen) und beugte mich über den Teststreifen. »Und, was sagt er?«, fragte er.

»Er zeigt zwei Striche an. Ein Plus. Er zeigt an, dass ich schwanger bin, verdammt!«

»Verdammt!«, echote er. »Bist du dir sicher? Mach noch einen!«

»Das geht nicht. Ich kann nicht mehr pinkeln.«

Ich ging in die Badewanne und versuchte, die frohe Botschaft zu verarbeiten, während James mir einen Riesenkrug mit Wasser holte, damit ich bald wieder pinkeln konnte. Ich machte zwei weitere Tests.

Ein Test kann versagen.

Zwei Tests garantieren immer noch keine absolute Sicherheit.

Aber drei Tests ... na ja, nach drei Tests wusste ich klipp und klar, dass ich in *anderen Umständen* war.

Himmelherrgott, da war tatsächlich ein Baby in meinem Bauch!

Und wir waren drauf und dran, es nach Kos zu entführen, in eines der schlimmsten Hotels aller Zeiten, wie sich herausstellen sollte, mit einem beschissenen »Strand« und noch beschissenerem Essen. Wenn man dann noch weiß, dass wir uns gegen eine Villa in der Toskana entschieden hatten, bekommt man eine ungefähre Vorstellung davon, wie scheiße unser letzter gemeinsamer Urlaub als Paar war.

Das einzig Positive an diesem Scheißurlaub (Hab ich eigentlich schon erwähnt, wie scheiße er war? Ich muss es einfach immer wieder anmerken, denn es war James, der sich gegen die Toskana ausgesprochen hatte: aus Kostengründen.) war, dass wir ein Kind erwarteten. Wir würden Eltern werden und strahlten bis über beide Ohren.

Laut der Schwangerschafts-App von BabyCenter, die wir uns auf dem Weg zum Flughafen runterluden, war ich bereits in der siebten Schwangerschaftswoche. Das Ausbleiben meiner Periode hatte mich nicht groß alarmiert, weil das bei mir öfter vorkam. Ich hatte auch sonst keinerlei Symptome gehabt und deshalb Pinot Grigio getrunken und in den ersten sieben Lebenswochen unseres Fötus keine Folsäure eingenommen – etwas, das ich sofort wiedergutmachen wollte, sobald wir wieder auf britischem Boden sein würden und ich im Drogeriemarkt sämtliche Nahrungsergänzungsmittel für werdende Mütter aufkaufen konnte.

Und da saßen wir also in unserem Touristengetto in der Sonne, überlegten uns Babynamen und Schlafreime und ermahnten uns gegenseitig, uns nicht zu sehr in die Sache reinzusteigern, bis wir wussten, dass tatsächlich alles in Ordnung war. Gleichzeitig steigerten wir uns natürlich total rein. Der Moment, wenn man zum ersten

Mal erfährt, dass man schwanger ist, ist wirklich überwältigend! Es war auch beängstigend und herausfordernd, aber vor allem überwältigend.

Ich werde für immer das Bild in meiner Erinnerung bewahren, wie wir gebräunt und aufgeregt vom Flughafen Cardiff nach Hause zurückfuhren, Fertigsandwiches und Gummibärchen von der Tanke in uns reinstopften und wahnsinnig stolz auf unseren Zellklumpen waren. Wir wussten, dass uns etwas bevorstand, das unser ganzes Leben auf den Kopf stellen würde.

Dabei hatten wir nicht die geringste Ahnung, was uns blühte.

Und, strahle ich schon?

Wie Sie wissen, schreibe ich das hier als stolze (wenn auch leicht überforderte) Mutter von zwei Kindern. Ich habe also achtzehn Monate meines Lebens damit verbracht, kleine Menschen auszubrüten. (Wenn man beide Schwangerschaften zusammenrechnet, natürlich! Ich bin nicht 640 Tage lang trächtig gewesen wie ein Afrikanischer Elefant, denn das hätte ich niemals durchgestanden! Man denke nur an diesen unglaublichen Druck auf den Beckenboden und ein 640 Tage währendes Alkoholverbot!) Achtzehn Monate, das sind aktuell immerhin fünf Prozent meines Lebens. Aber wenn mich die Leute fragen, wie es mir während der Schwangerschaften so ergangen ist, gibt es nur eine Antwort: »Ziemlich mies.«

Dabei habe ich *wirklich* versucht, diesen Zustand zu genießen. Ich fühlte mich fast dazu gezwungen, schließlich heißt es, eine Schwangerschaft sei ein Geschenk. Es gibt jede Menge Paare, die unfruchtbar sind oder ein Kind verloren haben. Mir ist also durchaus bewusst, dass wir uns glücklich schätzen können, zwei gesunde Kinder zu haben.

Und es gab Momente, die *habe* ich genossen: Die ganze Aufregung um den ersten Nachwuchs. Die ersten Tritte meines Babys zu spüren und seinen Herzschlag zu hören. Die Namensdiskussionen (zumindest, bis wir den Fehler begingen, Freunden und Verwandten eine Vorauswahl zu präsentieren). Unsere Teilnahme am Geburtsvorbereitungskurs, wo wir uns redlich bemühten, uns wie Erwachsene zu benehmen, aber kläglich scheiterten, als uns anhand einer Puppe gezeigt wurde, wie das Baby durch den Geburtskanal wandert. Den Kauf von Babyklamotten und das Einrichten des Kinderzimmers.

Ich bewunderte die Fähigkeit meines Körpers, einen Menschen hervorzubringen – auch noch beim zweiten Mal. Aber *jeden einzelnen Moment* meiner Schwangerschaft zu genießen, das gelang mir leider nicht.

Ich war es bald leid, nach dem Frühstück über der Kloschüssel zu hängen und mir beim Treppensteigen oder Umdrehen im Bett in die Hose zu pinkeln, weil meine Blase bloß noch die Größe einer Erbse hatte. Die letzten sechs Wochen meiner zweiten Schwangerschaft schlief ich, von zahlreichen Kissen gestützt, auf dem Sofa. Genauer gesagt konnte ich nicht schlafen, weil ich keine Position mehr fand, in der ich bequem liegen konnte, also sah ich mir unzählige Wiederholungen von »Akte X – Die unheimlichen Fälle des FBI« an. Neben der Schwangerschaftsinkontinenz und üblem Sodbrennen gingen mir auch die ewig gleichen Sprüche und Mythen rund ums Kinderkriegen auf den Geist:

»Diese ständige Übelkeit spricht eindeutig dafür, dass es ein Mädchen wird.« Logisch!

»Das erste Kind kommt niemals pünktlich!« Es kam pünktlich.

»Wenn dein erstes Kind pünktlich war, wird das zweite eine Frühgeburt.« Es kam sieben Tage zu spät.

»An deinem Bauch sieht man eindeutig, dass du ein Riesenbaby bekommen wirst!« Henry wog bei seiner Geburt 3400 Gramm.

Aber das Enttäuschendste war, dass ich nicht strahlte.

Ich strahlte kein bisschen.

Aber was nicht war, konnte ja noch werden, oder? An die Legende von diesem ganz besonderen Strahlen, diesem inneren Leuchten einer Schwangeren, glaubte ich steif und fest – ich war schon ganz aufgeregt deswegen! Schließlich hatte ich gerade das von Übelkeit und einem Mondgesicht geprägte erste Trimester hinter mich gebracht und befand mich auf der Zielgeraden ins gelobte Land des glänzenden Haars, des rosigen Teints und des strammen Kugelbauchs, den man in einem süßen Schwangerschaftskleid vorführen kann. »Und, strahle ich schon?«, wurde zu einem geflügelten Wort.

Aber das verdammte Strahlen überging mich.

Stattdessen kotzte und schwitzte ich und war ständig müde. Meine Haut war aschfahl und neigte zu Pickeln. Der »stramme Kugelbauch«, den ich mit einem engen T-Shirt-Kleid hatte betonen wollen, glich eher einem Riesenrettungsring um meine Taille und breitete sich sogar in höchst unerwartete Bereiche wie meine Arme und mein Kinn aus. Doch meine absurde Schwangerschaftsfigur – ich nahm bei jedem Kind fast zwanzig Kilo zu – hatte auch ihre Vorteile: Zu wissen, dass ein weiteres Stück Karottenkuchen das Kraut nun auch nicht mehr fett macht, hat durchaus etwas Befreiendes.

Mit dem Strahlen klappte es also nicht. Wobei ich durchaus der einen oder anderen strahlenden Schwangeren im niedlichen, den Bauch betonenden Kleidchen begegnet bin, es ist also theoretisch möglich. Mir war es in den fünf schwangeren Prozent meines Lebens jedoch nicht vergönnt. (Ich bin wirklich kein bisschen verbittert deswegen.)

Dafür haben sich zwei echt schräge Schwangerschaftsmythen bestätigt, die ich als Ammenmärchen abtun würde, wenn ich sie nicht am eigenen Leib erfahren hätte.

Erstens: der Nestbautrieb.

Vorsicht, dieser Begriff ist irreführend: Die meisten dürften dabei ans Entrümpeln, Einrichten und Aufräumen denken. Bei mir ging es deutlich weniger ums Entrümpeln als ums Desinfizieren. Darum, das Haus von jedem Staub- oder Schmutzpartikel, von jedem unguten Geruch zu befreien, sprich, den Mief mit Putzmittel und Fensterreiniger zu übertünchen.

Ich konnte gar nicht genug Putzmittel kaufen. Sie rochen so gut! Die Cillit-BANG-Werbung mit dem Slogan »BANG, und der Schmutz ist weg!« bekam irgendwann schon fast etwas Erregendes.

Auf dem Höhepunkt meines Putzfimmels (der in der zweiten Schwangerschaft noch schlimmer war), schrubbte ich meine Küchenarbeitsfläche dreimal täglich, und das war noch harmlos! Fußleisten wurden poliert, Schränke desinfiziert, der Kühlschrank wurde vorgezogen, um dahinter sauber zu machen, Türen wurden gewienert und Wände gesäubert. Einmal habe ich sogar die *Außen*wände unter den Fenstern mit Flash Power Spray bearbeitet. Dann instruierte ich meinen Schwiegervater, der gerade auf der Leiter stand und die Regenrinne säuberte, dasselbe im ersten Stock zu wiederholen. Außerdem bat ich James zum zweiten Mal in der gleichen Woche, den TV-Schrank wegzurücken, weil ich es nicht geschafft hatte, beim ersten Mal allen Staub dahinter zu entfernen. Ich konnte mich erst entspannen, als auch das *letzte* Staubkorn verschwunden war.

Niemand wagte es, mir zu widersprechen, denn ich war im achten Monat schwanger und hatte diesen irren Blick drauf, der befürchten ließ, ich würde sonst selbst auf die Leiter steigen oder den schweren Fernseher verrücken. Nicht ganz zu Unrecht. So komisch das auch klingen mag – in dieser Zeit war ich der reinste Albtraum. Einmal hielt ich unseren Freitagabendfilm an, um die Sofakissen abzuziehen und sofort die Bezüge in die Waschmaschine zu stecken. Man kann schließlich kein neues Leben in ein Haus mit ungewaschenen Kissenbezügen bringen. Ein anderes Mal hatte James übrig gebliebene Lasagne in meinen frisch geputzten Kühlschrank gestellt, und etwas

Soße war übergelaufen. Dieser Vorfall heißt bei uns nur »die Lasagne-Katastrophe«, weil ich damals eine geschlagene halbe Stunde heulte, bis James endlich den Neutralreiniger zückte.

Heute verstehe ich natürlich, wie irre es war, wegen ein bisschen Tomatensoße in Tränen auszubrechen. Es war einfach nur lächerlich, aber damals fand ich es vollkommen logisch. So einen instinktiven Drang wie damals bei meinem hormongesteuerten Putzfimmel habe ich ehrlich gesagt nie wieder gespürt: Ich *musste* das Nest sauber machen!

Erst mehrere Wochen nach der Geburt konnte ich im Supermarkt wieder unbefangen durch den Gang mit den Putzmitteln laufen, ohne zwanghaft an den herrlich frisch riechenden Zitrusreinigern schnuppern zu müssen.

Zweitens: Schwangerschaftsgelüste.

Nicht so sehr bei Henry – nach McChicken-Classic-Menüs bin ich bereits seit mehr als neunundzwanzig Jahren süchtig –, aber dafür ganz extrem gegen Ende meiner zweiten Schwangerschaft. Damals entwickelte ich einen echten Heißhunger auf Eis. Nicht auf Eiskrem oder so, sondern auf *Eiswürfel*. Ich stopfte sie mir direkt aus dem Eiswürfelbehälter in den Mund und zerknackte sie wie M&Ms. Für jeden Eiswürfelbehälter, den ich leerte, fror ich sofort einen neuen ein. Keine frischen Eiswürfel dazuhaben wäre eine echte Katastrophe für mich gewesen. Angeblich soll Heißhunger auf Eiswürfel etwas mit Eisenmangel zu tun haben und bei Schwangeren häufiger vorkommen. Was auch immer mich dazu gebracht hat, bis zu fünfzig Eiswürfel am Tag zu zermalmen – heute bekomme ich allein beim Gedanken daran schon Zahnschmerzen!

So gesehen waren meine Schwangerschaften echt interessant.

(Und ein Geschenk.)

(Und auch etwas scheiße.)

»Als ich schwanger war, ging ich zum ersten Mal zu Toys'R'Us. Als eine Familie den Laden verließ, wurde ich Zeuge des folgenden Gesprächs:

›Ich will einen Minion!‹

›Du bekommst keinen Minion.‹

›Ich will aber einen Minion! Buhuuu!‹

›Du wusstest nicht mal, was ein verdammter Minion ist, bevor wir hier rein sind!‹

Das werde ich nie vergessen.«

Marie

Ich presse doch!

Die Geburt eines Kindes ist etwas Faszinierendes. Obwohl ich diesbezüglich leicht traumatisiert war, seit ich vor sechzehn Jahren in der Kultserie »Coronation Street« miterlebt hatte, wie Sarah-Lou ein Baby gebar, wurde ich zu einem Riesenfan der Kreißsaal-Doku-Serie »One Born Every Minute« und freute mich riesig darauf, bald von der Geburt meines eigenen Kindes berichten zu können. (Aber natürlich auch darauf, mich endlich von meinem Putzfimmel, der Morgenübelkeit und dem Eiswürfelknabbern verabschieden zu dürfen.)

Die Geburt ist ein tolles Übergangsritual in das Leben als Mutter. Egal, ob das Kind durch die Bauchdecke oder den von der Natur dafür vorgesehenen Kanal rauskommt – die Geburt ist die Eintrittskarte in den Klub der Wissenden. Ich konnte es kaum erwarten, mir den nur für andere Wissende sichtbaren »Ich habe ein Kind geboren!«-Orden anheften zu können. Ich würde ihn stolz bei Krabbelgruppen tragen, wo ich würdevoll anderen Müttern zunicken würde, die ebenfalls kleine (oder auch nicht so kleine) menschliche Wesen auf die Welt gebracht hatten.

Heute kann ich sogar von *zwei* Geburten erzählen, und wenn man mich fragt, »Wie war's?«, oder »War es wirklich so schlimm?«, lautet meine ehrliche Antwort: »Kommt ganz darauf an – je nachdem, welche Geburt du meinst.« Im Grunde können meine Kinder unmöglich von derselben Frau geboren worden sein.

Hätte ich dieses Kapitel direkt nach Henrys Geburt geschrieben, wäre es sehr positiv ausgefallen. Hätte ich es direkt nach Judes Geburt verfasst, wäre es vor allem sehr kurz geworden (vermutlich hätte es lediglich aus den Wörtern »Ach du Scheiße!« bestanden). Was mich in eine heikle Lage bringt: Was soll ich in diesem Kapitel schreiben, wo ich mir doch nicht mal selbst darüber im Klaren bin?

Deshalb habe ich beschlossen, die beiden Geburten einfach so zu schildern, wie ich sie in Erinnerung habe, und zwar völlig ungeschönt. Achtung, es geht los!

Henrys Geburt

Am 13. Februar, dem errechneten Geburtstermin, herrschte erst mal falscher Alarm. So richtig begannen die Wehen am Valentinstag, und das zunächst noch recht gemütlich. Während James meine Kontraktionen mit der Wehen-Timer-App auf seinem iPhone überwachte, wippte ich auf meinem Gymnastikball auf und ab und zog mir das Frühstücksfernsehen rein. Dabei diskutierten wir immer wieder, ob die Krankenhaustasche vollständig war, die ich x-mal aus- und wieder eingepackt hatte, auch, weil ich irgendwo im Internet gelesen hatte, dass man zwei Packungen Wochenflussbinden mitnehmen sollte, und das konnte doch unmöglich stimmen, oder? Dann ging der Schleimpfropf ab – das klingt und ist ziemlich eklig, und James war nicht sehr begeistert, als ich ihn zwang, das Ding anzuschauen. Schließlich platzte die Fruchtblase. Bis dahin lief eigentlich alles noch ziemlich glatt.

Doch auf einmal musste ich mich heftig übergeben. James versuchte, unser neues Sofa in Sicherheit zu bringen, während ich ihn mit meinen Blicken schier erdolchte, weil er sich Sorgen über unseren Sofabezug machte, während ich kurz davorstand, ein dreieinhalb Kilo schweres Baby aus meinem Allerheiligsten zu pressen. Dass das, was aus dem Allerheiligsten gerade herausfloss, farblich irgendwie seltsam aussah, trug auch nicht gerade dazu bei, die Lage zu entspannen.

»Oh Gott, ich glaube, das Baby hat ins Fruchtwasser gekackt – haben die bei der Geburtsvorbereitung nicht so etwas erwähnt?!«

Kein Wunder also, dass wir fast direkt nach Betreten des Geburtshauses (das wir sorgfältig ausgewählt hatten, um eine harmonische natürliche Geburt in heimeliger Umgebung zu erleben), sofort ans Krankenhaus weiterverwiesen wurden.

Das Baby hatte nämlich nicht nur eine Stinkbombe in meinem Uterus platzen lassen, nein, auch mein Blutdruck spielte verrückt. Nach der ersten Untersuchung im Krankenhaus stand fest, dass ich an Präeklampsie litt.

Scheiße!

Präeklampsie ist eine ernste Komplikation, was auch erklärte, warum sich auf einmal zig wichtige Leute um mich scharten und besorgt die Stirn runzelten. Doch abgesehen von den Wehen, die inzwischen so heftig waren, dass ich mit James nicht mehr gemütlich über die Snacks plaudern konnte, die in *seiner* (!) Krankenhaustasche steckten, ging es mir eigentlich ganz gut. Ich fand die Situation erträglicher als gedacht. Nach mehreren dank einer PDA herrlich schmerzfreien Stunden wurde ich plötzlich von dem höchst unangenehmen Gefühl übermannt, eine Kanonenkugel kacken zu müssen. Und so kam Baby Henry auf natürlichem Weg und ohne viel Tamtam zur Welt. Die Geburt wäre ein Musterbeispiel für die oben erwähnte Doku-Serie gewesen.

»Du hast das wunderbar gemacht, mein Schatz!«, lobte mich James. Womit er tatsächlich recht hatte. Ich hatte es geschafft, keinen Scheiß zu bauen (und zwar nicht nur im übertragenen Sinne!), sodass ich anschließend jedem, der es hören wollte, erzählte: »Eigentlich war es gar nicht so schlimm ...«

Judes Geburt

Zwei Jahre und sieben Monate später lag ich erneut in den Wehen ... und drehte total durch. Hätte ich für das erste Mal eine Tapferkeitsmedaille bekommen, hätte man sie mir beim zweiten Mal gleich wieder aberkannt. Ich war noch tausendmal schlimmer als die schlimmste Gebärende, die ich jemals in meiner Lieblings-Doku-Serie gesehen hatte. Ich weiß noch, wie ich damals gemütlich mit einer Tasse Tee und fünf Cremeschnittchen vor dem Fernseher saß und dachte: »Meine Güte, gute Frau, jetzt reiß dich doch endlich mal zusammen!«

Es fällt mir schwer, den Moment zu benennen, ab dem alles aus dem Ruder lief, denn im Gegensatz zur ersten Geburt war mit mir medizinisch gesehen eigentlich alles in bester Ordnung. Alle im Krankenhaus machten einen sehr gelassenen Eindruck. Bis auf meine Wenigkeit.

Ich hatte mich seelisch einfach nicht auf eine schwierige Geburt vorbereitet, sondern mich voll und ganz auf den Mythos verlassen, dass es beim zweiten Mal deutlich einfacher ist. Ich zweifelte keine Sekunde daran, dass ich die Sache perfekt meistern würde – was im Nachhinein betrachtet ein Riesenfehler war. In Wahrheit sollte Judes Geburt fast doppelt so lange dauern wie Henrys und deutlich schmerzhafter sein. Die tiefenentspannte Frau von der ersten Geburt ließ sich bei der zweiten nicht blicken; stattdessen schickte sie ihre hysterische Zwillingsschwester.

James sagte hinterher nur: »Du bist völlig ausgeflippt. So etwas habe ich noch nie erlebt.« (Was sein überschwängliches Lob nach Henrys Geburt etwas überschattete.)

Ich war die ganze Zeit über entweder völlig hysterisch oder total apathisch. Ich sprang ins Becken für die Wassergeburt, rechnete damit, friedlich dahindümpelnd ein paar Wehen zu haben, aber es dauerte keine Stunde, und ich hievte mich schon wieder wenig elegant an Land und verlangte nach etwas, *das gefälligst funktioniert!* Als James es wagte vorzuschlagen, ich solle doch noch etwas länger im Becken bleiben, fuhr ich ihn an, dass ich mehr bräuchte als ein verdammtes Planschbecken.

Ich inhalierte reinen Sauerstoff, bis mir schwindlig wurde und spuckte dann beleidigt das Mundstück aus. Ich wollte eine PDA. Was man mir ausredete. Meine heißgeliebte (und bestgehasste) Hebamme (ich glaube, sie hieß Trish, nennen wir sie Trish) versprach uns, dass das Baby bestimmt in den nächsten zwei Stunden kommen würde. Die PDA würde das nur verzögern und deshalb einen verlängerten Krankenhausaufenthalt nach sich ziehen. James pflichtete ihr bei – bestimmt war ich bloß gerade völlig erschöpft, und unser Junge würde im Nu da sein.

Ich bekam Diamorphin. Nach zwei Dosierungen wurde ich so schläfrig, dass ich gar nicht mehr reagierte. Zu diesem Zeitpunkt hatte ich seit vierundzwanzig Stunden nicht geschlafen und war dermaßen erschöpft, dass ich im Sitzen zwischen den Wehen wegnickte und ansonsten stöhnte wie ein verwundetes Tier. Irgendwann, so James, hätte ich mich geweigert, überhaupt noch zu kommunizieren, sondern hätte mich nur noch auf dem Bett vor- und zurückgewiegt – aber nicht, ohne ihn und die arme Trish zwischenzeitlich anzubrüllen. Zu meiner Verteidigung muss ich sagen, dass ich ernsthaft befürchtete, an den Schmerzen zu krepieren. Ich weiß noch, dass ich den Tod als Erlösung empfunden hätte. Sprich, ich war mehr als nur irrational. Die Wehen ließen nach, weil mein Blutzuckerspiegel sank, ich brauchte also ein süßes Getränk. Doch ich lehnte das süße Getränk ab.

Der unrühmliche Höhepunkt meiner Geburts-Performance kam jedoch, als ich in den sinnlosesten Streik meines Lebens trat: Obwohl der Muttermund schon zehn Zentimeter geöffnet war, weigerte ich mich zu pressen.

»Ich will eine PDA!«, jammerte ich immer wieder, was man jedoch geflissentlich überhörte. Dieser Zug war bereits vor fünf Zentimetern abgefahren.

»Ich will einen Kaiserschnitt!«

»Ich will nur noch sterben!«

Ja, genau.

So langsam begann man, sich Sorgen zu machen. Trish redete ein ernstes Wörtchen mit mir. James zufolge gab ich wohl bloß vor zu pressen und murmelte: »Ich presse doch!«, obwohl ich mich nicht im Geringsten bemühte, irgendetwas durch den Geburtskanal zu schieben. Irgendwann muss ich aber dann doch noch Ernst gemacht haben, denn nach drei Stunden und dem schon vertrauten Gefühl, eine Riesenkanonenkugel zu scheißen, kam endlich Jude zur Welt.

Was für eine Riesenerleichterung!

Ich weiß noch, wie ich ihn in den Armen wiegte und dachte: Wie niedlich rosa er doch aussieht – genau so, wie es sein soll! (Die Weigerung seiner Mutter, ihm aus dem

Geburtskanal zu helfen, schien ihn tatsächlich kein bisschen beeindruckt zu haben.) Ich war unendlich froh, dass es vorbei war.

Doch dann blieb die Plazenta stecken. Verdammte Scheiße! Ich wusste gar nicht, dass so etwas passieren kann! Die Plazenta bleibt nie stecken, wenn Frauen im Fernsehen ein Kind kriegen. Wo zum Teufel bleibt eigentlich die Plazenta in all den Doku-Serien? Es endet immer damit, dass die Frau ihr Baby im Arm hält. Nie sieht man, wie die Ärzte ihr eine Spritze ins Bein rammen, um die Nachgeburt auszulösen und dann etwas davontragen, das ein bisschen aussieht wie ein gehäuteter Riesenrochen. Tja, da lag ich nun mit meiner feststeckenden Plazenta, und plötzlich war von einer Spinalnarkose und einer Operation die Rede, mehrere konventionelle Methoden wurden ausprobiert, bevor endlich einem Arzt gelang, was alle anderen nicht geschafft hatten. Ich werde hier nicht weiter ins Detail gehen, aber das Adjektiv, das James später in diesem Zusammenhang immer verwendet hat, lautet: »Brutal!« Sie verstehen, was ich meine.

Und dann war es tatsächlich vorbei. Wir genossen eine köstliche Tasse Tee mit Toast und bewunderten unser wunderbares Bündel, das noch keinen Namen hatte. (Ich wollte es eigentlich Wilf nennen.) Nachdem ich auf sehr wackligen Beinen geduscht und wieder und wieder »Meine Güte, war das schrecklich!« gestöhnt hatte, verließen wir das Krankenhaus. Und unser Leben als vierköpfige Familie begann.

Ich habe im Nachhinein oft lachend von Judes chaotischer Geburt erzählt (Was für ein Albtraum! Eine feststeckende Plazenta, typisch, dass das wieder ausgerechnet mir passieren musste! Haha!), aber in Wahrheit hat sie mich so verstört, dass ich bis heute nicht allzu intensiv über sie nachgedacht habe. Sie hat viele schöne Erinnerungen an Henrys Geburt zunichtegemacht, was wirklich schade ist. Seitdem schaue ich keine Doku-Serien über Geburten mehr an, und wenn ich es doch täte, würde ich bestimmt nicht mehr den Drang verspüren, die eine oder andere werdende Mutter, die gerade nicht mehr kann, zu ohrfeigen. Denn inzwischen weiß ich, wie sich das anfühlt. Diese Frauen sind nicht irrational, sondern nur völlig am Ende ihrer Kräfte.

Ich habe lange überlegt, was ich heute anders machen würde, falls ich noch ein Kind bekäme. (Keine Sorge, James, das ist rein hypothetisch, etwa so wahrscheinlich wie ein Sechser im Lotto.) In diesem Fall würde ich zweierlei tun:

Zunächst einmal würde ich mich mit dem Thema Hypnobirthing beschäftigen. Ich habe Erstaunliches darüber gehört und gelesen, anscheinend bekommt man durch Hypnose die Kraft und das Gefühl, die Situation *kontrollieren* zu können (was ich bei der zweiten Geburt eindeutig nicht konnte). Es ist bestimmt kein Zufall, dass so viele Promis (und Nicht-Promis) davon schwärmen. Sollte ich jemals wieder schwanger werden, würde ich es damit probieren: Wer nicht wagt, der nicht gewinnt!

Dann würde ich beim neuerlichen Auftreten so starker Schmerzen deutlich vehementer auf eine PDA bestehen. Jede Zelle meines Körpers hat damals um Hilfe geschrien, und ich bedaure sehr, dass er keine bekommen hat. Ja, ich weiß, eine natürliche Geburt ohne Medikamente hat ihre Vorteile, aber ich fand die Geburt, bei der ich mit Medikamenten regelrecht vollgepumpt war, deutlich angenehmer. Und das ist nichts, wofür ich mich schäme – man gewinnt schließlich keinen Heldenpreis, wenn man darauf verzichtet. Beim nächsten Mal würde ich sofort nach dem positiven Schwangerschaftstest eine PDA buchen. Okay, kleiner Scherz. Aber auf jeden Fall sehr früh!

In den letzten Jahren habe ich von so vielen Geburten gehört und gelesen – angefangen von traumatischen, beängstigenden Notkaiserschnitten bis hin zu unglaublichen Sturzgeburten in Krankenhauseinfahrten –, dass ich mittlerweile weiß: Jede Geburt ist einzigartig und jede Frau anders. Und manche sind dabei kaum noch sie selbst (so wie ich damals).

Dass ich so ungern an Judes Geburt zurückdenke, liegt bestimmt auch daran, dass sie mir peinlich ist. Es ist eine Sache, sich auf allen vieren die Eingeweide rauszupressen, aber eine ganz andere, vor lauter Panik alle zu beschimpfen … während man sich auf allen vieren die Eingeweide rauspresst. Andererseits bin ich mir ziemlich sicher, dass Hebammen so schnell nichts schockieren kann. Vor ihnen braucht man sich für fast gar nichts zu schämen.

Solltest du das also lesen, Trish, möchte ich mich an

dieser Stelle gern bei dir entschuldigen, dass ich dich dermaßen beschimpft und angeschrien, ja sogar deine Hand weggeschlagen habe, als du versucht hast, den Herzschlag meines Kindes mit diesem Doppler-Dingsda zu überprüfen. Mit anderen Worten: Tut mir leid, dass ich mich so dämlich aufgeführt habe. Außerdem möchte ich mich bei dir bedanken, dass du über mein schlechtes Benehmen hinweggesehen und mir geholfen hast, einen entzückenden kleinen Jungen zur Welt zu bringen, den ich dann zu meinem anderen entzückenden, nicht mehr ganz so kleinen Jungen mit nach Hause nehmen durfte. Du hast wirklich einen ganz besonderen Beruf. Meine Hochachtung, liebe Hebammen!

Er kann unmöglich schon wieder Hunger haben!

Ich glaube nicht, dass man sich vorher irgendwie auf den Horror des nächtlichen Stillens vorbereiten kann. Oder auf den Horror des ständigen Stillens tagsüber (schon wenige Stunden nach Verlassen des Krankenhauses begriff ich, dass mein neues Leben nur noch von Milch bestimmt sein würde). Aber das nächtliche Stillen ist wirklich eine Nummer für sich – sprich, es ist das Allerletzte. Beim ersten Baby bestand meine mentale Vorbereitung darin, mir einzureden, dass ich zwar todmüde sein würde, den verlorenen Schlaf dafür aber tagsüber nachholen könnte. *Ich hatte ja nicht die leiseste Ahnung!* Es geht nicht nur darum, verlorenen Schlaf nicht nachholen zu können, sondern darum, mehrmals pro Nacht nervige Dinge tun zu müssen, ohne *überhaupt* geschlafen zu haben. Stillen, wickeln, Babykotze aufwischen, Bett neu beziehen, noch mal wickeln … Ich weiß noch, wie ich einmal beim Stillen wie in Trance an die Decke gestarrt und mich gefragt habe, ob man eigentlich an Übermüdung sterben kann: Wenn ja, war ich mehr oder weniger an diesem Punkt angelangt. Anscheinend hatte mein Schlaf in den letzten fünfundzwanzig Lebensjahren viel von meiner Unausgeglichenheit kompensiert, denn jetzt, wo er fehlte, hatte mein Dr. Jekyll eindeutig Gesellschaft von Mr Hyde bekommen. Ich verzehrte mich förmlich nach Schlaf! Vorher hatte ich mit dem geflügelten Wort »ich würde alles dafür geben« nie viel anfangen können, aber jetzt hätte ich alles und noch einiges mehr gegeben, nur um schlafen zu dürfen!

Um unsere Chancen auf vier Stunden durchgehenden Schlaf zu verbessern (Seit wann sind vier Stunden Schlaf ausreichend? Seit wann?), versuchten James und ich, unser Baby mit weißem Rauschen zu beruhigen, angeblich ein todsicherer Trick. Als Erstes luden wir ein ganzes Album mit weißem Rauschen bei iTunes herunter, doch das brachte keinen Erfolg. Mit der Zeit wurden wir so verzweifelt, dass wir alle möglichen blödsinnigen Sachen bei Amazon bestellten, zum Beispiel den Teddy mit integriertem Soundchip, der weißes Rauschen abspielte. Total dämlich, aber immerhin diente der Bär uns als Frustventil – er lag in unserem Bett, und jedes Mal, wenn das Baby aufwachte, boxten wir ihn kräftig. Irgendwann wurde es für uns zur festen Gewohnheit, zu einem Medley aus Ventilatorengebrumm und Wellenrauschen einzuschlafen. Mitten in der Nacht, zwischen Wickeln und Stillen, führten wir Konversationen wie diese: »Spring zum nächsten vor! Mir gefällt das leise Regenrauschen am besten, findest du nicht auch?« So schlimm war es um uns bestellt.

Man hofft, dass es irgendwann besser wird, und das wird es auch. Aber bis es so weit ist, reiht sich beim nächtlichen Stillen eine ätzende Phase an die andere.

Die fünf Phasen des nächtlichen Stillens

1. Hoffen

Während das Baby zu weißem Rauschen einschlummert, gibt man sich der Hoffnung hin, dass das endlich *die Nacht der Nächte* sein könnte, in der eine Wende zum Besseren eintritt.

2. Leugnen

Man hat gerade mal fünf Minuten geschlafen, und das Kind ist wach. Das kann doch gar nicht sein, denkt man, ignoriert das verzweifelte Weinen und schaltet in einem letzten verzweifelten Versuch, das Kind zu beruhigen, den Teddybären mit dem weißen Rauschen ein. Natürlich vergeblich, aber noch ist man nicht bereit, der Tatsache ins Auge zu blicken, dass man gleich stillen muss. *Schon wieder!* »Schlaf weiter«, sagt man leise (zu niemandem im Besonderen) und schluchzt hemmungslos.

3. Streiken

Inzwischen steht eindeutig fest, dass das Kind wirklich wach ist. (Sein Gesicht ist feuerrot, und die halbe Straße hört sein Gebrüll.) Trotzdem bleibt man wie gelähmt liegen. Mit dieser Körpersprache versucht man, seinem Partner etwas mitzuteilen: Ich schlafe. Ich werde nicht aufstehen. Man betet darum, dass *er* aufsteht. Doch er zuckt nicht mal mit der Wimper. Na toll! Manchmal geht man eher halbherzig in diesen Ringkampf, weil man ohnehin aufs Klo muss, womit die Sache bereits entschieden ist.

4. Zorn

Wütend macht man die Nachttischlampe an, versetzt dem Partner »aus Versehen« einen Stoß in die Rippen und sagt: »Wie kann es sein, dass der Kleine schon wieder Hunger hat? Warum benimmt er sich bloß wie ein Arschloch? Das ist doch lächerlich, einfach nur lächerlich!« Dann reißt man das Baby aus der Wiege und beginnt mit dem Stillen (laut stöhnend, natürlich). Sollte der Partner inzwischen wach geworden sein, muss er sich auf Bemerkungen wie: »Ein zweites Kind ist völlig ausgeschlossen!« oder: »Das zweite Kind war ein Riesenfehler!« oder aber: »Ich hasse mein Leben!« gefasst machen. Schläft er hingegen tief und fest weiter, regt man sich dermaßen über sein Schnarchen (oder Atmen) auf, dass man ihn am liebsten ordentlich ohrfeigen würde.

5. Schuld

Das Baby strahlt einen an. Zwischen all den Flüchen und Drohungen beginnt diese wild gewordene kleine Heulboje plötzlich zu gurren und zu glucksen. Auf einmal fühlt man sich furchtbar, weil man behauptet hat, der kleine Racker würde einem das Leben ruinieren. Und weil man ihn als Arschloch bezeichnet hat. Deshalb flüstert man während des Stillens: »Pssst, alles ist fein. Ist das nicht schön? Na, gefällt es dir, gestillt zu werden?« und macht sich Vorwürfe, was für eine Rabenmutter man ist. Später fahndet man in Internetforen nach anderen Müttern, die ihre Babys ebenfalls manchmal als Arschloch bezeichnen. (Leider vergeblich, woraufhin man davon ausgehen muss, dass man als Mutter wirklich eine Totalversagerin ist).

Nachdem das Baby auch noch den ganzen Strampler vollgeschissen hat, muss man es komplett umziehen... und dann versucht man, wieder zu schlafen, wofür einem etwa fünfundvierzig Minuten bleiben, bis der ganze Spaß von vorn beginnt...

Ich sollte vielleicht nicht unerwähnt lassen, dass James mich beim nächtlichen Stillen wirklich nach Kräften unterstützt hat. Trotzdem hatten wir uns schon früh darauf geeinigt, dass ich während meiner »Babypause« den Großteil der Nachtschichten übernehme, schließlich musste er am nächsten Morgen zur Arbeit. Und ich war auch kein bisschen eifersüchtig, dass er am nächsten Morgen zur Arbeit fahren durfte, nicht im Geringsten...

Jeder hat andere Erfahrungen mit dem nächtlichen Stillen. Ich habe in dieser Zeit viele nützliche Ratschläge bekommen wie »mit der Zeit wird es einfacher« (das stimmt) oder »immer nur von einer Nacht zur nächsten denken« (was bleibt einem auch anderes übrig?). Aber ich habe auch ziemlichen Unsinn darüber gelesen – von wegen, man solle das nächtliche Stillen genießen, sich darauf freuen usw. An dieser Stelle möchte ich ein für alle Mal festhalten, dass es daran wirklich rein gar nichts zu genießen gibt. Gut möglich, dass neben dem Schlafentzug und den hysterischen Anfällen ein paar magische Momente drin sind, zum Beispiel dann, wenn alle Welt schläft, man allein mit dem Kind wachliegt und eine ganz besonders innige Bindung aufbaut. Ich für meinen Teil fand es allerdings deutlich angenehmer, mich tagsüber um eine innige Bindung zu bemühen. Es tut mir sehr leid, dass ich einen meiner Söhne als Arschloch bezeichnet habe, denn im Nachhinein ist mir natürlich völlig klar, dass er nur das tat, was er tun musste: Babys brauchen jede Menge Nahrung, und ich habe nie erwartet, dass sie zwölf Stunden durchschlafen. Ich *wusste,* dass ich nachts stillen muss. Aber das heißt noch lange nicht, dass es deswegen einfach gewesen wäre. »Diese Zeit ist einzigartig«, ermahnten mich diejenigen, bei denen ich mich über meine ständige Erschöpfung beschwerte. Na ja, vielen Dank auch, darauf hätte ich gut verzichten können!

Sollten Sie das hier als frischgebackenes oder werdendes Elternpaar lesen, kann ich für nichts garantieren. Ein Baby zu bekommen ist so ähnlich, wie einen Gebrauchtwagen anzuschaffen: Man lässt sich ganz bewusst auf eine Art Glücksspiel ein, über das man nicht die geringste Kontrolle hat. Man kann also nur das Beste hoffen. Ich kenne eine Mutter, deren Kind erst mit drei durchschlief, und eine, deren Kind schon nach wenigen Wochen durch-schlief. Beim ersten Kind hatten wir mit dem Schlafen weniger Glück – Henry wurde *stündlich* wach, und das sehr, sehr lange, woran ich beinahe krepiert wäre. Aber mit Jude hatten wir dann das große Los gezogen, obwohl wir ihn ganz genauso behandelt haben wie seinen Bruder. Seien Sie also skeptisch, wenn Sie an der Baby-Olympiade teilnehmen (Welches Baby schläft am längsten? Welches Baby hat den kräftigsten Hals? Welches Baby kann zu-erst in die Hände klatschen?), denn jeder versteht unter »durchschlafen« etwas anderes. Ich lernte einmal eine Mutter kennen, die behauptete, ihre Tochter hätte schon mit fünf Wochen durchgeschlafen. Ich hätte ihr am liebs-ten eine reingehauen (der Mutter, nicht dem Baby, nur da-mit das klar ist). Wie sich herausstellte, verstand sie unter Durchschlafen allerdings den Zeitraum von Mitternacht bis fünf Uhr früh. (»Wir gehen um Mitternacht ins Bett, und fünf Uhr ist der Beginn eines frühen Arbeitstages.«) Positives Denken ist eine starke Kraft, aber dass ihr Baby *durchgeschlafen* hätte, kann man beim besten Willen nicht behaupten. Es soll mir auf eine Stunde hin oder her nicht ankommen, aber von sieben Uhr abends bis sieben Uhr morgens, *das* nenne ich durchschlafen!

Man darf die Messlatte einfach nicht zu tief legen.

»Als ich zum ersten Mal Mutter wurde, war das für mich der größte Schock meines Lebens. Als Lehrerin glaubte ich, einem Kind mühelos gewachsen zu sein: Wenn man sich sonst mit einem Haufen lernunwilliger Vierzehnjähriger herumschlagen muss, schaffe ich ein Baby doch locker, dachte ich. Pustekuchen! Angesichts des Schlafmangels, meiner vergeblichen Versuche zu stillen und den Nachwirkungen meines Kaiserschnitts konnte ich einfach nicht fassen, was ich mir da angetan hatte. Ich fühlte mich schrecklich, weil ich es hasste, Mutter eines Säuglings zu ein, anschließend fühlte ich mich schuldig und hasste mich selbst – die reinste Achterbahn der Gefühle!«

Anonym

Muttermilch: Dramatisch. Praktisch. Gut.

Die meisten Mütter können jede Menge Stillanekdoten erzählen. Von ihrer persönlichen Still-*Erfahrung* berichten, wenn man so will (auch wenn ich dieses Wort hasse!)

Als ich schwanger war, las ich einige Stillratgeber und fand sie stinklangweilig – nichts als »trockene« Fakten, Warnungen vor Brustdrüsenentzündungen, dazu Fotos aus den Achtzigerjahren, die verdeutlichen sollten, wie das Baby an der Brustwarze zu liegen hatte. Später erwiesen sich diese Tipps jedoch als äußerst praktisch, starrte ich doch zunächst eher hilflos auf mein Neugeborenes, das an allem kaute, was es finden konnte – sogar an der behaarten Brust seines Vaters! Ich war auch froh, alles über die gesundheitlichen, finanziellen und sonstigen Vorteile des Stillens zu erfahren, die in zahlreichen Broschüren aufgelistet sind. Aber das war die Theorie. Ich wollte wissen: Wie fühlt es sich tatsächlich an zu stillen?

Folgendes habe ich übers Stillen gelernt (bei meiner persönlichen Still-*Erfahrung*, Sie wissen schon):

Es ist verdammt anstrengend

Ich fand das Stillen in den ersten Wochen schon ziemlich heftig! Diese Zeit ist ohnehin ein Schock für den gesamten Organismus, und es ist einfach wahnsinnig anstrengend, wenn ein kleiner Mensch eine gefühlte Ewigkeit andockt. »Füttern nach Bedarf«, heißt es immer so schön auf den Verpackungen von Säuglingsnahrung, und in den ersten Wochen mit meinen Jungs fühlte ich mich tatsächlich wie eine Hochleistungs-Milchkuh. Henry hatte Phasen, in denen das Stillen eine geschlagene Stunde dauerte, keine Stunde später wollte er schon wieder gestillt werden. Ich weiß noch, dass ich irgendwann einfach nicht mehr konnte, an dem Punkt angelangt war, an dem man vor lauter Erschöpfung lacht *und* weint. Damals heulte ich James vor, das Baby sei ein suchtkranker Säufer, der sich einfach nicht im Griff habe. Ja, diese Phase war wirklich schlimm! Ich experimentierte mit Brustwarzenkompressen, Salben und alternativen Stillhaltungen, bei denen ich wenig elegant auf dem Sofa lag und versuchte, »das Baby zur Brust zu bringen und nicht umgekehrt«, wie es so schön in den Broschüren hieß.

Ich ging zu einer Stillberaterin, die mir riet, jedes Stillen als eine Art Dreigängemenü zu betrachten: Die erste Brust war gewissermaßen die Vor- und Hauptspeise, zwischendrin war eine Pause erlaubt. War sie ausgetrunken, sollte ich die andere Brust als Nachtisch servieren. Das war ein wirklich hilfreicher Rat, trotzdem hätte ich am liebsten

nur noch geweint und meinem bisherigen Leben hinter-
hergetrauert, in dem ich noch etwas anders getan hatte, als
mit entblößten Brüsten auf dem Sofa zu sitzen. Am liebsten hätte ich geschrien, wie unfair es doch war, dass ich
keine einzige Mahlzeit zu Ende essen konnte, wenn James
mir nicht alles in winzige Häppchen schnitt. Wurde mir
ausnahmsweise einmal das große Los eines Nickerchens
zuteil, riss mich die dumpfe Ahnung aus dem Schlaf: »Ich
glaube, er hat schon wieder Hunger.« *Arghhhhhhhh!*

Es ist aber auch verdammt praktisch

Auf der anderen Seite waren meine Brüste einfach klasse.
Hoch sollen sie leben! Denn in meinem erschöpften,
zombieähnlichen Zustand sorgten sie dafür, dass ich
beim Packen der Babytasche an eine Sache weniger denken musste. Egal, wo wir waren: Ich hatte immer Milch
dabei, die weder zu heiß noch zu kalt war, sondern genau
richtig. Hipp, hipp, hurra! Im Bedarfsfall konnte ich sie
als Wunderwaffe einsetzen: Als Baby Jude auf einer Zug-
reise kurz davor war, komplett auszuflippen, drückte ich
ihm einfach eine Brust ins Gesicht und setzte meine Zeit-
schriftenlektüre fort, während ich mich entspannt ans
Fenster lehnte. Das war einer der Momente, in denen ich
dachte: »Tolle Sache, dieses Stillen!« Irgendwann stillte
ich dann ab, und wir gewöhnten Henry ans Fläschchen –
aber dann musste ich eines Sonntagnachmittags feststellen, dass unsere Säuglingsnahrung alle war, und natürlich

hatten sämtliche Läden geschlossen. (Wolltest *du* nicht welche einkaufen, Schatz?) Mal ganz abgesehen davon, dass wir nun jeden Monat fast fünfzig Euro hinblättern mussten. Stillen ist gratis und immer da – ist das nicht fantastisch?

Es ist eine interessante Erfahrung

Im Geburtsvorbereitungskurs hört man jede Menge über Brustmassagen und Milchpumpen, aber die Realität ist noch viel abgefahrener, als ich mir das je hätte vorstellen können. Als ich zum ersten Mal Milch abpumpte, damit James nachts mal das Füttern übernehmen konnte, traf mich fast der Schlag. Nicht, dass ich das Stillen nicht genossen hätte... aber ich habe es eben nicht *wahnsinnig* genossen. (Ich weiß, andere Mütter fanden es überwältigend, aber das ist in Ordnung – ich habe mich längst damit abgefunden, keine Supermama zu sein.) Aber die Idee, Muttermilch in eine Flasche zu füllen, schien einfach die Lösung schlechthin zu sein. Deshalb konnte ich es kaum erwarten, die Pumpe auszupacken und ~~das Leid~~ die Freude zu teilen. Diese elektrischen Milchpumpen sind echt toll, aber meine Güte, ein bisschen lächerlich war das schon. Ich sollte auf dem Sofa sitzen, während eine Brustwarze mit einer Brusthaube versehen war, um gemolken zu werden, während die andere in einer Plastikschale ruhte (um die Milch aufzufangen, die aus ihr tropfte, während sie gierig darauf wartete, endlich an die Reihe zu kommen).

Da ich in den letzten drei Jahren Landwirtschaftsmaschinen finanziert hatte – darunter auch jede Menge Melkmaschinen –, bekam ich eine ziemliche Hochachtung vor den Milchkühen, als ich mich selbst melken ließ und dabei Fernsehen schaute. James und ich witzelten schon darüber, wie oft ich meine Brüste inzwischen im Wohnzimmer freilegte (»Guck, da sind sie wieder!«), und zwar zu Recht. Es war dermaßen normal geworden, sie zu entblößen, dass ich mir an manchen Tagen gar nicht erst die Mühe machte, sie wieder zu verstauen.

Bis es zu einem seltsamen Vorfall kam, zu einer ganz besonderen Melk-Episode, die in die Annalen unserer Ehe eingegangen ist. Eines Morgens wachte ich mit Brüsten auf, die mehr als nur ein bisschen geschwollen waren – sie sahen aus wie Wassermelonen und glühten regelrecht. Ich befürchtete schon eine Brustdrüsenentzündung. Normalerweise bekam ich Klumpen und komische Hubbel weg, indem ich meine Brüste sanft knetete, um die vermutlich verstopften Milchdrüsen zu befreien. Das nächste Stillen brachte dann die ersehnte Erleichterung. (Wehe, das Kind hatte nicht ordentlich Hunger!) Doch an jenem Tag des Jahres 2012 wusste ich, dass ich damit nicht mehr weiterkommen würde. Nachdem ich vergeblich versucht hatte, die Klumpen wegzumassieren, rief ich James ins Schlafzimmer, und es folgte eine der bizarrsten Erfahrungen unserer gesamten Ehe.

James fand mich auf dem Bett sitzend vor, nur in meiner Unterhose und umgeben von Handtüchern und warmen Waschlappen, mit Brüsten, die Busenwunder Katie Price Konkurrenz machten (nur dass meine klumpig und leicht entzündet waren).

»Du musst mich melken.«

In James' Gesicht spiegelte sich das blanke Entsetzen. »Soll das ein Witz sein?«

»Nein, du musst mich wirklich melken. Ich kriege meine Hände nicht in den richtigen Winkel, um beide Brüste gut massieren zu können. Und die Milchpumpe kann ich jetzt, wo sie so groß sind, auch nicht anlegen. Es tut wirklich weh.«

»Verdammt! Na gut.«

Und so kam es, dass sich mein Mann hinter mich aufs Bett setzte und mir die Milch ausstrich. Auf eine völlig asexuelle Art, wohlgemerkt (denn am Stillen ist wirklich gar nichts sexy!).* Die Erleichterung war unbeschreiblich. Wir brauchten zwei Handtücher, um all die Muttermilch aufzusaugen, bevor wir meine fast wieder normalen Brüste bewundern, uns abklatschen und nach unten in die Küche gehen konnten, um uns eine Tasse Tee zu machen. Tja, in guten wie in schlechten Tagen ...

---

* Ich sollte vielleicht erwähnen, dass Daten meines Blogs, die darüber Auskunft geben, wonach die Leute im Internet gesucht haben, bevor sie auf meine Seite weitergeleitet wurden, verstörenderweise belegen, dass es offenbar einige Abwegige gibt, die Stillen tatsächlich sexy finden. Aber ich bin mir sicher, dass derjenige, der die Suchbegriffe »Stillen Tittenfick Milchdusche« eingegeben hat, von meinem Blog mehr als enttäuscht gewesen sein dürfte.

Es ist nicht die Zeit für Size-zero-Mode

Viele stillende Mütter schaffen es erstaunlicherweise, immer glamourös auszusehen und sich so zu kleiden, als hätten sie sich nicht aus dem normalen Leben verabschiedet. Es ist zwar heute leichter als früher, erschwingliche, modische Kleidung zu finden, die schnell die Brüste freigibt (Latzhosen sind auch gerade wieder in!), aber ich bin nicht wahnsinnig kreativ in Sachen Mode, und es gab Zeiten, in denen ich zur Abwechslung mal was anderes als weite Oberteile, Wickelkleider, vorn geknöpfte Blusen oder Pullis mit »geheimen« Stillöffnungen tragen wollte. (Also *ich* erkenne Stilloberteile aus hundert Metern Entfernung!) Auch war ich bald die ewig nässenden Brüste leid und mochte nicht mehr in einem nassen T-Shirt aufwachen, weil eine Stilleinlage durchweicht oder verrutscht war.

Jahre später hatte ich diese nächtlichen Brustlecks und quälenden Garderobefragen fast schon vergessen, als mir eine gerade stillende Freundin eine SMS schickte, in der stand, sie habe keine Lust mehr, ihre überdimensionierten Brüste in »Size-zero-T-Shirts zu stopfen und nach altem Kühlschrank zu riechen.« Mein Mitgefühl war ihr sicher!

Manchmal klappt es einfach nicht

Mütter sind einem enormen Druck ausgesetzt, was das Stillen betrifft. Angesichts seiner vielen Vorteile verstehe ich, warum es wichtig ist, Frauen dazu zu ermutigen.

Manchmal kann es helfen, die Stillhaltung von einem Experten begutachten zu lassen oder sich ärztlichen Rat zu holen. Und manchmal braucht man einfach nur ein paar aufmunternde Worte, jemanden, der sagt: »Nicht aufgeben, das wird schon!«

Aber mir haben auch schon Mütter geschrieben, die vor Schmerzen nur noch weinten und blutende Brustwarzen hatten oder einfach nicht genug Milch produzierten. Trotzdem wäre es für sie nie infrage gekommen, mit dem Stillen aufzuhören. So, als hätten sie einmal zu oft gehört: »Nicht aufgeben, das wird schon!« Sie trauten sich einfach nicht, einen Schlussstrich zu ziehen, denn sie hatten Angst, dadurch ihre Eignung als Mutter infrage zu stellen.

Ich habe geschworen, vollkommen aufrichtig zu sein, und deshalb schreibe ich jetzt und hier, dass die Brust vielleicht nicht immer die beste Lösung ist – auch auf die Gefahr hin, dass nun viele Leser mit dem Kopf schütteln.

Ich persönlich kann das Stillen aufrichtig empfehlen. Aber wenn Sie das jetzt lesen und es bei Ihnen einfach nicht funktioniert, lassen Sie sich gesagt sein, dass es absolut kein Weltuntergang ist, Säuglingsnahrung zu füttern. Brust oder Flasche, das sagt nichts über Ihre Qualität als Eltern aus! Manchmal sollte man auch den Müttern zugestehen, dass sie das bekommen, was für sie das Beste ist! In diesem Punkt sollten mir eigentlich auch die Kopfschüttler zustimmen.

Mama-Freundinnen verzweifelt gesucht

Als Henry zur Welt kam, hatte ich kein nennenswertes Mütternetzwerk. Meine Freunde aus Schule/Studium/Arbeit hatten noch keine Kinder (Egoisten!), und ich wohnte 150 Kilometer von meiner Schwester entfernt, die damals »nur eins« hatte. (Erstaunlich, dass ich nie jemanden verprügelt habe, der »du hast doch nur eins« zu mir gesagt hat, bevor Jude kam, denn »nur eins« ist verdammt harte Arbeit! Manchmal ist auch eins zu viel!) Und zu meiner besten Freundin, die fünf Monate nach mir schwanger wurde, hätte ich vier Stunden mit dem Auto gebraucht.

Ich wollte auf keinen Fall riskieren, allein auf der »Mamainsel« zu stranden. Seit ich auf das Stäbchen gepinkelt hatte, bevor ich in dieses beschissene Hotel auf Kos fuhr (falls du das lesen solltest, James: Ich koche immer noch vor Wut!), wusste ich, dass ich neue Freundinnen brauchte. Aber beim Gedanken an »Mama-Freundinnen« bekam ich leichte Panik. Größere Frauenansammlungen haben mir schon immer Angst gemacht, auch in meinem Beruf hielt ich mich eher an männliche Kollegen. Abgesehen von ein paar Freundinnen aus Schule und Uni hatte ich mit Anfang zwanzig überwiegend männliche Freunde. Die sind einfach ideal zum Ausgehen, um sich gegenseitig aufzuziehen und über Online-Dates zu lästern (ihre, nicht meine). Leider sind sie aber nicht die erste Wahl, wenn es um Themen wie das Nähen von Dammschnitten oder Brustwarzensalbe geht. Mist, ich bekam ein Kind, ich brauchte dringend andere werdende Mütter, mit denen ich mich anfreunden konnte. Aber wie sollte ich das anstellen?

Angeblich bestand die einfachste Methode darin, einen Geburtsvorbereitungskurs des National Childbirth Trust (NCT) zu besuchen. Ich hatte es immer wieder gehört, unter anderem von meiner Schwester: Dort lernt man Frauen mit ähnlichen Geburtsterminen kennen, und sind die Babys dann auf der Welt, trifft man sich weiterhin. Irgendwann erscheint dann ein Foto auf Facebook von allen Babys auf einer Picknickdecke, mit der launigen Unterschrift »Die Geburtsvorbereitungsgruppe« (noch besser ist das Foto, wenn neben der Decke einige verlegen dreinschauende Väter hocken, die zum Treffen mitgeschleift wurden). Das schien genau das Richtige für mich zu sein! Aber als ich mich anmelden wollte, gab es in meiner Region gerade keine NCT-Kurse. Verflucht aber auch. Ich würde mir also wohl oder übel auf normalem Weg Freundinnen suchen müssen, sprich: allein zu Krabbelgruppen gehen und darauf hoffen, dass irgendjemand meine BMFF (*Beste Mama-Freundin Forever*) sein will.

Wir fanden zwar noch einen kurzen Standard-Geburtsvorbereitungskurs (immerhin kostenlos), aber der war eher informativ als sozial. Neben der Babypuppe-im-Geburtskanal-Demonstration durften wir hauptsächlich große Geburtshilfezangen anfassen und über Stilleinlagen reden. James und ich lächelten den anderen Paaren freundlich zu, aber niemand ließ eine Liste mit E-Mail-Adressen herumgehen, und es wurde auch kein Picknick mit »den Februarbabys« organisiert.

Als Baby Henry zur Welt kam, hatte ich mich also schon seelisch auf die Aufgabe, neue Freundinnen zu suchen, eingestellt. Als James vier Wochen später wieder zur Arbeit ging, beschloss ich, erst einmal ein paar geeignete Gruppen aufzusuchen. Ob Krabbelgruppe, Stillgruppe oder Spielgruppe… ich würde sie alle ausprobieren! Was hatte ich schon zu verlieren? Ein Vorhaben, das ich auch in die Tat umsetzte. Im Vorfeld musste ich mich allerdings zwei Stunden lang auf das Verlassen des Hauses vorbereiten (»Du hast doch nicht schon wieder die Windel voll? Oh nein, so ein Mist!«). Dann setzte ich mir ein Lächeln ins Gesicht, legte mein Baby in den Wagen und machte mich auf den Weg. Endlich rumpelte ich mit dem Kinderwagen durch die Schwingtüren des Rathauses, wo sich die Gruppe traf – nur, um festzustellen, dass die anderen Mütter bereits komplett versammelt und in Gespräche vertieft waren. Nun blieb mir nichts anderes übrig, als durch die Berge von Babyspielzeug zu waten und mich einfach neben jemandem fallen zu lassen, in der Hoffnung, ein bisschen mitreden zu dürfen. Männer waren keine da, ich musste also in ein reines Frauenbad tauchen, wo beim Tee über schmerzhaftes Milchabpumpen geredet wurde – eine Aussicht, die mich nicht gerade entzückte.

Trotzdem konnte ich mich dazu überwinden und bin im Nachhinein heilfroh darüber, denn diese Gruppen waren ein Geschenk des Himmels! (Auf einmal *brauchte* ich sogar dringend Gespräche über schmerzhaftes Milchabpumpen!) Es war auch gar nicht schwer, Small Talk mit diesen Frauen zu machen, denn wenn man ein winziges Menschlein dabeihat, ist es so gut wie unmöglich, kein gemeinsames Gesprächsthema zu finden. Um Kontakte zu knüpfen, ist ein Baby einfach ideal. Man braucht nur zu fragen »Wie alt ist die Kleine?«, oder »Wann wurde sie das letzte Mal gewogen?«, und schon entspinnt sich eine einstündige Unterhaltung über die Geburt, das Stillen und die Entwicklung des Babys. Man tauscht sich über ein gemeinsames Thema aus (ohne dabei schon allzu viel von sich selbst preisgeben zu müssen), lacht über das selige Grinsen der Kleinen beim Pupsen und flucht über die unberechenbare Verdauung. Im Nu hat man eine sympathische Frau kennengelernt, mit der man sich, wenn man sie zufällig auf der Straße wiedertrifft, gern unterhält, während man verzweifelt versucht, sein Baby zu einem Schläfchen zu bewegen.

Diese einstündigen Treffen außerhalb der eigenen vier Wände, bei denen man Unterstützung von Gleichgesinnten bekam und Tee trinken konnte, waren überaus wertvoll für mich, da sie mich dazu zwangen, etwas Anständiges anzuziehen und das Haus zu verlassen, statt auf dem Sofa zu hocken und die x-te Folge von »mieten, kaufen, wohnen« anzugucken. Die anderen Mütter waren wirklich nett. Aber was musste ich tun, damit aus netten Bekannten echte Freundinnen wurden, mit denen ich mich auch mal außerhalb von Stillgruppen treffen konnte? Freundinnen, die spontan auf eine Tasse Tee vorbeischauten? Freundinnen, denen ich eine SMS schicken konnte, wenn der Tag morgens um drei begonnen hatte und ich dringend hören musste, dass ich nicht die Einzige war, bei der es gerade nicht besonders toll lief?

Ich brauchte einfach noch mehr seelische Unterstützung als nur den Small Talk übers Abstillen.

Genau da brachte eine Zufallsbegegnung in unserer Siedlung die Wende. An einem Tag, an dem ich alles andere als gut drauf war. Wieder einmal hatte mich James, als er nach Hause kam, in Tränen aufgelöst vorgefunden. Schniefend erzählte ich ihm, wie furchtbar der Tag gewesen war, und dass ich versucht hatte, mir eine Quizsendung im Fernsehen anzuschauen, nur eine einzige Sendung, nur eine. Doch Henry hatte die ganze Zeit durchgeschrien – das war der Tropfen, der das Fass überlaufen ließ. Ich übergab James das Baby und stürmte aus dem Haus. Draußen merkte ich, dass es besser gewesen wäre, etwas Wärmeres anzuziehen, aber mein dramatischer Abschied machte es mir unmöglich, noch mal zurückzugehen, um meine Fleecejacke zu holen. Nachdem ich eine Stunde wütend durch die Gegend marschiert war und dabei nonstop gemurmelt hatte: »Diesen Scheiß muss ich mir wirklich nicht antun!«, beruhigte ich mich langsam und beschloss, heimzugehen und mal nach meinen Männern zu sehen.

Wenige Meter von zu Hause entfernt lief ich einer jungen Frau in die Arme. Sie kam mir bekannt vor – ich hatte sie im Geburtsvorbereitungskurs und im Wartezimmer der Hebamme gesehen. Sie brachte gerade das Altpapier raus und machte einen ziemlich genervten Eindruck. Ich ging einfach auf sie zu und fragte: »Und, wie läuft's so?« Ich wünschte, ich könnte mich noch an ihre genaue Antwort erinnern, doch leider kann ich es nicht. Es muss so was wie: »Ziemlich beschissen« oder: »Mir reicht's!« gewesen sein, denn ich weiß noch, wie ich sofort dachte: *Gott sei Dank!* Nicht weil es ihr so schlecht ging, sondern weil ich mit meinen Gefühlen nicht allein war. Weil es noch jemanden gab, der sagte: »Meine Güte, was haben wir nur getan?« Die Erleichterung war überwältigend.

Vielleicht war ich doch nicht total gestört? Vielleicht gab es noch andere Frauen, die auch gerade eine ziemlich beschissene Zeit durchmachten? Vielleicht war ich *ganz normal?* Eine Riesenlast fiel mir von den Schultern. Auf einmal wogen meine Einsamkeit und Traurigkeit längst nicht mehr so schwer. Ich mochte sie sofort, und wir erzählten uns ausführlich, wie unser Leben gerade den Bach runterging. Es tat einfach unglaublich gut. Wir beschlossen, uns zu treffen, und zwar nicht im Rahmen einer Krabbelgruppe, sondern bei einer von uns zu

Hause. Ich glaube, das war meine erste private »Spielverabredung«, und ich weiß noch, wie sehr ich mich freute, eine Gleichgesinnte gefunden zu haben. Endlich jemand, mit dem ich mich wirklich austauschen konnte! Ich kehrte zu James und dem nach wie vor schreienden Henry zurück und strahlte wie schon seit Wochen nicht mehr. (Die Quizsendung nahm ich zukünftig einfach auf und schaute sie in günstigen Momenten an.)

Nach Hunderten von Treffen, bei denen wir uns ausgiebig das Herz ausschütteten, sind wir noch heute befreundet. Wir haben Stunden damit verbracht, über die Auswirkungen von Schlafentzug zu reden und unser Leben vor den Kindern zu lobpreisen. Wir haben davon geträumt, arbeiten zu gehen und anschließend Party zu machen und uns die schönsten Strandurlaube ausgemalt. Wir haben es beide genossen, uns alles von der Seele reden zu können, ohne dafür verurteilt zu werden.

Aber als Jude zur Welt kam, mussten wir wegziehen und uns von unserem Traumhaus verabschieden, das wir uns nun nicht mehr leisten konnten: Babys sind nämlich ganz schön teuer! Nun konnte ich nicht mehr mal eben schnell auf einen Schinken-Käse-Toast mit Ketchup bei ihr vorbeischneien und mich über mein schlafunwilliges Kind beschweren. Und obwohl wir immer noch Kontakt haben, vermisse ich das sehr!

Ich musste also wieder von vorne anfangen und mir neue Mama-Freundinnen suchen, die in meiner Nähe wohnten.

So ein Mist aber auch!

Doch beim zweiten Mal war ich schon deutlich selbstbewusster. Ich fand nichts mehr dabei zu fragen: »Wollen wir vielleicht mal einen Kaffee trinken gehen?« Denn nach ein paar flüchtigen Gesprächen in einer Spielgruppe wusste ich meist schon, ob ich mit der Betreffenden auskommen würde oder nicht. Wenn ich sagte: »Meine Güte, ein Neugeborenes ist echt die reinste Folter, stimmt's?« und nur ein Stirnrunzeln erntete, war nicht von näherem Kennenlernen auszugehen. Antwortete die Angesprochene jedoch: »Ja, die können wirklich nerven!«, »Ich brauch dringend einen Drink!« oder, noch besser: »Lust auf einen gemeinsamen Drink?«, war klar, dass diese Frau eine echte Freundin werden konnte.

Ich kenne Mütter, die ständig irgendwelche Spielverabredungen organisieren. Mütter mit einer beeindruckenden Anzahl an Freundinnen. Im Vergleich dazu ist mein Freundeskreis eher klein, aber fein. Meine Freundinnen sind alle Freundinnen fürs Leben! Es stimmt, dass ich von dem Gedanken, mir Mama-Freundinnen suchen zu müssen, erst nicht besonders angetan war. Aber sie haben sich wirklich als überlebenswichtig herausgestellt. Ich bin sehr froh, dass ich inzwischen mehrere Mütter zu meinen engen Freundinnen zählen darf, denn mit ihnen kann ich so wichtige Themen wie Beckenbodenprobleme und ihr wisst schon, flüsterflüster, *Sex*, besprechen. Erst dachte ich, dass mich diese Müttergespräche zu Tode langweilen würden. Doch es zeigte sich schnell, dass ich es *liebe*, über

Dehnungsstreifen und postnatalen Geschlechtsverkehr zu reden.

Die Mama-Freundinnen – sie leben hoch!

»Ich kann sie nicht mehr sehen, die strahlenden Gesichter frischgebackener Mütter in Zeitschriften und auf Rabattcoupons für teure Läden, in denen ich sowieso nie mehr einkaufen werde. Wenn Mütter etwas brauchen, dann nur, dass jemand zu ihnen sagt: ›Nur keine Panik, alles wird gut. Wir tun alle, was wir können, und trotzdem glauben wir alle, dass wir es total verpfuschen.‹«

Annecy

Von Öko-, Karriere-
und Häkelmüttern

Eine wichtige Erkenntnis meiner Suche nach »Mama-Freundinnen« war, dass Mütter-Stereotypen genau das sind: Stereotypen. Heute, da ich mit Hunderten von Müttern Kontakt hatte (sowohl persönlich als auch virtuell über meinen Blog), ist mir klar, wie engstirnig ich früher war.

Ich weiß noch, wie ich etwa im vierten, fünften Schwangerschaftsmonat mit einer Kundin über deren Schwester sprach, die kürzlich ein Baby bekommen hatte. »Sie ist eine von diesen Ökomüttern«, vertraute sie mir flüsternd an. Obwohl ich die Schwester meiner Kundin überhaupt nicht kannte, glaubte ich sofort zu wissen, um welche Art von Mutter es sich handelte. Als Ökomutter benutzte sie Stoffwindeln, ließ das Baby den Zeitpunkt des Abstillens bestimmen, und kaufte für sich und ihren Nachwuchs ausschließlich Klamotten mit Bio- und Fairtrade-Siegel. Oder etwa nicht?

Als Henry zur Welt kam und ich erstmals Krabbel-

gruppen besuchte, hielt ich regelrecht nach all den bekannten Klischees Ausschau: Ökomütter, Karrieremüt-
ter, Hausmütter, Latte-macchiato-Mütter, Mütter, die sich
gehen lassen ... Ist es nicht wahnsinnig praktisch, wenn
man die Leute in eine bestimmte Schublade stecken kann?
Ich selbst fühlte mich übrigens weder besonders ökomä-
ßig noch übermäßig attraktiv, aber immerhin versuchte
ich, mich nicht vollkommen gehen zu lassen. Deshalb beschloss ich, mich an Mütter zu halten, die ebenfalls nicht
zu öko und zu attraktiv waren, aber ihr Äußeres noch
einigermaßen im Griff hatten. An die normalen also.

Ganz schön oberflächlich und vorurteilsbehaftet, ich
weiß. Dabei hatte ich vermutlich bloß Angst, von anderen Müttern verurteilt zu werden. In meinem erschöpften, stets defensiven Zustand ging ich fest davon aus, dass
mich jede Ökomutter verachten würde, weil ich Wegwerf-
windeln und Breigläschen kaufte. Da war es deutlich einfacher, mich mit den Müttern zu unterhalten (und anzu-
freunden), die so ähnlich aussahen wie ich (sprich: etwas
durch den Wind und mit Babykotze- oder Bananenfle-
cken auf den Leggins).

Außerdem haben die berühmten Mütterklischees durchaus einen wahren Kern. Manchmal habe ich mich wirklich bemüht, sämtliche Warnsignale zu übersehen und
versucht, gemeinsame Themen zu finden – was sich dann
allerdings als unmöglich herausstellte. Einmal habe ich
probiert, mit einer Mutter aus Henrys Krabbelgruppe ins
Gespräch zu kommen, die gerade irgendwas häkelte. (Hä-

keln ist echt nicht mein Ding, trotzdem habe ich versucht, ein paar Worte mit ihr zu wechseln.) Ich nickte eifrig zu ihren Ausführungen über Häkelmuster und den ökologischen Lebensstil ihrer Familie. Sie erzählte mir, dass sie nicht mehr in den Beruf zurückkehren und auch keinen Alkohol mehr trinken wolle, denn jetzt, wo sie Mutter sei, habe sie überhaupt kein Bedürfnis mehr danach. Ich weiß noch genau, dass sie »Mutter« sagte und nicht, wie in solchen Gruppen allgemein üblich, als »Mama« von sich sprach. Besagte Mutter erzählte mir auch, dass sie Kinderwagen unnötig fände, woraufhin ich ihr gestand, dass ich noch nie versucht hätte zu häkeln, das ganze Biozeug viel zu teuer fände und es kaum erwarten könne, wieder arbeiten zu gehen. Danach schob ich meinen Kinderwagen durch die Tür und gab mich einem Tagtraum von einer schönen Flasche Wein hin …

Allerdings muss ich zugeben, dass dies wirklich das einzige Mal war, wo sich mein erster Eindruck bestätigte. Mit meinen anderen vorschnellen Urteilen über Mütter lag ich meist ziemlich daneben.

So wie damals, als ich eine Mutter als »Karrieremutter« abstempelte, weil sie vorhatte, nach dem Mutterschaftsurlaub wieder Vollzeit in ihrem gut bezahlten Job zu arbeiten. Später erfuhr ich allerdings, dass sie das nur des Geldes und ihrer Hypotheken wegen tat und dass die Familie schon überlegte, in ein kleineres Haus zu ziehen, damit sie beruflich etwas kürzertreten konnte.

Oder dieses eine Mal, als ich eine Mutter sofort in die

Schublade »Hausmütterchen« steckte, weil sie keinerlei Pläne hatte, wieder arbeiten zu gehen. Nach einer Weile erzählte sie mir, dass sie unglaublich gern wenigstens Teilzeit arbeiten würde, aber von ihrem niedrigen Gehalt die Kosten für die Kinderbetreuung nicht zahlen könne.

Oder damals, als ich eine Glamour-Mama kennenlernte, die ausschließlich Designerklamotten trug und immer perfekt aussah, aber, wie sich später herausstellte, in einem eher ärmlichen Viertel lebte. Ich hatte mir vorgestellt, dass sie ihre Kinder mit einem schicken SUV zur Schule fährt, dabei hatte sie nicht mal einen Führerschein!

Der erste Eindruck kann also gewaltig täuschen.

Ich weiß, dass man andere Eltern automatisch in irgendwelche Schubladen steckt (sie also meist nur aufgrund ihres Aussehens beurteilt), aber ich versuche bewusst, das nicht mehr zu tun. Nicht nur weil ich mich mit Müttern angefreundet habe, die ich vor den Kindern eher gemieden hätte (na gut, zugegeben, ich hätte sie *definitiv* gemieden!), sondern auch, weil es das Leben einfach interessanter macht, selbst wenn keine lang anhaltende Freundschaft entsteht. Es wäre doch stinklangweilig, wenn wir alle gleich wären! Einige der besten Gespräche übers Muttersein hatte ich mit Frauen, die ich früher als »nicht mein Typ« abgetan hätte.

Neulich hatte ich wieder einmal das Vergnügen, eine Mutter kennenzulernen, die nach meinem früheren Schubladendenken »nicht mein Fall« gewesen wäre. Zion Lights schreibt einen Blog darüber, wie man als Familie möglichst nachhaltig leben kann und hat auch ein Buch zu diesem Thema veröffentlicht (»The Ultimate Guide to Green Parenting«). Ich muss gestehen, dass ich, bevor wir ins Gespräch kamen, noch nie darüber nachgedacht hatte, wie »grün« wir als Familie waren. Grün, das waren für mich Super-Ökos, die keinen Fernseher besaßen und sich ständig Sorgen über Parabene machten. Ausgeschlossen, dass diese Frau und ich irgendwelche Gemeinsamkeiten haben könnten!

Doch als ich mich mit Zion traf, stellte ich fest, dass sie mir viel Interessantes über die gesundheitlichen und finanziellen Vorteile einer nachhaltigen Lebensweise erzählen konnte. Wir unterhielten uns angeregt über unsere Kinder und unsere gemeinsame Vorliebe für Outdooraktivitäten. Mir wäre nie in den Sinn gekommen, dass allein schon unsere täglichen Spaziergänge zum Spielplatz und in den Ort als »nachhaltig« und »grün« gelten dürfen!

Natürlich hatte ich auch befürchtet, diese ökologisch so engagierte Frau würde mich wegen meiner zahlreichen Öko-Vergehen verurteilen. Stattdessen führten wir ein wirklich nettes und inspirierendes Gespräch, das mich dazu bewegte, leere Joghurtbecher aus dem Restmüll zu fischen und ein paar Babysachen weiterzuverkaufen, die ich früher einfach in den Müll geschmissen hätte. Dass ich in nächster Zeit unseren Fernseher abschaffen oder den ökologischen Fußabdruck meiner Kosmetikprodukte ausrechnen werde, ist dagegen wenig wahrscheinlich, denn ich bin süchtig nach Frühstücksfernsehen und dem Duft von Pantene-Shampoo.

Inzwischen frage ich mich, ob überhaupt irgendjemand in nur eine Schublade passt. Im Nachhinein war es blöd von mir, gewisse Muttertypen von vornherein zu meiden. Und noch blöder, dass ich versucht habe, mich selbst in so eine Schublade zu stecken! Ich bin allerdings irgendwann einfach zu dem Schluss gelangt, dass ich in gar keine Schublade passe (es sei denn, »Passt schon!« ist inzwischen ein neuer Muttertyp.) Aber irgendwie habe ich dann doch aus jeder Schublade das eine oder andere ausprobiert.

Nur das mit dem Häkeln ist immer noch nicht mein Ding.

»Als mein Sohn ungefähr sechs Monate alt war, ging ich mit meiner Geburtsvorbereitungsgruppe zum Essen. Ich nahm an, dass es den anderen ähnlich ging wie mir. Deshalb sagte ich: ›Es ist schon ganz schön langweilig mit so einem Baby, oder?‹ Man hätte eine Stecknadel fallen hören können! Danach brach ein Sturm der Entrüstung los.«

Helen

Hilfe, ich bin bindungsunfähig!

»Hast du's schon mal mit einer Tragehilfe versucht?«

»Wie bitte?« Ich war seit drei Monaten Mutter und schaute immer noch ungläubig drein, wenn man mir praktische Baby-Ratschläge gab (Baby? Welches Baby? Ach, *mein* Baby!). Diese Frau versuchte mir zu helfen, denn ich hatte darüber geklagt, dass Henry erst aufhörte zu weinen, wenn ich ihn hochnahm oder wenn er auf mir lag. Deshalb schlug sie mir eine Lösung vor.

»Mit einem Tragetuch oder so?«

Ach so, jetzt verstand ich! Ich hatte an Babytragen gedacht, an diese Kraxen, mit denen sportliche Eltern ihre Kleinkinder auf Berge schleppen. Doch wie ich bald erfahren sollte, war das noch gar nichts, inzwischen hatte sich rund um das Thema eine ganze Industrie aus gewebten Tüchern, Bauch-, Seiten- und Rückentragen entwickelt! Eine neue Welt tat sich auf, von der ich bis dahin nicht einmal etwas geahnt hatte. Es geht nicht einfach nur darum, das Baby schnell mal vor den Bauch zu schnallen, um kurz mit dem Hund rausgehen zu können. Von wegen! Es gibt ganze Internetforen, die sich dem Thema widmen, organisierte Treffen, Tauschbörsen und Facebook-Seiten, auf denen man sich über Tragehilfen und die dazugehörigen Accessoires informieren und austauschen kann. Der helle Wahnsinn!

Nachdem ich mich von mehreren befreundeten Müttern hatte beraten lassen, darunter auch von meiner Stiefschwester, einem echten Profi in Sachen Tragehilfe, kaufte ich mein erstes Tragetuch. Ich sage Tuch, doch das was ich da kaufte, hatte eher Ähnlichkeit mit den Dingern, in die sich Trapezkünstler einhängen. Ich übertreibe nicht, wenn ich sage, dass es mindestens dreihundert Meter lang war. Schon beim Auseinanderfalten dachte ich: »Was habe ich mir da bloß angetan?«

Aber ich würde schon damit klarkommen, schließlich hatte ich gesehen, dass viele andere Mütter so was auch benutzten. Zwei kundige Babyträgerinnen hatten mir bereits eine kurze Einführung gegeben und mich spontan in eines ihrer Tücher gewickelt. Es sah ganz einfach aus. Irgendwie musste man nur die Mitte des Tuchs finden und darauf achten, dass sich die Ränder nicht eindrehten. Dann das Tuch erst über die eine und dann über die andere Schulter legen und die Schlaufe anpassen, bevor man das Ende irgendwo befestigte … Das konnte doch nicht so schwer sein!

Vermutlich ist es auch gar nicht schwer. Aber ich kriegte es einfach nicht hin. Als ich das Tuch bekam, hatte ich das Gezeigte längst wieder vergessen, sodass ich mich dort schlaumachte, wo man alles auf dieser Welt erklärt bekommt, nämlich bei YouTube. Ich kann mich noch lebhaft daran erinnern, wie ich eines Abends in der Küche stand, mein iPad vor mir auf der Arbeitsfläche, und ein Video ansah, in dem eine tiefenentspannte Frau an einer Puppe den perfekten Sitz einer Wickelkreuztrage demonstrierte. Ich versuchte, in Echtzeit mitzuhalten, aber als ich immer mehr ins Schwitzen geriet und mich zunehmend in dem Tuch verhedderte, begann ich, das Video an den entscheidenden Stellen anzuhalten. Endlich hatte ich es geschafft und wagte es, einen etwas erstaunten Henry in das Tuch zu setzen. Ich rief James, damit er mich zu meinem Erfolg beglückwünschte. »Ta-dah! Sieht es hinten genauso aus wie im Video?«, fragte ich. Er warf einen Blick auf den angehaltenen Clip und das hübsch verpackte Pseudobaby der Frau und dann auf Henry, der in einem zusammengewurschtelten Stoffknäuel hockte. Das »Baby« der Frau schmiegte sich gemütlich an ihre Brust, und das Tragetuch hatte genau die richtige Spannung. Meines dagegen sah aus wie ein schlaffer Sack (das Tuch, nicht das Baby!), während Henry irgendwo vor meinem Bauchnabel hing … und weinte. Ich atmete tief durch, nahm Henry heraus, spulte das Video zurück und bat James um Hilfe. Gemeinsam würden wir schon lernen, dieses verdammte Tragetuch zu binden. Und los ging's! Während wir an diesem Abend in unserer Küche versuchten, ein heulendes Baby ins Tragetuch zu wickeln, fragten wir uns wieder einmal: »Was tun wir hier eigentlich?«

Meine Tragetuchinkompetenz war dermaßen ausge-
prägt, dass es fast schon komisch war. Aber ich fand es
gar nicht lustig. Irgendwann brach ich, völlig verschwitzt,
in Tränen aus und versuchte, das »Scheiß-Tragetuch« auf
den Boden zu knallen. Aber nicht einmal das gelang mir
überzeugend, da ich mich schon wieder in dem blöden
Ding verhedderte!

Mehrere Wochen später hatte ich den Bogen endlich
raus. Das heißt, ich schaffte es, Henry in die Schlaufe zu
setzen – vorausgesetzt, man gab mir zwanzig Minuten
Zeit, und ich hatte einen Ganzkörperspiegel zur Verfügung. Ich sah zwar immer noch aus wie ein verschwitzter
Oktopus, wenn ich den Stoff über meine Schultern warf,
aber immerhin bekam ich eine ordentliche Schlaufe hin.
Anfangs war es wirklich ein Aha-Erlebnis: Ich hatte die
Hände frei, musste keinen sperrigen Kinderwagen mehr
durch Ladentüren schieben, und mein Kleiner konnte mir
den BH vollkotzen, ohne dass es jemand sah.

Leider sollte ich nie lernen, diese Bindetechnik auch
unter Zeitdruck und außerhalb meiner vier Wände anzuwenden. Stattdessen verließ ich das Café mit einem teilweise eingewickelten Baby und schmerzenden Schultern.
Oder ich stand neben der Autotür und versuchte verzweifelt, die Schlaufe hinzukriegen. Wonach ich wieder völlig nassgeschwitzt war. Mir ist schleierhaft, warum Deo-
Hersteller Tragemütter noch nicht als Zielgruppe für ihre
Werbung entdeckt haben.

Das Tragetuch und ich, wir hatten nicht wirklich eine

Zukunft. Später versuchte ich es noch mit anderen Tüchern und Tragen, darunter auch ein seitlich zu tragendes Ding und eine Trage mit Klettverschluss, aber ich verfluchte sie alle. Noch immer warf ich, wenn ich gerade im Supermarkt mal wieder jemandem meinen Kinderwagen in die Haxen rammte, neidische Blicke auf andere Eltern mit Tragetüchern und dachte: Das muss ich doch irgendwann mal hinkriegen! Aber nach unserem letzten Versuch (ein sündteures Produkt mit Clips, das Jude einfach hasst – sobald er dort reinsoll, prügelt er mich grün und blau) habe ich endgültig die Nase voll. Es heißt immer, dass es nicht ein Modell für alle gibt, und ich bin mir sicher, es gibt auch für mich irgendwo da draußen das Richtige. Ich habe es bloß noch nicht gefunden. Vielleicht sollte ich mal meine Komfortzone verlassen und zu einer Trageberatung gehen. Vielleicht habe ich mich einfach immer noch nicht von meinem ersten Versuch, sprich vom YouTube-Debakel in der Küche, erholt.

Aber vielleicht ist mir das Ganze auch einfach zu doof!

Leben auf einem unbekannten Planeten

»Ich habe mal
eine Stilleinlage
im Bällebad verloren.«

Mein Tag, sein Tag, und warum keiner von uns beiden besser dran ist

Wenn es morgens hell wird, denke ich manchmal einfach nur: Hilfe! James steht auf, wenn der Wecker klingelt, geht unter die Dusche und macht sich für die Arbeit fertig. Bei mir übernimmt Henry die Weckfunktion, indem er laut schreit: »Bist du schon wach, Mama? Meine Schlafanzughose ist nass. Ich kann mein Feuerwehrauto nicht finden. Krieg ich Cornflakes zum Frühstück?« Wenn ich ganz besonders viel Glück habe, sind Fürze aus der Minions-Pupskanone das Erste, was ich nach dem Aufwachen höre. Sie werden direkt neben meinem Kopf abgeschossen und wecken zwangsläufig auch Jude, der davon zum ersten großen Haufen des Tages inspiriert wird. Vorhang auf – der morgendliche Zirkus hat begonnen!

»Na dann, viel Spaß heute«, zische ich meinem Mann hinterher, der gerade das Haus verlässt. Pünktlich auf die Minute. Ohne mit Kindersitzen und Kinderwagen zu jonglieren und ohne sich zu fragen, ob er auch genügend Feuchttücher und saubere Spucktücher dabeihat. Ja, der Schuft kann sich auf dem Weg zur Arbeit sogar *richtige Musik* auf seinem iPod anhören!

Währenddessen hat bei mir im Wohnzimmerland mindestens einer meiner Söhne einen Tobsuchtsanfall, und ich überlege, ob kurz nach halb neun noch zu früh ist für »Toy Story 3« oder ob ich lieber warten soll, was heute im Frühstücksfernsehen kommt. Außerdem muss ich mir wieder mal das Hirn zermartern, womit ich meine Rasselbande den ganzen Tag beschäftigen soll.

»Wenn du wüsstest, wie gut du es hast, dass du ins Büro darfst!«, sage ich regelmäßig zu James. »Ich wünschte, wir könnten tauschen.« Am meisten jammerte ich während des Mutterschaftsurlaubs, aber auch, als ich wieder Teilzeit arbeitete, boten meine beiden sogenannten »freien Tage« (grrrrr!) Anlass für so manche schnippische Bemerkung. Noch heute ertappe ich mich dabei, meinen Vollzeit arbeitenden Gatten mit gehässigen Kommentaren zu überschütten. Rein theoretisch ist das mit der Teilzeit bloß vorübergehend – nur, solange die Kinder noch klein sind –, aber vier Jahre fühlen sich inzwischen nicht mehr vorübergehend an! Mein Wochenrhythmus ist komplett anders als früher, während der von James gleich geblieben ist. Und genau das bringt mich auf die Palme. Nur weiß ich, dass es ihn ebenfalls auf die Palme bringt, denn die Kehrseite der Medaille besteht darin, sich fünf Tage die Woche von früh bis spät den Arsch aufzureißen, während ich zwei volle Tage mit unseren süßen kleinen Jungs zu Hause bleiben darf.

»Ich würde *liebend gern* mit dir tauschen!«, sagt James. »Ich würde *liebend gern* bloß drei Tage die Woche arbeiten.« Er sagt das ohne jeden Vorwurf – er findet die Vorstellung, Teilzeit zu arbeiten, tatsächlich attraktiv.

»Ha! Du hast ja nicht die *leiseste* Ahnung«, schimpfe ich ... und das ganze Spiel beginnt von vorn.

Inzwischen ist mir klar geworden, wie idiotisch und sinnlos es ist, sich darüber zu streiten, wer den anstrengenderen Part erwischt hat. Damit ist schließlich niemandem geholfen. Außerdem ist es einfach nur unfair, und zwar beiden gegenüber.

Als ich das zweite Mal in Mutterschaftsurlaub ging, dämmerte mir, dass meine Eifersucht auf James, weil er das Haus verlassen durfte, eigentlich unbegründet war. Irgendwie war ich davon ausgegangen, dass sich durch die Kinder für ihn nichts geändert hatte. Ja, für Mütter kann sich Arbeit anfühlen wie Urlaub (siehe auch »Vollzeitmütter, ich bewundere euch!«, Seite 197), und ich arbeite wirklich gerne. Doch es ist und bleibt *Arbeit*. Mit einem Baby und einem Dreijährigen zu Hause muss James seinen Büroalltag mit deutlich weniger Schlaf bewältigen als früher. Und wenn sein Tag zu Ende ist, kommt er nicht in ein aufgeräumtes Zuhause, wo er sich bei einem kalten Bier die Sportnachrichten anschauen kann. Sondern er kehrt zu einer gestressten Ehefrau zurück, die mies gelaunt inmitten von Spielzeugbergen sitzt, oft genug mit einer vollgeschissenen Windel in der Hand. Zu einer Frau, die ihm sagt, wie leid sie das alles ist. Wie sehr sie ihr Leben hasst, und dass sie nicht mehr kann und wirklich nicht weiß, was es zum Abendessen geben wird, weil sie es noch nicht mal geschafft hat *zu duschen*. Manchmal zeige ich James sogar Videoaufnahmen von meinem Tag, auf denen eines oder beide Kinder kreischen, und sage: »So war es heute, von früh bis spät.« Eigentlich kann ich nur staunen, dass er nicht ständig Überstunden macht.

Ich sollte also endlich damit aufhören, das Spiel »Mein Tag war schlimmer als deiner« gewinnen zu wollen. Was erreiche ich schon, wenn ich meinen gerade zur Tür hereingekommenen Mann als Erstes ordentlich anschnauze? Zugegeben, manchmal bin ich einfach total fertig und sehne mich nach Anerkennung. Er soll einfach *kapieren*, dass ich bei unserer Arbeitsteilung die Niete gezogen habe! Natürlich ist James mein ewiges Gejammer ebenfalls leid, und deshalb versucht er manchmal, mir nahezubringen, dass auch er den ganzen Tag geschuftet hat (»Du *Glücklicher!*« … und schon geht es von vorne los).

Ja, ich muss wohl zugeben, dass meine Sicht der Dinge etwas einseitig ist. Es stimmt schon, dass James schon um kurz vor halb neun die Flucht ergreifen kann. Er kann auch Musik auf seinem iPod hören, während ich manchmal schon um halb zehn das Gefühl habe, nicht eine einzige weitere Folge von »Peppa Wutz« ertragen zu können.

Und es stimmt auch, dass es *wirklich* viele Tage gibt, an denen ich lieber arbeiten würde.

Aber all das heißt noch lange nicht, dass James die besseren Karten gezogen hat. Bestimmt wacht auch er oft montagmorgens auf, denkt an die vor ihm liegende Woche und wünscht sich sehnsüchtig, zu Hause bleiben zu können. Seine Eifersucht auf mich ist genauso real wie meine auf ihn. Mit dem Unterschied, dass er sich ständig von mir anhören muss, wie lächerlich seine Einwände sind, wie hart es ist, mit den Kindern zu Hause zu sein, und dass er nicht die *leiseste* Ahnung hat. Letzteres stimmt allerdings: Er hat *wirklich* keine Ahnung, was es bedeutet, den ganzen Tag mit zwei Kindern unter drei Jahren zu Hause zu sein. Er kennt das einfach nicht – aber das ist nicht seine Schuld. Umgekehrt weiß ich nicht, was es heißt, Vollzeit zu arbeiten, nur, um dann zu einer Furie von Ehefrau und den Verwüstungen, die sie zusammen mit den brüllenden Kindern angerichtet hat, zurückzukehren. In den schlimmsten Phasen meines Mutterschaftsurlaubs vergaß ich sogar oft, James wenigstens mal nach seinem Tag zu fragen. Stattdessen rieb ich ihm unter die Nase, warum *mein* Tag der reinste Horror und mindestens zehnmal so schlimm gewesen war wie seiner. Ich zählte all die Dinge auf, die er ohnehin längst schriftlich von mir bekommen hatte – in Form wütender SMS, gespickt mit diversen Flüchen.

Lieber werd ich obdachlos, als mich noch einen Tag länger um diesen Scheiß zu kümmern.

Ruf mich heute Mittag bloß nicht an, sonst sage ich Sachen, die ich später vielleicht bereue.

Wo bist du? Melde dich, sobald du aus dem Büro raus bist! Du musst Windeln kaufen, ich hab's nicht in den Laden geschafft, weil sie sich den ganzen Tag aufgeführt haben wie die Irren.

Komm ja nicht zu spät nach Hause! Ich habe die Nase gestrichen voll von deinen Kindern.

Diese Nachrichten habe ich tatsächlich geschrieben (und nein, ich bin nicht stolz darauf).

Ich schreibe sie völlig impulsiv – was leider meist dann der Fall ist, wenn ich gerade die Nerven verliere. Solche Nachrichten zeichnen kein objektives Bild von der Gesamtsituation: Es gibt selbstverständlich auch richtig tolle Tage, an denen ich gern mit meinen Jungs zusammen bin. Nur, dass die mich nie dazu bringen, Nachrichten zu schreiben – ich verschicke dann höchstens mal ein süßes Foto, auf dem die beiden auf einer alten Dampflok sitzen. Ja, ich jammere oft über meine »freien Tage« – vor allem gegen Mitte der Woche. Aber selbst Workaholics wissen, dass es auch Vorteile hat, zu Hause zu bleiben. Und manchmal ist es eindeutig die bessere Wahl. Ganz zu schweigen davon, dass man die Sommersonne genießen, sich mit Freundinnen treffen und Kuscheleinheiten mit den Kindern genießen kann (manchmal sogar völlig ohne

Rotz und Sabber). Es hat etwas unglaublich Befreiendes, den Tag selbst planen zu können. Wer will, kann einfach an einem Dienstagnachmittag um zwei in die Bücherei gehen. Man wird dort zwar nicht vor vier Uhr ankommen … aber innerhalb gewisser Grenzen kann man durchaus selbst entscheiden, wie man den Tag gestaltet. Letztendlich bestimmen die Kinder, ob es ein schöner Ausflug wird oder nicht. Man muss nach wie vor seine Projekte planen, nur dass die Oberbosse deutlich jünger sind als früher und sich mit Rosinen bestechen lassen.

Ich sollte vielleicht hinzufügen, dass das, was ich hier schildere, nur unsere Familiendynamik wiedergibt. Nicht immer hat eine Mutter und Hausfrau mehr Pflichten als der Vater. Es kann auch anders herum sein. Vielleicht leben Sie ja auch in einer gleichgeschlechtlichen Beziehung, in der es gar nicht um »Er gegen Sie« geht. Vielleicht arbeiten Sie beide Vollzeit oder beide Teilzeit. Vielleicht sind Sie auch alleinerziehend – Hut ab, kann ich da nur sagen!

Aber sollte Ihnen unsere Familiendynamik irgendwie bekannt vorkommen, ist das Gras im Büro vielleicht *doch nicht* grüner als zu Hause. Manchmal ganz sicher. Aber manchmal auch nicht. Es gibt Tage, da hat einer von Ihnen klare Vorteile. Und Tage, an denen Sie beide Pech haben. Fest steht nur, dass die »Mein Tag war beschissener als deiner«-Debatte niemandem weiterhilft. Da ist es deutlich konstruktiver, freitagabends gemeinsam eine Flasche Wein zu köpfen und sich darauf zu einigen, dass beide eine harte Woche hatten. Man zieht an einem Strang – und man kann gemeinsam trinken. Mit dieser Strategie können alle nur gewinnen.

Wichtig für denjenigen, der ins Büro geht

- Zahnt das Baby gerade oder ist ein Kind krank, ist es eindeutig besser, im Büro zu sein.

- Tun Sie nicht so, als wüssten Sie, was es bedeutet, ein weinendes Baby impfen zu lassen und dabei noch ein bockiges Kleinkind am Bein hängen zu haben! In diesem Fall ist Ihre Frau wirklich durch die Hölle gegangen.

- Wenn die Partnerin gerade mal wieder jammert: Bitte Geduld haben. Sie hasst weder Sie noch die Kinder noch das Haus noch ihr Leben. Sie ist nur gerade mit den Nerven am Ende. Verzweifelte Textnachrichten voller Kraftausdrücke sind nicht etwa ihr neues Hobby. Sie kann sich bloß nicht mehr beherrschen, weiß einfach nicht, was sie sonst machen soll. Nicht seufzen! An solchen Tagen empfiehlt es sich, nicht mal hörbar neben ihr zu atmen. Nehmen Sie es nicht persönlich, aber es könnte sein, dass sie Ihnen dann eine reinhaut.

- Zu guter Letzt: Fragen Sie Ihre Partnerin *niemals*, was sie eigentlich den ganzen Tag tut. Oder ob Ihre Hemden gewaschen sind. Sie hat sich nicht mal selbst gewaschen! Sie wissen doch, wo die Waschmaschine steht, oder?

Wichtig für denjenigen, der zu Hause die Stellung hält

Ich weiß, dass es echt nervt, wenn er sagt: »Aber ich hab den ganzen Tag gearbeitet!« Doch er hat *tatsächlich* den ganzen Tag gearbeitet. Von früh bis spät. Und er kann sich nicht kurz auf dem Balkon sonnen, wenn die Kleinen ein Nickerchen machen. Oder sich gemütlich im Schlafanzug einen alten Spielfilm ansehen, eine Freundin zu Kaffee und Kuchen oder in der Bücherei treffen. Geben Sie es zu: Es hat auch ein paar wenige, echte Vorteile, zu Hause zu bleiben. Doch solltest du das gerade lesen, James, dann lass dir gesagt sein, dass ich zwar weiß, wie hart du arbeitest, dass uns aber trotzdem beiden klar ist, dass zu Hause bleiben ein *klitzekleines* bisschen härter ist. Es ist also das Mindeste, dass du eine Flasche Wein besorgst und/oder mir Tee ans Bett bringst. Dafür verspreche ich dir, keine wütenden SMS mehr zu schicken (oder es wenigstens zu versuchen).

»Wirklich nett, dass mein kleiner Sohn gewartet hat, bis es in der Stadtbücherei ganz, ganz still war, nur um dann zu fragen: ›Warum hat die Frau einen Bart, Mama?‹«

Kelly

Let's Talk About Sex, Baby

[Papa, dieses Kapitel kannst du getrost überblättern. Dasselbe gilt für euch, Henry und Jude.]

»Lust auf Sex heute Abend?« Eine eindeutige Frage meines Mannes.

»Äh, keine Ahnung. Müssen wir das inzwischen schon im Voraus planen?«

»Nein, ich wollte nur wissen, ob ich das Fußballspiel dann lieber aufnehmen soll.«

»Ach so, verstehe – trotzdem, das kann ich dir jetzt noch nicht sagen.«

»Also eher nicht?«

»Vermutlich eher nicht.«

»Gut. Dann kann ich mir das Spiel ja anschauen. Willst du auch einen Tee?«

Es lässt sich nicht leugnen: Kinder verändern eine Beziehung. Manchmal zum Besseren, manchmal zum Schlechteren und leider manchmal auch so, dass sie sich nicht mehr aufrechterhalten lässt. (Als ich über Beziehungs-dynamiken nach dem Kinderkriegen gebloggt habe, be-kam ich einige Kommentare, die lauteten: »Unsere Bezie-hungsdynamiken nach den Kindern haben zur *Scheidung* geführt!« Die meisten waren zwar ironisch gemeint, pro-vozierten aber trotzdem jede Menge »Meiner ist auch so ein Scheißkerl!«-Reaktionen.)

Bei den meisten von uns dürfte die Beziehung noch be-stehen, aber es ist eine *andere* als vorher. Zum Glück ver-stehen James und ich uns trotz meiner irrationalen Aus-brüche nach wie vor bestens. Ich gehöre nicht zu den Leuten, die ihrem Partner auf Facebook öffentliche Lie-beserklärungen wie: »Ich liebe dich, mein Schatz, du bist mein Fels in der Brandung, mein Seelenverwandter, ohne dich bin ich unvollständig« machen, auch wenn James das durchaus verdient hätte. Aber während der Arbeit an diesem Buch ist mir doch klar geworden, was ich für ein Glück mit meinem wundervollen Mann habe. Trotz all der verunglückten Abendessen mit Kleinkindern, trotz all der schlaflosen Nächte und all dem anderen Scheiß (so-wohl im wörtlichen wie im übertragenen Sinn) sieht man uns auch oft Tränen lachen oder zu Musik aus dem Radio tanzen, während wir den Abwasch erledigen.

Mir ist sehr wohl bewusst, dass ich viel über die Kinder jammere. Ich jammere, weil es eben manchmal verdammt hart ist. (Hab ich das schon mal erwähnt?) Aber über uns als Paar, über unsere Ehe mit Kindern, können wir uns wirklich nicht beschweren. Wir sind glücklich.

Trotzdem hat sich unsere Beziehung durch die Jungs in vielen Punkten verändert, und ich fürchte, damit stehen wir nicht alleine da.

Eltern-Sex

Ich behaupte einfach mal, dass weniger Sex nicht nur für frischgebackene Eltern typisch ist, sondern auch für Paare, die schon länger verheiratet oder liiert sind (bei uns waren es neun Jahre, als Henry kam). Das Leben ist anstrengend. Mal abgesehen vom ersten Jahr unserer Beziehung, den Urlauben und der Zeit, in der wir versuchten, ein Baby zu kriegen, haben wir es vor den Kindern auch nicht gerade getrieben wie die Karnickel. Ohne sagen zu können, welche Frequenz »normal« ist, würde ich doch behaupten, dass wir ganz normaler Durchschnitt sind.

Manchmal haben wir Sex.

Manchmal sind wir einfach zu beschäftigt oder zu müde. (Okay, zugegeben: Manchmal bin *ich* zu beschäftigt oder zu müde.)

Und manchmal möchte ich auch bloß lieber im Bademantel auf dem Sofa sitzen und einen Krimi gucken.

Dass wir Kinder gekriegt haben, hat unsere Sexfrequenz nicht eben gesteigert, aber so ist es nun mal. Ich kann auch nicht darüber berichten, wie es ist, in den ersten Monaten nach der Geburt Sex zu haben, denn durchweichte Stilleinlagen und Riesenunterhosen haben damals jegliche Lust auf Sex in mir abgetötet. Und wenn ich wirklich mal eine halbe Stunde Zeit hatte, wollte ich einfach bloß schlafen. Ich kenne Mütter, die schon wenige Wochen nach der Geburt wieder Sex hatten, und das freut mich sehr für sie. Ich persönlich konnte »da unten« monatelang nur mit meiner Nachgeburt und meinem genähten Dammschnitt assoziieren. (Und mit »monatelang« meine ich ein geschlagenes halbes Jahr.)

Selbst jetzt, wo die Kinder aus dem Allergröbsten raus sind, hat Sex nur selten oberste Priorität. Und nach allem, was ich so aus den sozialen Medien oder aus persönlichen Gesprächen weiß, ist das ziemlich normal.

Wenn man Kinder hat, kann der Versuch, Sex zu haben, auch für wirklich denkwürdige Momente sorgen ...

- Man versucht einen Quickie, während das Kleinkind schläft. Nach zwei Minuten ist aus dem Nebenzimmer zu hören: »Mama, Mama, MAMA – Duuuuurst!« Im Nu ist die Stimmung ruiniert.

- Das Kleinkind stürmt herein und ertappt Mama und Papa beim Ringkampf. Noch schlimmer ist es jedoch, direkt vor dem Höhepunkt aufhören zu müssen, weil man gerade das Getrappel kleiner Füßchen gehört hat ... (Danke, Jason, dass du dieses Szenario über Twitter mit mir geteilt hast!)

- Man plant sorgfältig, ob es heute mal wieder so weit ist (oder nicht), während man gerade im Supermarkt einkauft (»Wollen wir später noch vögeln? Und weißt du zufällig, ob noch Fladenbrot da ist?«). So ist es bei uns mittlerweile fast immer. Na ja, besser, man weiß, woran man ist, dann kann man vorher noch duschen oder den TV-Recorder programmieren. Spontaneität ist für uns inzwischen ein Fremdwort.

• Mittendrin überkommt einen die totale Erschöpfung und …

a) … beide schlafen trotz gegenteiliger Beteuerungen ein,

b) … man beschleunigt den Sex (wenn Sie wissen, was ich meine),

c) … man kann sich zwar prinzipiell für die Vorstellung erwärmen, ist aber zu faul, sich groß anzustrengen, sodass beide den Schlafanzug teilweise anbehalten. Der gemütliche Pyjama-Quickie mag es zwar noch nie in einen Porno geschafft haben, aber von Eltern mit Kleinkindern kann man einfach nicht erwarten, dass sie »die Schenkelstürmerin« machen und drei Orgasmen hintereinander haben. *Oder?*

• Nach dem Sex schleicht man auf Zehenspitzen und mit angehaltenem Atem zum Klo, um bloß nicht die Kinder zu wecken. Kommt das irgendwem bekannt vor?

• Man erinnert sich schamvoll kichernd an früher, als man noch anderswo als im Bett Sex hatte, zum Beispiel auf dem Sofa oder in der Umkleide… (Hör sofort auf zu lesen, Papa!)

Paarzeit

Nicht nur für Sex bleibt wenig Zeit: Kaum ist der Nachwuchs da, gibt es so gut wie keine Quality Time mehr, für gar nichts. Manchmal besteht der größte Liebesbeweis darin, dem anderen fünf Minuten Ruhe zu gönnen, indem man sich allein um die Kinder kümmert. Wenn ich in Ruhe duschen, auf die Toilette gehen oder ausnahmsweise mal länger als bis halb sieben liegen bleiben will, muss James die Kleinen bespaßen.

Manchmal sagt er: »Warum legst du dich nicht kurz hin, Baby?«, und ich sehe ihn an, als ob er im Lotto gewonnen oder mir Orangenschokolade mitgebracht hätte. Was für eine Liebeserklärung! Wenn man kleine Kinder hat, gibt es nichts Geileres als Schlaf, und an den Tagen, an denen ich mit den Jungs allein zu Hause bin, würde ich sofort all unsere Elektrogeräte gegen ein Schläfchen eintauschen. Mit dieser Fantasie stehe ich bestimmt nicht alleine da.

Und wenn James wenigstens eine Halbzeit eines Fußballspiels ansehen will, ohne dass Henry mit einem Lichtschwert auf ihn einprügelt und/oder dass es laut piept, weil unser Kleinkind-Tablet störende Interferenzen auslöst (»Willkommen auf unserem Bauernhof, es gibt so viel zu entdecken!« – Ach, leck mich doch!) räume ich eben das Wohnzimmer und nehme die kleinen Monster mit. Es tut unserer Beziehung einfach gut, wenn wir uns wortlos kleine Pausen gönnen, aber man muss sich das in etwa so vorstellen wie Schichtarbeit. Wir schaffen es so gut wie nie, gemeinsam Pause zu machen.

Und haben wir tatsächlich irgendwann mal kinderfrei und gehen in ein schönes Restaurant, schlingen wir das teure Essen in maximal dreißig Sekunden hinunter (weil wir inzwischen verinnerlicht haben, dass jede einzelne Mahlzeit unterbrochen wird) und reden den ganzen Abend nur über die Kinder.

»Ist es nicht süß, wie Jude grinst, wenn du ihm sagst, dass er im Kinderwagen nicht aufstehen soll?«

»Hab ich dir eigentlich schon das Foto von Henry im Sandkasten geschickt? Warte, ich such es schnell raus und schick es dir über WhatsApp ...«

Währenddessen wird uns klar, dass wir ganz schön besessen von unseren kleinen Monstern sind und sie dermaßen vermissen, dass wir schleunigst zahlen und nach Hause eilen, um über ihren Schlaf zu wachen ... und selbst früh zu Bett zu gehen.

Um dort zu schlafen – normalerweise.

Hängebusen und Blasenschwäche

Ich habe eindeutig unterschätzt, was das Ausbrüten und Gebären kleiner Menschlein mit dem Körper so alles anstellt, sowohl während der Schwangerschaft als auch nach der Geburt. Und wenn ich sage »nach der Geburt« meine ich vermutlich für immer, denn einige der Veränderungen an meinem Körper werden sich wohl kaum ohne plastische Chirurgie beheben lassen.

Ich finde Kommentare zum weiblichen Post-Schwangerschafts-Körper extrem nervig, deshalb zeige ich Schlagzeilen wie »Promi-Mutter sieben Tage nach Geburt wieder rank und schlank!« regelmäßig den Stinkefinger. Ich habe meinen Babybauch definitiv nicht innerhalb von sieben Tagen verloren, nein, ich brauchte über ein Jahr, bis ich wieder genauso viel wog wie vor der Schwangerschaft. Trotzdem glaube ich, dass ich mich im Wettkampf »Abnehmen nach der Geburt« (*grrr!*) ganz gut geschlagen habe, auch wenn ich nach wie vor gerne die Umstands-Schlafanzughosen aus meiner ersten Schwangerschaft trage (vor allem dann, wenn ich mal wieder mit einer Packung Choco Crossies schwanger bin).

Aber die körperlichen Veränderungen durch Schwangerschaft und Geburt beschränken sich nicht nur auf ein paar zusätzliche Kilos. Rein vom Gewicht her hat sich mein Körper kaum verändert. Viele sagen, ich hätte wieder meine alte Figur oder man würde mir die Kinder gar nicht ansehen, was wirklich sehr schmeichelhaft ist, aber auch nur von Leuten kommen kann, die mich noch nie nackt gesehen haben. Die noch nie mit mir im Auto unterwegs waren und unterwegs viermal für eine Pinkelpause anhalten mussten. Mein Körper weiß, dass ich Kinder bekommen habe, glauben Sie mir, er *weiß* es einfach! Unter der Jeans von *vor* der Schwangerschaft (hurra!) sind die Zeichen nicht zu leugnen.

Natürlich gibt es Frauen, die nach der Geburt schlimmere Probleme hatten, so gesehen kann ich mich verdammt glücklich schätzen, dass bei mir wieder alles ganz normal funktioniert. Ich denke gar nicht daran, irgendwelche Komplexe wegen meiner körperlichen Veränderungen zu haben. Stattdessen habe ich gelernt, sie schlichtweg als das zu akzeptieren, was sie sind: Veränderungen, die daher rühren, dass ich zwei über drei Kilo schwere Menschlein in mir herangezüchtet und anschließend aus mir herausgepresst habe.

Insofern sind meine folgenden Betrachtungen zu diesem Thema sehr subjektiv. Ich kann nur hoffen, keinem meiner Leser *jemals* persönlich zu begegnen. Falls doch,

vergessen wir bitte alle, was ich an viel zu Privatem ent-
hüllt habe:

Meine Brüste sind futsch

Henry und Jude haben meine Brüste mehr oder weniger weggefuttert. Was wirklich schade ist, da ich während
Schwangerschaft und Stillzeit sogar ohne BH ein ziemlich anständiges Dekolleté hatte. Manchmal wünsche ich
mir, ich hätte Fotos davon gemacht oder mir eines dieser furchtbaren Babybauch-Gipssets besorgt. (Falls Sie
hübsch bemalte Gipsabdrücke von Bauch und Brüsten im
Flur hängen haben, bitte ich um Entschuldigung – das ist
nur einfach nicht mein Ding. Aber ich schweife ab.)

Wie dem auch sei, meinen Supertitten war kein sehr
langes Leben beschieden. Ich bin fast sicher, dass meine
winzigen, leeren Schläuche wieder in meinen allerersten
Sport-BH, Cup AA, aus vorpubertärer Zeit passen würden, so wenig ist von ihnen übrig geblieben.

Doch damit kann ich leben. Es macht mir nichts aus,
einen kleinen Männerbusen zu haben. Allerdings müsste
ich mir dringend mal wieder einen passenden BH kaufen,
ich trage nämlich noch die aus meinem alten Leben. Aber
andererseits sollte ich das vielleicht beibehalten, bis sich
die Jungs mal ein Haustier wünschen – ein paar Hamster
oder Meerschweinchen könnte ich in meinen viel zu großen Cups noch gut mit unterbringen.

Lebt wohl, üppige C-Cup-Brüste, es war schön mit euch!

Meine Blase schwächelt

Einstmals, in einem früheren Leben, war ich sehr stolz darauf, lange durchzuhalten, ohne auf die Toilette zu müssen. Auf endlosen, staugeplagten Autofahrten pflegte ich zu sagen: »Wegen mir müssen wir nicht anhalten, versuchen wir doch, es wenigstens bis auf die M4 zu schaffen.« Das Schild »Nächste Raststätte in 50 km« hätte mich absolut kaltgelassen. Ich hätte während der Fahrt sogar noch weitergetrunken, wohl wissend, dass ich es noch locker rechtzeitig aufs Klo schaffe. Einmal saß ich acht Stunden im Auto, ohne ein einziges Mal zu müssen. Nachts musste ich *nie* aufs Klo. Ich hatte meine Blase also wirklich ziemlich gut im Griff.

Ich trauere dieser Zeit ziemlich hinterher.

Nach Henry ging es noch einigermaßen, aber seit Jude ist mein Beckenboden ganz schön mitgenommen.

Ich schätze, dass er nur noch zu fünfzig Prozent funktioniert, und es gibt Tage, an denen ich mich frage, ob er überhaupt noch existiert. Allerdings muss ich zugeben, dass ich beim Beckenbodentraining ziemlich geschlampt habe: »Absolvieren Sie die täglichen Übungen einfach während der Vorabendserie, eine halbe Stunde lang«, hat mir mal jemand geraten. Und ich hab es auch wirklich versucht, ließ mich aber viel zu leicht ablenken (Beckenboden … Beckenboden … Oh, was hat die denn heute an?).

Ich hätte viel härter trainieren müssen. Wenn Sie gerade schwanger sind und das lesen: Fangen Sie sofort an!

Glauben Sie mir, das Schreckensszenario einer schwachen Blase ist sehr real: Wenn ich aufs Klo muss, dann muss ich *sofort* aufs Klo, und obwohl ich noch ohne Tena Lady auskomme, kann es passieren, dass ich mir ein paar Tröpfchen in die Hose mache, wenn es nicht schnell genug geht. Manchmal auch, wenn ich mit Henry im Park um die Wette laufe. Oder schwungvoll die Treppe hinaufgaloppiere. Auch lautes, hemmungsloses Lachen birgt ein gewisses Risiko.

Anders als vorher – die Dinge »da unten«

Vom schwachen Beckenboden abgesehen, ist »da unten« noch alles in Ordnung – wenn auch anders als vorher. Ja, so ist das nun mal. Man hört Horrorgeschichten über Riesendammrisse und Gebärmuttersenkungen (schon beim Gedanken daran falle ich fast in Ohnmacht), so gesehen habe ich wohl noch Glück gehabt. Aber jede von uns hat zu diesem Thema etwas beizusteuern, und ich bin da keine Ausnahme.

»Ein Dammschnitt ist eindeutig besser als ein Riss, die Wunde ist viel sauberer«, hat mir mal jemand gesagt. Sauberer mag er durchaus gewesen sein, aber der Arzt, der mich beim ersten Mal genäht hat, hat weniger versucht, den Originalzustand wiederherzustellen, als vielmehr meine Jungfräulichkeit zu rekonstruieren. Aber so genau wollen Sie das bestimmt gar nicht wissen. Oder vielleicht doch? Ach, was soll's, ich erwähne ja nur, dass das passieren kann, denn normalerweise erwartet man nach einer Geburt ja eher nicht, dass die Vagina anschließend zu *eng* ist. (Wie mir später bestätigt wurde, ist man damals wirklich etwas zu eifrig mit Nadel und Faden zu Werke gegangen.) Nach Jude bin ich nicht genäht worden – keine Ahnung, ob das die richtige Entscheidung war. Ich weiß noch, dass die Hebamme bemerkte, ich könnte gut ein paar Stiche vertragen, aber dann zog die störrische Plazenta alle Aufmerksamkeit auf sich, und das Thema geriet in Vergessenheit.

Insofern habe ich da unten jetzt etwas, dass nur noch vage an das Original erinnert. Ich würde es mit sieben von zehn möglichen Punkten bewerten, und genauso wie meine geschrumpften Brüste ist es eben einfach so, wie es ist.

Dehnungsstreifen

Ich war ziemlich erleichtert, dass die Schwangerschaft mit Henry keinerlei Dehnungsstreifen hinterließ. Ich hatte den Werbeversprechen geglaubt und mich während der gesamten Schwangerschaft sorgfältig mit Bioölen gepflegt. Als ich dann mit Jude schwanger war, hatte ich weder Zeit noch Lust noch das Budget dafür, Brüste und Bauch mit hochwertigen Ölen zu behandeln, sodass ich höchstens zwei-, dreimal etwas Babyöl einmassiert habe. Vielleicht bin ich damit ein lebender Beweis für die Wirksamkeit von Bioölen, denn gegen Ende meiner zweiten Schwangerschaft bekam ich dann Dehnungsstreifen. Ich gehe allerdings davon aus, dass es nicht so sehr am Öl lag, sondern eher daran, dass Jude seinen Aufenthalt im »Hotel Uterus« um eine ganze Woche verlängerte (und ein Pfund mehr auf die Waage brachte als sein Bruder). Vor allem an meinen Hüften und an den Innenseiten meiner Oberschenkel sind diese lilablauen Mistkerle aufgetaucht. Warum ausgerechnet meine *Schenkel* während der Schwangerschaft so dick wurden, werde ich nie verstehen – jetzt sind die mittlerweile silbrig blauen Streifen darauf das sichtbarste Erbe meiner Brutzeit (von den beiden Kindern einmal abgesehen).

In den sozialen Medien gibt es fantastische Kampagnen, die Frauen darin bestärken, ihren Körper nach der Schwangerschaft selbstbewusst vorzuführen und ihn zu akzeptieren. Sie bilden ein wichtiges Gegengewicht zu all den Fotos von perfekten After-Baby-Bodys. Doch um meine Dehnungsstreifen auf Facebook zur Schau zu stellen, mit der Botschaft: »Ich bin eine Tigermutter, die sich ihre Streifen verdient hat!«, fehlt mir dann doch eine Portion Selbstbewusstsein. Ehrlich gesagt, könnte ich gut auf sie verzichten.

Allgemeinbefinden

Auf all die bereits erwähnten Kapriolen meines Körpers war ich mehr oder weniger vorbereitet. Da gab es keine größeren Überraschungen – außer, dass ich plötzlich mit dem Risiko leben musste, mir auf einer Hüpfburg in die Hose zu machen (früher dachte ich immer, dieses Szenario sei eine urbane Legende ... mitnichten!).

Was ich jedoch unterschätzt habe, waren die Folgen für das Allgemeinbefinden. Und damit meine ich nicht mal meine geistige Gesundheit (die hat in den ersten Monaten definitiv schwer gelitten), sondern dass ich mich körperlich wirklich sehr mitgenommen fühlte.

Und zwar rund um die Uhr.

Müsste ich zählen, wie viele Tage ich mich im Jahr nach den jeweiligen Geburten nicht zu hundert Prozent fit fühlte, wären es bestimmt 364. Frischgebackene Mütter haben einfach viel zu wenig Zeit, um sich zu regenerieren! Egal, wie das Baby zur Welt kommt – mit Kaiserschnitt, als Zangengeburt oder im üblichen Blutbad –, danach fühlt man sich immer erst mal so, als wäre man von einem Schwertransporter überrollt worden.

Und trotzdem muss man funktionieren, auch wenn man keine anderen Hilfsmittel zur Verfügung hat als Schokoriegel. Nach mehreren Monaten mit durchschnittlich 3,2 Stunden Schlaf pro Nacht ist dann auch das Immunsystem total im Eimer, und man nimmt jede Erkältung mit, die man kriegen kann. Niemand hat mir je gesagt, dass das eine der Nachwirkungen einer Schwangerschaft ist!

Doch selbst wenn mich jemand gewarnt hätte, wäre meine Reaktion wohl gewesen: »Pah, ich doch nicht! Ich bin fit und werde nie krank!«

Vielleicht war es besser so. Trotzdem wünschte ich, ich hätte die Beckenbodenübungen etwas ernster genommen.

»Ich habe meine Mutterrolle in den ersten Jahren sehr ernst genommen – mit der Folge, dass es keine sehr schöne Zeit war. Dann habe ich erkannt, dass Lachen die beste Medizin ist.«

Alex

Unser neues Nachtleben

Ah, abends ausgehen! Sich die Haare glätten, Prosecco trinken und dann auf in den Pub oder Klub! Hinterher einen fettigen Döner verschlingen und sich auf den nächsten Tag freuen, an dem man nur faulenzen, im Bett liegen, Cola trinken und Chips essen wird.

Dass all das endgültig der Vergangenheit angehört, ist vielleicht doch ein bisschen zu negativ gedacht, aber es lässt sich nun mal nicht leugnen, dass man mit kleinen Kindern deutlich seltener ausgeht. Und wenn sich ausnahmsweise einmal Gelegenheit dazu bietet, verläuft der Abend doch ein *klitzekleines bisschen* anders als früher, wo man noch sorglose, alkoholgeschwängerte Partys gefeiert hat.

Früher habe ich mich fast den ganzen Tag lang auf einen Ausgehabend vorbereitet. Bei besonderen Anlässen wie einer Party oder einer Hochzeit begannen die Vorbereitungen bereits am *Vortag* – Maniküre, Peelings und das Auftragen von Selbstbräuner mussten erledigt werden. Gingen wir samstags aus, habe ich mir sogar ein Mittagsschläfchen gegönnt, anschließend ausgiebig gebadet und einige Schinkenbrote gegessen, um eine ordentliche Grundlage zu haben.

Zu meinen besten Zeiten (von 2003 bis 2011) war die Vorbereitung auf den Ausgehabend mit Freundinnen genauso wichtig wie der Ausgehabend selbst. Sie bestand unter anderem auch darin, mit selbst gemixten Cocktails »vorzuglühen«. Kaum waren wir bei einer von uns zu Hause eingefallen, floss der Alkohol in Strömen. Glätteisen, Make-up und Parfüm wurden rausgeholt, unsere Lieblingsradiosender lieferten den Soundtrack für das wilde Treiben. Wir redeten über Männer und tauschten Beauty-Tipps, denn damals gab es noch keine Schminktutorials auf YouTube. Wir knallten uns einfach bloß jede Menge Puder ins Gesicht und rundeten das Ganze mit Lipgloss ab. Ich erinnere mich noch an Abende, an denen ich mich total herausputzte, nur um dann in letzter Sekunde doch noch was anderes anzuziehen oder mir eine andere Frisur zu machen. Nur so zum Spaß.

Einfach, weil ich es *konnte.*

Heute finde ich das grotesk. Am liebsten würde ich meinem alten, ausgeruhten Selbst eine reinhauen, weil es sich ewig nicht entscheiden konnte, welches knappe Kleidchen* es anziehen sollte. Als ob es nicht ausreichend

---

* Damals war mir das ungeschriebene Gesetz »entweder Dekolleté zeigen *oder* Bein zeigen« noch völlig schnuppe, sodass ich meist ziemlich viel Haut präsentierte. So gesehen nehme ich das mit dem »eine reinhauen« wieder zurück. Bevor ich Kinder hatte, war ich einfach eine coole Sau. Ich liebte diese coole Sau und vermisse sie jeden Tag!

Gelegenheit gehabt hätte, die verworfenen Outfits beim *nächsten* Mal zu tragen!

Wenn ich heutzutage überhaupt mal ausgehe, gibt es keine nennenswerten Vorbereitungen. Kein Mittagsschläfchen (von wegen!). Kein heißes Bad. Keinen Ausflug zum nächsten Drogeriemarkt, um neuen Lipgloss zu kaufen. Keine Gesichtsmaske. Keine Haarmaske (ja, auch so was habe ich mal benutzt!). Kein Herumlaufen mit abgespreizten Armen nach dem Auftragen von Selbstbräuner, um knallorange Achselhöhlen zu vermeiden. Heute springe ich bestenfalls kurz unter die Dusche. Währenddessen stemmt sich Jude gegen die Tür der Duschkabine und versucht, nach meinen Beinen zu greifen, und Henry schreit aus dem Wohnzimmer: »Mama? MAMA? Kann ich einen Keks haben? Darf ich ›Scooby-Doo‹ anschauen? Luke Skywalker hat seine Hose verloren! Mama? Mama? *MAMA!!!*«

Ein Peeling habe ich schon seit Jahren nicht mehr gemacht (vermutlich trage ich tonnenweise tote Hautzellen mit mir herum und wäre etliche Kilo leichter, wenn ich mir endlich mal so einen Peelinghandschuh kaufen würde). Und mein letzter Selbstbräunerversuch wurde von Henry, der dringend aufs Klo musste, unterbrochen. Aber von den Schlüsselbeinen bis zu den Knien war ich schön braun.

Aufbrezeln bedeutet inzwischen nur noch, ein cooles Tuch zu meiner bewährten Jeans-und-Pulli-Kombi zu tragen und das vordere Drittel meiner Haare zu glätten. Das schaffe ich in unter dreißig Sekunden und während sich ein Kleinkind an meine Beine klammert. *Aber nur an guten Tagen!* Oft genug wische ich mir nur schnell noch mit Feuchttüchern Babykotze von den Leggins und verlasse das Haus mit Zahnpasta am Kinn oder Nutella auf den Zähnen. (Ich *weiß*, Nutella ist ungesund. Aber davon will ich jetzt nichts hören!)

Wie also schafft es die halb gebräunte Frau, ausnahmsweise abends auszugehen? Mit der Aussicht auf vernünftige Erwachsenengespräche, Alkohol und eine schicke Clutch statt der Wickeltasche als Begleiterin?

Zunächst einmal ist es schon eine Herausforderung, das Haus zu verlassen. Nachdem der Zubettbring-Zirkus geschafft ist (und aus strategischen Gründen ein paar Seiten von »Der Grüffelo« überblättert wurden, weil ich ohnehin schon eine halbe Stunde zu spät dran bin), muss ich mich noch umziehen.

Als ich nach Judes Geburt das erste Mal ausging (und zwar nicht, um Windeln oder Babyklamotten zu kaufen), beging ich den Fehler, die infrage kommenden Outfits erst in letzter Minute anzuprobieren.

Keine gute Idee.

Selbst wenn man sich einbildet, für eine frischgebackene Mutter ziemlich gut in Form zu sein, sieht es doch nicht gerade vorteilhaft aus, wenn man die milchprallen Brüste in ihrem unattraktiven Still-BH in ein Abendkleid von früher zwängt. An besagtem Abend wurde die Situation noch dadurch erschwert, dass der damals fünf Monate alte Jude noch bei uns im Schlafzimmer schlief und ich daher leise und im Dunkeln nach Klamotten suchen musste.

Ich fühlte mich also kein bisschen vorbereitet oder auch nur ansatzweise glamourös. Aber nachdem ich mir etwas leid getan und kurz mein schlimmes Schicksal beweint hatte, beschloss ich, dass mir mein müdes, schlaffes Aussehen eigentlich egal war. Nicht egal war jedoch, dass ich kurz davorstand, mein Haar endlich mal wieder offen zu tragen und den Abend ausnahmsweise *nicht* vor der Glotze zu verbringen! Ich würde mir die Lust am Ausgehen nicht verderben lassen!

Schnell zog ich ein einigermaßen präsentables Oberteil und eine halbwegs eng sitzende Jeans an, die ich noch mit Febreze einsprühte, da ich sie bereits öfter getragen hatte. Ich kramte etwas Schmuck hervor, fand im unaufgeräumten Garderobenschrank ein Paar High Heels, griff mir einen Lipgloss (vermutlich aus dem Jahr 2005), und eine Stunde später saß ich in einer Bar, hörte Popmusik statt Kinderlieder, trank Gin und plauderte mit Freundinnen. *Ein echter Ausgehabend!*

Seitdem habe ich es noch ein paarmal geschafft, abends das Haus zu verlassen. Mein Outfit plane ich jetzt besser, und es wird auch immer einfacher, je größer die Kinder werden. Ich sollte vielleicht noch erwähnen, dass ein Jumpsuit keine gute Wahl für einen Ausgehabend kurz nach der Geburt ist, weil man nämlich alle naselang aufs Klo muss. Ich habe einmal den Abend mehr oder weniger damit verbracht, mich auf der Toilette aus- und wieder anzuziehen.

Aber normalerweise bin ich einfach froh, wenn ich etwas anhabe, das nicht mit Poposalbe oder Essensresten beschmiert ist. Wenn ich mich über ganz normale Dinge unterhalten kann – zum Beispiel darüber, dass Musik heutzutage nur noch Lärm ist und man inzwischen für einen Cocktail schon fast einen Kredit aufnehmen muss.

Und genau das ist so wichtig am Ausgehen: dass man mal von zu Hause wegkommt, vom ewigen Stillen und Schreien und Spielen, vom Fernsehglotzen und Facebook-Browsen.

Leider ist die Euphorie, dem Alltag mithilfe von viel Prosecco und coolen Freundinnen entflohen zu sein, schon um kurz nach fünf am nächsten Morgen wieder verflogen. Wenn ich nach gerade mal vier Stunden Schlaf mit Kopfweh und dem Geschmack von alten Socken im Mund davon aufwache, dass mir mein Kleinkind nachdrücklich mitteilt, dringend »Kacka!« zu müssen. Viel zu schnell wird mir dann bewusst, dass ich leider nicht mit Cola und Chips im Bett bleiben kann, so lange ich will, sondern leichtsinnigerweise versprochen habe, zum Indoor-Spielplatz zu gehen und später noch »Obstgarten« zu spielen.

Ja, dafür, dass man einmal kurz aus dem Alltag ausbricht, zahlt man als Eltern kleiner Kinder am nächsten Tag einen hohen Preis.

Aber wie heißt es so schön? *The show must go on.*

Wenn die Euphorie des Abends doch wenigstens bis nach dem Frühstück anhalten könnte!

Vorsicht, Spielhölle!

Eltern empfinden so etwas wie eine Hassliebe für Indoor-Spielplätze. Verzog ich noch schmerzhaft das Gesicht, als eine befreundete Mutter erstmals einen Ausflug dorthin vorschlug *(Oh, bitte nicht!)*, habe ich diese Orte inzwischen recht lieb gewonnen – und das will wirklich was heißen!

Wenn Sie nicht wissen, wovon ich hier eigentlich rede, stellen Sie sich bitte eine in der Regel fensterlose Riesenhalle irgendwo in einem Industriegebiet vor. Sie ist vollgestopft mit Matten, Rutschen, Klettertürmen und Bällebädern und nennt sich »Kids' Club«, »Bambini-Welt« oder »Fun Park«. Sie fragen sich, warum irgendjemand so einen Ort besuchen wollen würde? Nun, es mag sich zwar anhören wie Dantes Inferno, aber immerhin geht ein Ausflug zum Indoor-Spielplatz mit der Aussicht einher, befreundete Mütter zu treffen und die Kleinen so viel toben zu lassen, dass sie noch vor dem Fernsehkrimi eingeschlafen sein werden. Außerdem bedeutet jeder Ausflug einen Tapetenwechsel. Es erwartet einen zwar ein quietschbuntes, stinkendes, grotesk lautes Umfeld, aber manchmal nehme ich das alles gern in Kauf – Hauptsache, ich darf endlich mal wieder mein Wohnzimmer verlassen.

Trotzdem sollten Sie sich seelisch gut auf diese Erfahrung vorbereiten. Der Besuch eines Indoor-Spielplatzes ist nämlich echt der Hammer. Bereiten Sie sich vor wie auf einen Feldzug!

• Kaum haben Sie das Gebäude betreten, erfolgt ein Angriff auf alle Ihre Sinne. Der Anblick, der Geruch, die Geräusche... Überall hüpfen Kinder herum wie Affen auf Speed. Anfangs werden Sie befürchten, in einem Meer aus Hello-Kitty-Shirts und Rotznasen zu ertrinken, aber nach etwa einer halben Stunde werden sich Ihre Augen und Ohren an die anstrengende Umgebung gewöhnt haben.

• Lautes Brüllen und begeistertes Kreischen bilden eine konstante Lärmkulisse, die nur durch panische Ausrufe wie »Musst du Pipi?« und Ihr eigenes Gebrüll (»Wenn du nicht normal spielen kannst, gehen wir sofort nach Hause!«) unterbrochen wird. (Eine Drohung, die nie in die Tat umgesetzt wird, weil man die Freundin noch nicht über die SMS des coolen Kollegen ausgefragt oder den inzwischen lauwarmen Kaffee ausgetrunken hat.)

- Sie werden nasse Socken bekommen. Weil sie mit zuckersüßer Limonade überschüttet werden, aber auch, weil Sie fast zwangsläufig in Pipipfützen oder Kotze steigen. Einmal habe ich sogar erlebt, dass ein angeblich gerade sauber gewordenes Kleinkind mitten auf die Rutsche gekackt hat. So was kann durchaus passieren, machen Sie sich auf alles gefasst!

- Besuche auf dem Indoor-Spielplatz werden Sie stets daran erinnern, dass Sie fremde Kinder in der Regel unausstehlich finden (und, um ehrlich zu sein, manchmal auch Ihre eigenen): Sie rennen und schreien herum wie verrückt, und nichts nervt mehr als die »Großen«, die darauf bestehen, im Kleinkindbereich rumzutoben. Hier steht »Nur für unter Fünfjährige«, ihr kleinen Arschlöcher!

- Vergessen Sie nicht, dass die Betreiber solcher »Spielhöllen« auch Geld verdienen müssen. Das Ganze ist eine Geschäftsidee und nicht etwa ein sicherer Hafen für gestresste, gelangweilte Mütter. Deshalb wird man Ihnen überteuerte durchweichte Panini und verdünnten Fruchtsaft aufdrängen. Und kochend heißen Tee, der möglichst nicht auf die herumrasenden Kinder schwappen sollte.

- »Die Eltern, beziehungsweise Begleiter sind für das Handeln der Kinder mitverantwortlich und haben ihren Aufsichtspflichten nachzukommen«, lautet die oberste Regel auf Indoor-Spielplätzen. Hahaha. *Von wegen!* Manche Eltern verstehen darunter, dass *andere Erwachsene* die Lage entschärfen, während sie in ihren Plastikstühlen herumlungern und keinen Finger krumm machen. Soll doch jemand anderes dem kleinen Sammy über die Gummitreppe helfen oder dem schon etwas größeren Billy erklären, dass er nicht jedem die Ellbogen ins Gesicht rammen darf. Diese Leute scheinen in dem Glauben herzukommen, dass sich schon irgendwer um ihre verzogenen Blagen kümmern wird. Um sie eines Besseren zu belehren, sollten Sie das betreffende Kind böse anstarren und mit lauter Stimme fragen: »Wo sind eigentlich deine Eltern?« *Jeder hier* muss leiden! Das ist das oberste Gesetz in den »Spielhöllen«. Trotzdem ist und bleibt mein Lieblingssatz, den ich auch schon in meinem Blog zitiert habe, der einer Mutter von zwei schon etwas größeren Kindern, die da sagte, sie sei mittlerweile genug hinter fremder Leute Kinder hergerannt, als ihre noch klein waren, sodass sie jetzt alles Recht der Welt habe, sich entspannt mit einem heißen Kakao und einer Zeitschrift zurückzulehnen. »Ich habe meine Pflicht getan«, schrieb sie. Das lässt hoffen!

• Noch ein paar mahnende Worte zum Thema Klamotten: *Keine* Hüftjeans anziehen! Denn irgendwann werden Sie ins Krabbellabyrinth gerufen und stellen dann zwangsläufig die obere Hälfte ihrer Unterhose zur Schau. Ich habe bestimmt bis ein Jahr nach der Geburt sehr unattraktive (und sehr große) Umstandsunterhosen getragen. Und die sollte sich wirklich niemand ansehen müssen, der gerade sein durchweichtes Panino genießt. Dasselbe gilt für weit ausgeschnittene Oberteile. Ich habe mal eine Stilleinlage im Bällebad verloren – wahrscheinlich hatte ich einfach vergessen, den blöden Still-BH richtig zu verschließen, ja vielleicht hatte ich sogar vergessen, die Brust zu verstauen. Ich frage mich, ob diese Stilleinlage immer noch dort rumliegt. Ich möchte gar nicht wissen, was sich unter diesen Kugeln noch alles verbirgt: Stilleinlagen, Haargummis, Pflaster... Wir sollten einfach akzeptieren, dass die angemessene Kleidung bei solchen Ausflügen aus Leggins bzw. hoch geschnittenen Jeans und T-Shirt besteht. Und Socken zum Wechseln nicht vergessen! Glauben Sie mir, nasse Socken sind nicht angenehm, aber *barfuß* wollen Sie dort erst recht nicht rumlaufen.

- Sie können sich zwar mit Ihren Freundinnen unterhalten, aber nur in Zehn-Sekunden-Gesprächseinheiten, weil sie ansonsten voll und ganz mit den Nahrungsaufnahme-, Toiletten-und Verhaltensproblemen ihres Nachwuchses beschäftigt sein werden. »Ich überlege gerade, mich auf eine neue Stelle zu bewerben, aber – *Würdest du bitte aufhören, die Rutsche hoch-*

zuklettern? – Hab ich dir eigentlich schon von Claires Geburt erzählt? Ihr Muttermund war schon drei Zentimeter weit offen, als – *Komm SOFORT her, sonst wird Mama GLEICH RICHTIG BÖSE!*« Kaum haben Sie es geschafft, die wichtigsten Neuigkeiten auszutauschen, geht es auch schon wieder nach Hause.

• Es versteht sich von selbst, dass Ihre Kinder die Spielhölle nicht freiwillig verlassen werden. Es wird Tränen und/oder Wutanfälle und lauten Protest geben. Deshalb müssen Sie im Vorfeld unbedingt sicherstellen, dass sie genügend ungesunde Snacks zum Bestechen dabeihaben, um die Kinder zurück zum Auto zu locken. Und dass zu Hause Wein kalt gestellt ist, natürlich.

Ich sollte vielleicht nicht unerwähnt lassen, dass der Besuch einer solchen Spielhölle in den Schulferien oder verkatert nach einem Ausgehabend um einiges schlimmer ist als ein Nachmittag im heimischen Wohnzimmer. An solchen Tagen sollten Sie doch lieber daheimbleiben und zusammen mit den Kindern zum hunderttausendsten Mal das »Dschungelbuch« anschauen.

»Ich hasse Indoor-Spielplätze. Niemand spielt miteinander, niemand spricht sich ab. Hunderte Kinder, die sich mit Süßigkeiten vollstopfen und versuchen, sich gegenseitig möglichst effektiv wehzutun, indem sie sich mit Bällen bewerfen, auf dem Trampolin kriegerische Ninja-Aktionen nachspielen oder auf der Rutsche zu dritt in ahnungslose Kleinkinder reinrasen. ›Herr der Fliegen‹ ist nichts dagegen!«

Joanne

Willkommen im Chaos
(Das Spielzeug ist schuld!)

Ich weiß nicht mehr, wie oft James und ich schon sprach-
los, mit gequältem Gesichtsausdruck, auf das Chaos in
unserem Wohnzimmer gestarrt haben. »Zu Hause ist es
am schönsten«, besagt ein altes Sprichwort, aber von meinem Zuhause kann ich das nicht gerade behaupten, auch
wenn ich schon seit drei Jahren darin wohne. Wir essen
und schlafen dort, und ich verbringe mindestens vier Tage
die Woche in diesen vier Wänden, an denen ich meine
Kinder üblicherweise anflehe, mal einen Gang runterzu-
schalten und nicht wie die Wahnsinnigen herumzutoben.
Trotzdem ist es keineswegs das *Familienheim*, das wir uns
einst erträumt haben.

Vielleicht war es naiv von uns, eine renovierungsbe-
dürftige Immobilie zu kaufen. Andererseits konnten wir
uns damals nichts Besseres leisten, und so schlugen wir
zu, obwohl der Laminatboden nach nassem Hund roch.
Ansonsten erfüllte das Haus unsere Anforderungen: Es
hatte eine ausreichende Größe und lag in einem akzepta-

blen Viertel. Und obwohl es weit davon entfernt war, ein Wohntraum zu sein (kein Bad, keine Abstellkammer, kein sinnvoller Stauraum, keine Parkplätze, schreckliche Pilz-Phallus-Musterfliesen aus den Siebzigern) waren wir begeistert, weil wir sein *Potenzial* erkannten.

Leider war das der totale Reinfall, weil wir weder das Geld noch die Zeit hatten, dieses Potenzial auch auszunutzen: Mit kleinen Kindern hat man niemals Muße für Baumarktbesuche und Renovierungsarbeiten. Das Ganze war einfach nicht richtig durchdacht, deshalb sagen wir jetzt ständig Sätze wie »Nächstes Wochenende/nächsten Monat/nächsten Sommer gehen wir die Sache richtig an.« Nachdem das aber drei Jahre lang immer noch nicht passiert ist, haben sich einige seltsame Eigenheiten unseres Hauses irgendwie eingeschliffen. Manchmal ist mir der Zustand unserer durchaus bewohnbaren (wenn auch sehr bescheidenen) vier Wände egal. Aber manchmal finde ich es auch unglaublich frustrierend, nicht eben schnell ein paar Kleinigkeiten richten zu können. Wie ich festgestellt habe, geht es James ganz ähnlich (schmerzhaft verzerrtes Gesicht und viele Stoßseufzer).

Bevor wir Kinder hatten, hätten wir uns niemals mit einer kaum benutzbaren Spüle und einem Kronleuchter ohne Glühbirnen abgefunden (im Grunde hätten wir die undichte Spüle und die nicht standardisierten Glühbirnenfassungen schon vor dem Einzug bemerken und reklamieren müssen). Keinen Monat lang hätten wir es mit einem alten Bettlaken als Vorhang als Ersatz für ein runtergekrachtes Rollo ausgehalten (theoretisch kümmern wir uns seit zwei Jahren um Rollos mit stabilerer Aufhängung). Hätte mir mal jemand prophezeit, dass ich eines Tages damit anfangen würde, die scheußlichen Mahagoniküchenschränke anzustreichen, *sie aber nicht fertig streiche*, hätte ich nur ungläubig gelacht. (So faul kann doch keiner sein, wer gibt sich schon mit halb angestrichenem Küchenmobiliar zufrieden! Nun ja, diese Aufgabe habe ich mir jetzt für die nächsten Sommerferien vorgenommen.)

Da wir aber kaum dazu kommen, auch nur einen Furz zu lassen, ohne dass die Jungs uns dabei stören, müssen wir davon ausgehen, dass die Haus-to-do-Liste niemals abgearbeitet wird (nicht, bevor wir das Haus verkaufen wollen und uns ein Makler sagt, dass diese Penisfliesen wirklich dringend rausmüssen).

Mal ganz abgesehen von der generellen Unordnung. Zwar fühlen *wir* uns in unserem Haus nicht hundertprozentig wohl … aber allem möglichen Mist gefällt es offenbar fabelhaft bei uns. Wenn wir wieder mal fassungslos über den furchtbaren Zustand unseres Zuhauses sind, stellen wir meist fest, dass wir beide einen Hass auf das haben, das wir für die Wurzel allen Übels halten, nämlich auf Spielzeug.

Wenn man kein zusätzliches Spielzimmer hat (auch noch so ein Punkt für die To-do-Liste), wird aus einem aufgeräumten Wohnzimmer in null Komma nichts eine rosinenübersäte Kindertagesstätte. Man kann es zwar mit

Aufräumen versuchen (indem man das Spielzeug in diversen schwedischen Aufbewahrungsboxen verstaut), wird aber schon bald feststellen, dass man genauso gut gegen den Wind pinkeln kann. Immer, wenn ich höre, wie Legosteine auf den Teppich geschüttet werden, stirbt ein kleiner Teil von mir. Trotz unserer vielen Versuche, sie *alle* einzusammeln, weiß ich jetzt schon, dass ich beim Gutenachtsagen auf einen vergessenen Stein treten werde (»Gute Nacht, mein Engel. Schlaf gut, Henry, ich liebe dich – *autsch! Scheiß-Lego!*«). Ständig finde ich Spielsachen an den unmöglichsten Orten: Power Rangers in der Dusche, das Ohr von Herrn Kartoffelkopf in meiner Handtasche ... einmal fand ich sogar ein batteriebetriebenes Objekt in meinem Bett, allerdings keines von der Art, die man beim Erotikversand bestellen kann!

Aber es gibt noch mehr, was ich an Spielzeug auszusetzen habe. Nach dem neuesten Lego-»Vorfall« habe ich einmal alles detailliert aufgelistet:

Was ich an Spielzeug hasse

- Man wird es nie wieder los. Sobald man damit anfängt, in Gegenwart der Kinder ungeliebtes Spielzeug für Spendenzwecke/eBay/das Kind von nebenan auszusortieren, wird das, was bisher verschmäht wurde, zum Lieblingsspielzeug schlechthin. Dieser Plastiktraktor ganz unten in der Spielzeugkiste, mit dem Henry nie gespielt hat? Nein, NEIN, den braucht er noch! Ganz dringend! Ein halbes Disney-Teeservice, das oben im Regal verstaubt? Oh, wie wunderschön, das können wir *auf keinen Fall* weggeben! (Ich bin mittlerweile dazu übergegangen, solche Spielsachen heimlich auszusortieren und zu verstecken, aber Henry merkt es. Immer.) Einmal erzählte mir eine Freundin, sie habe jede Menge Schrott für den Schulflohmarkt aussortiert, woraufhin ihr Sohn einen riesigen Tobsuchtsanfall bekam, weil er sich von Sachen trennen sollte, mit denen er ohnehin nie gespielt hatte. Letztendlich musste sie den ganzen Krempel wieder zurückkaufen! Ich habe mir fast in die Hosen gemacht vor Lachen. Kinder sind so seltsam!

- Jedes Spielzeug ist *aufwändigst* verpackt. Hat man die Hürden aus Pappkarton, Plastik und verdammten Metallbändern endlich genommen, braucht man manchmal noch richtiges Werkzeug, um das Zeug überhaupt aus seiner Schachtel zu bekommen. Nachdem ich Optimus Prime, den Anführer der Autobots, aus seiner Verpackung befreit hatte, war ich völlig außer Atem und total verschwitzt. Muss das wirklich sein? Von wegen Müllvermeidung!

- Es fehlen *immer* Batterien. Außer man zählt zu den perfekt organisierten Müttern, die eine eigene Schublade für Batterien in der Kommode haben, direkt neben den Kerzen und Blanko-Grußkarten. (Ich gehöre leider nicht dazu.) Ansonsten sind nie welche da, wenn man welche braucht. Wir haben schon die Batterien unserer DVD-Player-Fernbedienung geopfert, nur damit Feuerwehrmann Sams Meeresrettungsset in Betrieb genommen werden konnte. (»Leider kein Film heute Abend, aber wenigstens ist Pontypandy voll einsatzfähig.«) Sollten Spielsachen wider Erwarten doch über funktionierende Batterien verfügen, sind sie meist gähnend langweilig oder unerträglich. Bei Dr. Alfie, einem Teddybären mit Sing- und Sprechfunktion, sah ich mich gezwungen, die Batterien zu entfernen. (Sollten Sie noch keinen Dr. Alfie besitzen, kann ich nur dazu raten, diese Lücke nicht zu schließen.) Alfie kann ja nichts dafür, aber nach fünf Stunden »Ich bin ein lieber Bär, der dir das Zählen beibringt«, musste ich ihn aufschrauben und die verdammten Batterien rausnehmen. Kindischerweise murmelte ich dazu: »Ha, jetzt bist du nicht mehr so lieb, was, Alfie?« Im Moment ist Alfie stumm und liegt unbeachtet in einer Spielzeugkiste – bis zu dem Moment, wo ich ihn aussortieren will, dann wird er natürlich Henrys absoluter Favorit.

• Spielsachen gehen ständig kaputt, und das bringt die Kinder zum Weinen. Das Gratisspielzeug, das Zeitschriften beiliegt und der Plastikschrott aus Ein-Euro-Shops sind diesbezüglich am meisten gefährdet. Dieser Mist garantiert bittere Tränen der Enttäuschung sowie geheuchelte Versprechen wie: »Das reparieren wir gleich!« Ich habe eine ganze Schublade voller Spielsachen, die darauf warten, dass irgendjemand Super-kleber kauft. Das wird aber niemals passieren, sondern wir werden sie einfach entsorgen, wenn wir das nächste Mal eine unserer berühmten »Schau nur, wie es hier wieder aussieht!«-Unterhaltungen führen.

- Nichts ist nerviger als Spielsachen, die aus Hunder-ten von Einzelteilen bestehen. Ich könnte schwören, dass ich lose Teile besitze, die noch nie zu irgendei-nem Puzzle oder Spiel gehört haben. Sie sind eine echte Plage! Trotzdem wage ich es nicht, sie zu entsorgen – vielleicht gehören sie ja doch irgendwo dazu?

- Andererseits fehlen uns ständig irgendwelche Teile – wo sind eigentlich diese leuchtenden Tasten aus dem Lauflernwagen hingekommen? Kleine Spielsachen sind außerdem ein echtes Sicherheitsrisiko, wenn man oral-investigative Kleinkinder hat. Ich weiß nicht, wie oft ich schon geschrien habe: »Lass das bloß nicht auf dem Bo-den liegen, dein Bruder könnte daran ersticken!«

- Spielsachen sind einfach eine ästhetische Zumutung. Selbst wenn wir uns dazu aufraffen könnten, das Haus zu renovieren, wäre dieses Problem nach wie vor vor-handen. Eine grellbunte Puzzlematte ist nun mal nicht besonders trendy. Und in Einrichtungsmagazinen sieht man nie irgendwelche sorgfältig platzierten Playmobil-Laster oder Lauflernwagen. So gesehen kann man sein

ursprüngliches Einrichtungskonzept ohnehin vergessen – außer, man hat von Anfang an auf einen grellbun-
ten Plastiklook gesetzt.

- Spielsachen sind unverschämt teuer. Mal abgesehen von
denen aus dem Ein-Euro-Shop, die man nur kauft, um
die Quengelei beim Einkaufen zu unterbinden, kosten
sie ein Vermögen. Mir tut es jedenfalls in der Seele weh,
so viel Geld für so banales Zeug hinblättern zu müssen.
Und dann verliert das Kind bestimmt bald das Interesse
am Power Ranger oder an Star Wars, weil etwas anderes
plötzlich cooler ist.

»Ich mag Feuerwehrmann Sam nicht mehr, der ist nur was
für Babys.« Ooooh, tatsächlich? Großartig – höchste Zeit,
das Zeug zu entsorgen! Nur dass Feuerwehrmann Sam damit wieder zum Lieblingsspielzeug schlechthin wird … An
dieser Stelle möchte ich mich bei allen Freunden entschuldigen, die vor mir Eltern geworden sind: Tut mir leid, dass
ich euren Kindern Fimo, Bastelsets und Spielsachen aus
tausend Einzelteilen geschenkt habe. Ich dachte, damit
kann man sich an verregneten Wochenenden prima die
Zeit vertreiben, bevor man sie wieder ordentlich in ihre
jeweiligen Aufbewahrungsboxen räumt. *Ich hatte ja nicht
die geringste Ahnung!* Bitte verzeiht mir!

»Polly Pocket. Worte können nicht beschreiben, wie weh es tat, mitten in der Nacht auf diese kleine Hartplastikpuppe zu treten.«

Lauren

Was ich als Mutter nie tun wollte (jetzt aber tue)

»Meine Güte, ist dieses Eltern-Getue nicht schrecklich?«, pflegte ich früher zu James zu sagen, in der festen Überzeugung, mich niemals zu so eigenartigen Verhaltensweisen hinreißen zu lassen. Damals hatte ich aber noch keine Kinder. Heute bin ich natürlich voll dabei und mache mich zum Affen – genau wie alle anderen Mütter auch.

Ich schnuppere am Po meines Babys
Nein, ich schnuppere nicht nur kurz, ich inhaliere das Windelaroma regelrecht, indem ich mein Gesicht geradezu im Strampler vergrabe. Bevor ich selbst Kinder hatte, hörte ich einmal eine Mutter sagen: »Wenn es irgendwo *seltsam* riecht, weiß man, dass ein *anderes* Kind die Windel voll hat!« Damals musste ich lachen und schämte mich richtig für sie. Jetzt, drei Jahre später, bin ich fest davon überzeugt, dass ich bei einem Schnuppertest mit zwanzig vollgeschissenen Windeln die von Jude blitzschnell fin-

den würde. Wäre vielleicht mal eine Idee für eine Fernsehshow – oder etwa nicht?

Ich nenne meinen Mann »Papa«

(Und zwar nicht im Zusammenhang mit sexy Rollenspielen!) Dabei habe ich mich wirklich *sehr* bemüht, das niemals einreißen zu lassen, keines dieser Paare zu werden, die sich nur noch mit »Mutti« und »Vati« anreden. Aber hin und wieder lasse ich mich doch dazu hinreißen, James zu fragen: »Willst du eine Tasse Tee, Papa?« Nur um mich dann umzusehen und festzustellen, dass die Kinder längst im Bett liegen. Und dass Papa nicht mal mit der Wimper gezuckt hat, als er seines Namens beraubt wurde.

Mein Äußeres ist mir nicht mehr so wichtig

Das gilt nicht immer – manchmal gebe ich mir durchaus Mühe. (Zum Beispiel dann, wenn ich mit Leuten verabredet bin, die mich schon kannten, bevor ich zwei kleine Menschenwesen zur Welt gebracht habe. Die sollen bloß nicht denken, ich würde mich gehen lassen.) Aber der Alltag mit Kindern ist einem gepflegten Äußeren nicht gerade förderlich. Manchmal vergesse ich, mir die Beine zu rasieren, schlüpfe aus Bequemlichkeit noch mal in das Kapuzensweatshirt mit dem Soßenfleck und ertappe mich dabei, in der Küche zu stehen und Fischstäbchen mit den Fingern zu essen – direkt vom Backblech. In solchen Momenten muss ich mir eingestehen, dass ich mich tatsächlich ein bisschen gehen lasse.

Ich lüge wie gedruckt

Manchmal muss man einfach lügen. »Oh nein, Liebling, schau mal, die Bäckerei hat schon geschlossen, wir können also heute keinen Kuchen kaufen!«, sage ich und lotse die Kinder schnell an der geöffneten Bäckerei vorbei, nur weil ich so eine schwache Mutter bin, die nicht »Nein« sagen will.

Ich habe jedoch festgestellt, dass ich nicht die Einzige bin, die die Wahrheit verbiegt, um sich vor einem sonst endlos ausufernden Gespräch zu drücken. Eine Freundin postete neulich das Protokoll eines Gesprächs mit ihrem dreijährigen Sohn auf Facebook, unter der Überschrift: »Dafür bin ich wirklich zu erschöpft ...«

Chester: Als Papa noch klein war, hat er da bei Oma und Opa gewohnt?

Ich: Ja.

Chester: Wo war ich damals?

Ich: Du warst nirgendwo, weil es dich damals noch gar nicht gab.

Chester: War ich groß?

Ich: Nein.

Chester: War ich klein?

Ich: Nein.

Chester: War ich im Dschungel?

Ich: Ja, genau.

Auch ich sage: »Bist du aber groß geworden!«, sobald ich den Nachwuchs von Freunden und Verwandten sehe

Im Grunde ist es selbstverständlich: Kinder wachsen, jeden Tag ein bisschen mehr. Hat man sein Patenkind ein halbes Jahr nicht gesehen, ist es vermutlich gewachsen. Trotzdem verspüre ich den unstillbaren Drang zu sagen: »Bist du aber groß geworden!«, oder: »Unglaublich, wie erwachsen sie schon aussieht!« Also bitte, wie öde ist *das* denn?

Ich rede Schwachsinn. Totalen Schwachsinn.

Ich bin inzwischen sehr gut darin, detailliert über Dinge zu reden, die weder besonders interessant noch besonders appetitlich sind. Mein Lieblingsthema ist die Größe/Farbe/Konsistenz der Ausscheidungen unseres Nachwuchses, über die ich mich gern ausführlich mit James austausche:

»Der Haufen ist echt eklig, schau nur, da sind so winzige schwarze, wurmähnliche Dinger drin!«

»Ich glaube, das ist die Banane, die da wieder rausgekommen ist. So hat es gestern Abend auch ausgesehen, deshalb habe ich es schnell gegoogelt.«

»Ich finde es besser, wenn die Konsistenz etwas fester ist.«

»Ich auch.«

»Meine Güte, wir sind echt schrecklich.«

Vielleicht reden wir auch deshalb über Windelinhalte und

andere langweilige Themen (wann Jude sein Nickerchen gemacht und wie viel Henry zu Mittag gegessen hat), weil es so gut wie unmöglich ist, gute Erwachsenengespräche zu führen, wenn kleine Kinder dabei sind.

Manchmal vergessen wir das und unterhalten uns ernsthaft über die Arbeit, die Hypothekenraten oder unsere Pläne fürs Wochenende. Aber wenn wir nach jedem dritten Wort unterbrochen und/oder mit Spielzeug beworfen werden, wissen wir schon bald nicht mehr, was wir eigentlich sagen wollten.

Ich besteche meine Kinder

»Ich werde meine Kinder nie bestechen« – das hatte ich mir *geschworen*. Hahaha, dass ich nicht lache! Bestechung ist die einzige Erziehungsmaßnahme, die zuverlässige Ergebnisse erzielt. Und mit dieser Meinung bin ich nicht allein: Für neunundneunzig Prozent* der Bevölkerung ist Bestechung das pädagogische Konzept schlechthin. Hinter jedem gut erzogenen Kind stehen unendlich viele Gummibärchen. Das letzte Prozent greift auf Magie oder Hexerei zurück.

Vielleicht sollten wir einfach nicht so streng mit uns sein und diese Erziehungsmaßnahme nur anders nennen. Statt unsere Kinder zu bestechen, wenden wir also Erpressung, Verhandlungen und Belohnungen an. Wir bringen

---

* Diese Zahl beruht auf wissenschaftlichen Studien bzw. Meinungsumfragen – Quatsch, diese Zahl entbehrt jeglicher Grundlage.

unseren Kindern bei, dass ihr Verhalten Konsequenzen hat, zum Beispiel so:

»Wenn du deinen Salat aufisst, bekommst du nachher einen Keks.«

»Wenn du dich im Spieleland gut benimmst, bekommst du nachher einen Keks.«

»Wenn du mich in Ruhe mit der Versicherungsgesellschaft telefonieren lässt, bekommst du nachher einen Keks.«

Kekse ziehen immer. Deshalb mache ich mir um die Zahngesundheit meiner Söhne große Sorgen. In Zukunft werde ich ~~die Kekse rationieren~~ ihnen länger die Zähne putzen.

Ich schreie

Zu Hause. Im Auto. Bei Primark. Ich weiß, wie unwürdig das ist und auch, dass man damit keine Probleme löst. Aber an schlechten Tagen geht es einfach nicht anders. Mit Kindern ist es verdammt schwer, nicht die Nerven zu verlieren (siehe auch »Einer dieser Tage«, Seite 262).

Ich schimpfe …

Wie eine kaputte Schallplatte wiederhole ich Anweisungen, auf die niemand hört (und schon gar nicht meine Kinder!). Zum Beispiel: »Würdet ihr bitte ein bisschen leiser sein?«, »Nicht so wild spielen!«, und: »Wenn ihr nicht aufhört zu quengeln, gehen wir nirgendwohin!« Letzteres sage ich, während wir bereits das Haus verlassen und alle nach wie vor wild quengeln – aber alles ist besser, als daheim eingeschlossen zu sein.

… und stoße lächerliche, leere Drohungen aus

Neben den generellen Ermahnungen, die ich von mir gebe, um mit den Kindern aus dem Haus zu kommen, ertappe ich mich oft dabei, grausame Konsequenzen anzudrohen, die ebenso unrealistisch wie dumm sind:

»Gut, ich sage das kein zweites Mal: Diese Woche wird nicht mehr ferngesehen!« (Sobald mir das entschlüpft ist, merke ich, was für ein Fehler das war – wie soll ich jetzt bitte schön das Abendessen zubereiten, nur um ein Beispiel zu nennen?)

»Ich ruf gleich den Weihnachtsmann an, damit er eure Namen von seiner Liste streicht. Das lässt sich auch nicht mehr rückgängig machen.« (Mist, wie kann man bloß so etwas Blödes sagen – außerdem ist gerade mal August!)

»Verabschiedet euch von eurem Lieblingsspielzeug. Das kommt jetzt alles in den Müll.« (Henry weiß bei dieser Androhung inzwischen, dass seine Mutter etwas mit den Nerven fertig ist und wartet einfach ab, bis sie sich wieder beruhigt hat. Dann holt er leise die Sachen, die eigentlich weggeworfen werden sollten, wieder aus unserem Schlafzimmer.)

> »Ständig drohe ich ›Das sag ich dir kein zweites Mal!‹, was ich natürlich trotzdem tue, und dann ein drittes, viertes Mal und immer so weiter – alle fünf Minuten, bis zur Schlafenszeit.«
>
> *Nicola*

Ich spreche Babysprache

Ich gebe allem einen Kosenamen. Aus Milch wird »Milchi«, aus Flasche »Flaschi«, aus Windeln »Windis«. Stofftiere werden zu »Kuschis« oder »Hasis«. Erst neulich sagte ich zu meinem Mann (und das ist ein Zitat): »Wenn du ihm sein Flaschi machst, wechsle ich seine Windi und such sein Kuschi.« *Was ist denn das für eine gequirlte Scheiße?* So eine Sprache geht jedem auf den Wecker, aber genau so drücken sich Eltern aus!

Andererseits hat es auch was für sich, das zu ignorieren und diese kindischen Momente zu genießen. Wenn ich morgens in Judes Zimmer gehe, hebe ich ihn hoch und sage ohne jede Scham: »Guten Morgen, mein Pfläumchen!« Keine Ahnung, wie er sich in ein Pfläumchen verwandeln konnte, aber genau das ist er. Und zwar ein entzückendes Pfläumchen. Wäre das ein Facebook-Eintrag, würde ich hier ein Herz-Emoji zwischen zwei Pflaumen einfügen.

»Es kann unmöglich sein, dass ich mich im Büro bei dem Satz ertappt habe: ›Böser, böser Drucker‹, als ich den Toner ausgetauscht habe. Das kann einfach nicht wahr sein.«

Owen

Ach, die guten alten Zeiten!

Über unser Leben vor den Kindern zu reden, ist eine absolute Lieblingsbeschäftigung von James und mir. Diese Gespräche verlaufen in etwa wie folgt:

»Weißt du noch, wie ich gesagt habe: ›Wollen wir kurz an die frische Luft und einen Spaziergang machen?‹, und dann sind wir einfach kurz an die frische Luft und haben einen Spaziergang gemacht. Auf der Stelle, ohne irgendwelche Wickeltaschen zu packen. Unfassbar!«

»Weißt du noch, wie wir uns beim Abendessen über unseren Arbeitstag ausgetauscht haben? Weißt du noch, wie wir uns richtig unterhalten haben? Wie wir richtig zu Abend gegessen haben?«

»Weißt du noch, wie wir in der Dominikanischen Republik waren und drei Wochen lang einfach nur in der Sonne lagen und gebadet haben – von dem Monstertruck-Ausflug zur Zuckerrohrplantage mal abgesehen? *Drei ganze Wochen lang!* Wir hatten sogar *nachmittags* Sex!«

Obwohl ich viele Eltern kennengelernt habe, die ebenfalls morgens gern länger im Bett bleiben würden, frage ich mich doch manchmal, ob ich die Zeit vor den Kindern nicht ein wenig zu sehr verkläre – vor allem dann, wenn ich Leuten begegne, die ihrem früheren Leben *gar nicht* hinterhertrauern.

Alte-Zeiten-Hinterhertrauer-Skala

0 = »Ich kann mich gar nicht mehr daran erinnern, wie es war, keine Kinder zu haben, und will mir das auch gar nicht mehr vorstellen.«

5 = »Manchmal vermisse ich es schon, mal so richtig auszuschlafen.«

10 = »Ich würde gern mal wieder in Ruhe zu Abend essen oder in Ruhe auf die Toilette gehen, ohne dass sich zwei Kinder an meine Beine klammern. Ich möchte keine Blasenprobleme mehr haben und kein Billigshampoo im Supermarkt kaufen müssen. Weißt du noch, wie es war, als wir noch nicht übers Geld nachdenken mussten? Als ich noch einen richtigen Busen hatte und nicht diese zwei leeren Schläuche?«

Zugegeben, ich liege eindeutig am oberen Ende der Skala.

Aber manchmal verbiete ich mir, der guten alten Zeit hinterherzutrauern, weil ich sonst von Schuldgefühlen gequält werde (siehe auch »Mütterliche Schuldgefühle«, Seite 277), die mich zu dem Schluss gelangen lassen:

Wer ständig an die Zeit vor den Kindern zurückdenkt, bereut es offensichtlich, Kinder bekommen zu haben und ist einfach nur undankbar: Kinder sind schließlich ein Geschenk!

Ich persönlich denke ständig an die Zeit vor den Kindern zurück.

Folglich weiß ich meine Kinder gar nicht zu schätzen.

Das ist natürlich totaler Quatsch: Ich *liebe* meine Kinder (von den schrecklichen Tagen voller Schuldgefühle einmal abgesehen, an denen man als Mutter komplett zu versagen scheint) und wüsste deshalb nicht, warum man wegen dem bisschen Nostalgie ein schlechtes Gewissen haben sollte. Ich würde sogar so weit gehen zu sagen, dass wir diese Zeit *lobpreisen* sollten, denn sie steht für:

- Spontaneität,

- ungestörte Nachtruhe,

- Kinofilme, in denen keine Minions vorkommen,

- Anlässe, für die es sich lohnt, sich schön zu machen (was man von den wöchentlichen Spieleverabredungen nicht unbedingt behaupten kann, obwohl ich mir auch dafür Mühe gebe),

- jede Menge Zeit, im Internet zu surfen,

- jede Menge Geld zur freien Verfügung,

- wilde Nächte, die mit fettigem Döner und Blasenpflastern enden,

- ungeplante Ausflüge, auf die man sich nicht eine Stunde lang vorbereiten muss,

- gesittete Mahlzeiten,

- einen intakten Beckenboden,

- ungestörtes Sonnenbaden mit geschlossenen Augen,

- ungestörte Lektüre (überhaupt: irgendwas ungestört tun können!),

- ungestörten Genuss von Eis, ohne die Hälfte einem Kleinkind überlassen zu müssen, dem sein eigenes Eis gerade in den Dreck gefallen ist.

Als sich der damals zweijährige Henry vor dem Kaufhauslift auf den Boden warf und schrie: »Hilfe, ich bin stecken geblieben! Feuer! Feuerwehrmann Sam soll kommen!« (obwohl er weder stecken geblieben noch irgendwo Feuer zu sehen war), dachte ich sehnsüchtig an die Zeit zurück, als ich mich beim Shoppen noch auf die Kleidung konzentrieren, ja sie sogar *anprobieren* konnte, ohne Schweißausbrüche zu bekommen, jemandem den Kinderwagen in die Hacken zu rammen oder laut zu fluchen.

Und als ich letztes Jahr diese hartnäckige Bronchitis hatte (und schier vor Selbstmitleid zerfloss), sehnte ich mich nach der Zeit zurück, als ich einfach eine Tablette nehmen und mich ins Bett legen konnte. Stattdessen war ich nun dazu verurteilt, mir schon um sieben Uhr morgens »Mickey Mouse« anzusehen und all meine Kräfte zu bündeln, damit ich Jude eine neue Windel anziehen konnte. Währenddessen fragte ich mich, warum Mickey eine derartige Nervensäge ist. (»Debedei, Osterei, diggediedeldidei …« – *un-er-träg-lich!*)

Jedes Mal, wenn sich eine Hitzewelle ankündigt, denke ich daran zurück, wie ich entspannt in der Sonne lag, statt den ganzen Tag hin und her zu rennen, alle Welt mit Schutzfaktor-50-Sonnencreme einzuschmieren und ständig das Babymützchen wieder festzuzurren.

Ob ich mir mein früheres Leben zurückwünsche?

Ja, manchmal wünsche ich mir mein früheres Leben zurück.

Manchmal, wenn mir wieder mal der Geduldsfaden reißt, und ich *völlig am Ende* bin, wünsche ich mir mein früheres Leben zurück.

Aber natürlich nicht *wirklich*: Ja, es stimmt, mein Leben ist nicht mehr sorglos und auch nicht mehr spontan. Und ja, manchmal würde ich wirklich gerne was essen, ohne dass jemand heult. Meinen intakten Beckenboden vermisse ich auch sehr. Aber wenn man mal von der stän-

digen Müdigkeit und überlebensgroßen Zeichentrickna-
gern absieht, die was von Osterei diggediedeldidei singen,
möchte ich um nichts in der Welt tauschen. (Außer ich
hätte eine Zeitmaschine und könnte einmal im Monat für
einen Sonntag ins Jahr 2008 zurückreisen. Das wäre großartig!)

Ich genieße mein Leben als Mutter deutlich öfter, als
dass ich mich nach alten Zeiten zurücksehne. Jeden Tag
gibt es mindestens einen Grund zur Freude, denn was ich
mit meinen Söhnen erlebe, toppt alles, was ich bisher erlebt habe. Deshalb bin ich hoffentlich nicht undankbar,
was mein derzeitiges Leben als Mutter betrifft, nur, weil
ich mich manchmal gern an das davor erinnere. Ich denke
dann einfach an eine andere Zeit, die auf ihre Weise ebenfalls sehr schön war.

Wenn allerdings andere Eltern behaupten: »Meine Güte,
ich kann mich kaum noch daran erinnern, wie es war,
keine Kinder zu haben«, muss ich ehrlicherweise sagen:

»Oh doch, das weiß ich noch sehr genau. Es war eine
wunderschöne Zeit.«

Wer A sagt...

»Die Gefahr einer Stinkbombe
im Wartezimmer war durchaus real.«

Noch eins???

Ich glaube, wir waren gerade mal seit einem halben Jahr Eltern, da kam es auch schon zu dem gefürchteten Kreuzverhör »Zweites Kind: ja oder nein?« Ständig hieß es: »Wann soll Henry eigentlich einen kleinen Bruder oder eine kleine Schwester bekommen?«, »Habt ihr schon über den idealen Altersunterschied nachgedacht?«, »Habt ihr schon beschlossen, wann ihr es noch mal probieren wollt?«, und: »Wie praktisch, dass in eurem neuen Haus auch noch Platz für ein zweites Kind ist!«

Was sollten wir darauf antworten? Wie sollten wir reagieren? Ich zermarterte mir das Hirn nach einer höflichen Umschreibung für: »Ihr habt sie ja wohl nicht alle!« Denn offen gestanden konnte ich mir damals überhaupt nicht vorstellen, ein weiteres schlafraubendes Balg in die Welt zu setzen. Die erste Zeit mit Baby war längst nicht so verlaufen, wie ich mir das vorgestellt hatte. Im Nachhinein vermute ich, dass das wahrscheinlich dem von Elternmagazinen verbreiteten Unfug geschuldet ist; auf den Covern sieht man fast immer eine Mutter mit sehr weißen

Zähnen, die ihr nicht spuckendes Baby an einem warmen Frühlingtag fröhlich in die Luft wirft.

Ich weiß noch genau, wie ich an Henrys erstem Geburtstag dachte, jetzt ist er wirklich richtig süß, und das möchte ich ein wenig genießen. Ich hatte das Gefühl, mich endlich mit der Mutterrolle ausgesöhnt zu haben. Und ich weiß auch, dass ich noch am selben Tag beim Anblick des Neugeborenen einer Bekannten dachte: »Was für ein Horror!« Ich war endlich mal wieder ich selbst – jetzt, wo Henry durchschlief, mich zum Lachen brachte und auf seine Art versuchte, mit mir zu kommunizieren. Ich schämte mich ein wenig dafür, dass ich auf das erste Jahr gern verzichtet hätte, aber insgeheim war ich froh, dass das Schlimmste hinter mir lag.

Deshalb ging mir die ständige Fragerei nach dem zweiten Kind wirklich gehörig auf die Nerven, auch wenn es die Leute bloß gut meinten und einfach nur neugierig auf unsere Familienplanung waren. Aber manchmal setzte mich das ganz schön unter Druck, da alle fest von einem zweiten Kind auszugehen schienen. Als ob es nur eine Frage der Zeit sei und wir dumm wären, wenn wir uns mit einem Kind zufriedengäben.

»Viele Leute haben nur ein Kind und sind trotzdem glücklich. Ich kann mir ehrlich gesagt nicht vorstellen, noch mehr Kinder zu bekommen«, sagte ich irgendwann, in der Hoffnung, den Fragen damit ein Ende zu bereiten.

»Du kannst unmöglich ein Einzelkind haben!«, schallte es zurück. »Das wäre doch jammerschade für Henry!«,

»Das wirst du noch bereuen!«, »Wartet bloß nicht zu lange!«

Wir behaupteten auch weiterhin: »Eines reicht voll und ganz!«, und die meisten hörten irgendwann auf zu fragen. Aber der Druck, doch noch mal darüber nachzudenken, blieb – nicht zuletzt, weil ein ungeschriebenes Gesetz in unseren Familien lautet: »Du sollst zwei Kinder haben.« Bei uns bekommen alle zwei Kinder (zwischen denen zwei bis vier Jahre liegen), *weil man das eben einfach so macht.* Ich bin kein Einzelkind, James ebenfalls nicht, ganz so, als würden sich alle an die goldene Regel halten:

Eines ist zu wenig (und viel zu einsam).

Drei sind zu viele (und echt der Wahnsinn, schließlich muss man sich dann extra ein neues Auto anschaffen).

Zwei sind goldrichtig.

Und obwohl wir jedem, der es hören wollte, sagten, dass wir kein zweites Kind wollten (»Um Gottes willen, nein, ich hab wirklich keine Lust mich noch mal so zu quälen!«), war zumindest in meiner Familie die Überzeugung vorherrschend, dass wir unsere Meinung schon noch ändern würden. »Wartet ab!«, hieß es nur …

Nun, die Befürworter zweier Kinder müssen gute Argumente gehabt haben, denn unsere Familienplanung war mit Henry als Einzelkind tatsächlich noch nicht beendet. Irgendwas muss uns dann doch bewogen haben, unsere Meinung zu ändern, irgendwas muss wieder einen Kinderwunsch in uns geweckt haben – die Bereitschaft, diese Achterbahn der Gefühle noch einmal zu besteigen.

Was auch immer es war, Jude war ebenfalls ein Wunschkind. Ich habe versprochen, beim Schreiben dieses Buches absolut aufrichtig zu sein und hätte kein Problem damit zuzugeben, wenn er ein »Unfall« gewesen wäre. Aber nein, auch er wurde, wie sein großer Bruder, ganz bewusst »in die Röhre geschoben«.

Was hat uns bloß dazu bewogen?

Meine überwältigende Mütterlichkeit, mein Brutinstinkt, war es jedenfalls nicht. Ich wartete vergeblich darauf, dass sich der Wunsch nach einem zweiten Kind manifestierte.

Aber der Gedanke daran ließ mich trotzdem nicht mehr los.

Und als ich mit James sprach, stellte sich heraus, dass es ihm ganz genauso ging. Es war auch nicht so, dass wir uns gezwungen fühlten, ein zweites Kind in die Welt zu setzen, da wir bereits zu der Überzeugung gelangt waren, dass einem Kind mit zufriedenen Eltern mehr gedient ist als mit einem Geschwisterchen und unzufriedenen Eltern. Aber irgendwas arbeitete in uns. Wurde wieder einmal das Thema »zweites Kind« angeschnitten, sagte ich zwar nach wie vor: »Danke, wir sind mit einem zufrieden!«, aber längst nicht mehr so überzeugend. Ich begann, in mich hineinzuhorchen. Und als wir kurz davorstanden, zum zweiten Mal mit Henry Weihnachten zu feiern, sprachen wir erneut ausführlich über das Thema. Und kamen nach mehreren Stunden zu dem Schluss, dass wir versuchen wollten, ein zweites Kind zu bekommen.

Was nun folgt, ist eine kurze Zusammenfassung unserer Überlegungen:

Wir waren immer davon ausgegangen, zwei Kinder zu haben. Wenn wir überlegt hatten, wie unser Leben in zehn Jahren aussehen sollte, gehörten dazu zwei Kinder: zwei Kinder hinten auf dem Autorücksitz, zwei Kinder mit uns in den Ferien, zwei Kinder am Abendbrottisch … Sprich, wir haben stets eine glückliche vierköpfige Familie vor uns gesehen.

Andererseits waren wir als Eltern eines knapp Zweijährigen ziemlich zufrieden mit unserem Leben. Und hatten nicht wirklich Lust auf noch ein *Baby*. Und erst recht nicht darauf, schwanger zu sein oder uns monatelang mit einem Neugeborenen herumzuquälen. Aber auf lange Sicht sahen wir uns nach wie vor als Eltern zweier Kinder. Das war auch der Grund, warum uns der Gedanke nicht losließ. Gut möglich, dass wir einfach nur unseren Familien-Sollwert von zwei Kindern verinnerlicht hatten, aber eigentlich glaube ich das nicht. Es ging nicht nur darum, jemanden in die Welt zu setzen, der Henry Gesellschaft leisten würde, sondern auch darum, unsere Familie zu vervollständigen. (Ganz egoistisch hofften wir auch, dass es sich »rentieren« würde, sprich, dass sich die beiden, wenn sie erst mal größer sind, miteinander beschäftigen, sodass wir im Urlaub endlich wieder in der Sonne liegen und Mojitos trinken können.)

Doch ob es uns gefiel oder nicht: Das zweite Kind aus unserer Zukunftsvision würde sich nicht durch Teleportation auf der Autorückbank oder an unserem Abendbrottisch einfinden. Wir wussten nur zu gut, dass vorher ein ziemlich langer Prozess zu durchlaufen ist.

Daher änderten wir unsere Meinung in Bezug auf ein zweites *Baby* eher nicht, sondern konzentrierten uns stattdessen darauf, uns ein zweites *Kind* zu wünschen. Anfang Dezember 2013 beschlossen wir, »es zu versuchen«… und hatten kaum Gelegenheit, es uns noch mal anders zu überlegen, da ich schon an Silvester wieder schwanger war.

Hätte ich nur die Babyjahre in Betracht gezogen, wäre ich dieses Wagnis bestimmt nicht noch mal eingegangen. Was ziemlich dumm gewesen wäre, denn Jude war ein sehr pflegeleichtes Baby, ein echter Sonnenschein. (Wenn du das lesen solltest, Henry-Schätzchen, dann lass dir gesagt sein, dass du ebenfalls ein entzückendes Baby warst mit deinen Speiattacken und deiner ständigen Weigerung, dich wickeln zu lassen… So richtig aufgeblüht bist du allerdings erst mit einem Jahr.)

Neulich habe ich mich beim Anblick eines Neugeborenen zum allerersten Mal bei dem Gedanken ertappt: Ach, wie ich diese kuschelige Babyzeit vermisse! Vielleicht habe ich sogar ganz kurz überlegt, noch ein Kind zu bekommen, während ich besagtem Baby zärtlich den Kopf streichelte.

Jetzt, da ich mich den dreißig nähere, habe ich richtig Angst, plötzlich noch mal einen heftigen Kinderwunsch zu verspüren, so, als würde mir Mutter Natur zurufen: »*Jetzt* ist genau der richtige Moment dafür!«

Denn vielleicht ist das ja wirklich das ideale Alter, mit dem Kinderkriegen anzufangen. Vielleicht war ich einfach vier oder fünf Jahre zu früh dran mit der Babyparty.

Das würde so einiges erklären.

>>Auf der Rückfahrt von unserem verlängerten Wochenende wurde unser Kleinkind reisekrank. Das einzig Greifbare war sein Gummistiefel... Gleich darauf machte das acht Monate alte Baby einen riesigen, stinkenden Haufen. So kam es, dass ich mich zwischen zwei Kindersitzen wiederfand, den vollgekotzten Gummistiefel in der Hand und den Gestank der vollgeschissenen Windel in der Nase. Eine herrliche Heimfahrt!<<

Julie

Eins oder zwei, was ist schon dabei?

Neben dem Wann-kommt-das-zweite-Kind-Kreuzverhör machte mich noch etwas anderes wahnsinnig, nämlich, dass ich nur erwähnen musste, wie anstrengend ich es fand, mich um Henry zu kümmern, wie angeschlagen ich nach einer schlaflosen Nacht oder einem Tobsuchtsanfall im Bus war, um gleich darauf zu hören: »Warte nur, bis du erst mal zwei hast!« (Anscheinend konnte mir ein Kind allein unmöglich so zu schaffen machen.)

Doch einmal bekam ich mit, wie eine Mutter in der Krabbelgruppe über ihr zweites, gerade erst geborenes Kind sagte: »Um die Kleine [ihr zweites Baby] mache ich mir viel weniger Sorgen, ganz einfach, weil ich weniger Zeit dazu habe. Außerdem habe ich festgestellt, dass vieles, was ich bei ihm [ihrem ersten Kind] extrem schwierig fand, nur schwierig war, weil ich alles so verkompliziert habe. Es *ist* einfacher mit nur einem Kind, nur wusste ich das damals noch nicht. Aber im Nachhinein ist man eben immer schlauer!«

Da war wirklich etwas Wahres dran. Hin und wieder trauern James und ich der Zeit mit nur einem Kind fast so sehr hinterher wie der ganz ohne Kinder. Dann ertappen wir uns bei Sätzen wie: »Meine Güte, war das einfach mit nur einem Kind! Warum sind wir nicht mit Henry ins Ausland gefahren? Mit nur einem Kind wäre das doch *überhaupt kein* Problem gewesen!« Aber meist beißen wir uns dann doch noch rechtzeitig auf die Zunge – weil wir genau wissen, dass wir es damals nicht einfach gefunden hätten. Wir fanden alles kompliziert, weil wir ständig alles hinterfragten und weil Kinder haben nun mal kompliziert ist – egal, ob man eins hat oder zehn.

Ich hatte mal diesen witzig gemeinten Facebook-Status: »Wie ist es, zwei Kinder zu haben?« – »So wie mit einem, nur schlimmer!«

Doch in Wahrheit finde ich nicht, dass zwei Kinder *doppelt* so schwierig sind wie eines, auch wenn das bestimmt individuell verschieden ist. Für mich bestand die größte Umstellung als Mutter darin zu akzeptieren, dass ich nicht mehr selbst über mein Leben bestimmen kann, und zwar seit dem Moment, als wir mit dem neugeborenen Henry vom Krankenhaus nach Hause fuhren (mit einem kleinen Zwischenstopp beim McDonald's Drive-in – ja, genau, das war sein allererster Ausflug!). Das hat sich mit zwei Kindern nicht geändert. Auf jeden Fall ist mir die Umstellung von einem auf zwei Kinder deutlich leichtergefallen als die von null auf ein Kind. (Auch weil Jude viel weniger schreit und mehr schläft als sein großer Bruder.)

Aber – und das ist ein großes ABER – zwei kleine Kinder erfordern eine ausgeklügelte Logistik, die bei einem Kind noch kein Thema war. In ein paar unvergesslichen Momenten habe ich das zweite Kind wirklich als zusätzliche Last empfunden.

Man hat nur zwei Hände

Ich weiß, das klingt ziemlich offensichtlich, aber es gibt Zeiten, da weiß man wirklich nicht, um welches Kind man sich zuerst kümmern soll ... und welches eben warten muss.

Mein bisher schlimmstes Erlebnis war ein Arztbesuch. Als ich mit beiden Jungs im Wartezimmer saß und noch zehn Minuten auf Judes Vorsorgeuntersuchung warten musste, bildete ich mir noch ein, das ganz gut hinzukriegen: Wir waren pünktlich, und niemand weinte. Etwas angespannter wurde die Situation, als Henry aufstand und sich auf den Boden warf. Als ich fragte, was das solle, schrie er: »Ich ruh mich aus!« Da ich gerade stillte, wusste ich nicht recht, was ich tun sollte. Er brüllte nicht, und niemand beschwerte sich, obwohl er direkt vorm Empfangstisch lag. Also beschloss ich, ihn einfach dort liegen zu lassen.

Doch genau in dem Moment, in dem Jude anfing zu plärren (waren es Blähungen oder Müdigkeit?) verkündete der erst vor Kurzem »stubenrein« gewordene Henry, das er dringend aufs Klo müsse. Das Klo bei unserem Arzt ist aber zu klein, um den Kinderwagen mit reinzunehmen.

Dieses Problem hatte ich nicht vorhergesehen.

Nachdem klar war, das Henry wirklich dringend musste (er führte einen ziemlich x-beinigen Indianertanz auf), blieb mir nichts anderes übrig, als das Baby einer sympathisch aussehenden, mir aber völlig unbekannten älteren Dame zu überreichen, um meinen Mutterpflichten nachzukommen. Ich kann mir nicht vorstellen, dass ich mein erstes Kind einer Wildfremden anvertraut hätte (was normalerweise ja auch keine gute Idee ist.) Aber in diesem Moment hatte eben der Toilettenbesuch oberste Priorität. Und angesichts von Henrys immer heftigeren Verrenkungen war die Gefahr einer Stinkbombe im Wartezimmer durchaus real.

Gut, das wir es nicht darauf ankommen ließen, denn wie sich auf dem Klo herausstellte, musste er ausgerechnet jetzt einen Riesenhaufen machen. Na großartig! Nie zuvor habe ich mich so hin- und hergerissen gefühlt: Einerseits musste ich Henry auf dem Klo beaufsichtigen, andererseits stand ich Todesängste um mein armes, zurückgelassenes Baby aus.

Kaum war die Toilettenmission erfolgreich absolviert, stellte ich erleichtert fest, dass die nette Dame mein Baby nicht entführt hatte. Stattdessen hielt sie es in die Luft, und Jude lachte sich kaputt, so entzückt war er über seine neue, bis dato unbekannte Oma.

»Oma unbekannt« erklärte mir, dass wir während unseres Toilettenbesuchs aufgerufen worden waren und dass nun jemand anderes reingegangen sei. Also musste der inzwischen sehr müde Jude weitere zwanzig Minuten auf seine Untersuchung warten, während Henry sämtlichen Mitpatienten stolz Tipps zur Toilettenhygiene mit auf den Weg gab: »Du musst dir die Hände waschen! Kackahose, Kackahose!«

Sofort schrieb ich James eine SMS, in der stand, dass ich nie mehr mit *seinen* beiden Kindern zum Arzt gehen würde!

Manchmal sind zwei Kinder tatsächlich zweimal so viel Stress

Wenn man zwei Kinder hat (oder sogar noch *mehr*, was für mich einfach unvorstellbar ist!), kann die Vorbereitung auf einen Ausflug (im Auto anschnallen, in den Bus steigen, eine Tasche packen usw.) unglaublich anstrengend sein.

Dies erfuhr ich eines Tages am eigenen Leib, als ich voller Optimismus beschloss, mit einem knapp Dreijährigen und einem fünf Monate alten Baby spontan ans Meer zu fahren.

Mit dem Auto.

Nur ich und die Kinder.

Der Vortag war extrem nervig gewesen: Von früh bis spät war ich mit einem heulenden Baby auf dem Arm im Wohnzimmer auf und ab getigert, während sein Bruder wie ein Wahnsinniger hin- und hergerast war und unablässig gerufen hatte: »Du kriegst mich nicht!« Daher die Idee, heute mal einen Ausflug zu machen.

»Also, Jungs, wir fahren ans Meer!«, verkündete ich fröhlich. So ganz ohne Planung und ausgiebiges Packen hatte das etwas sehr... *Befreiendes*. Henry wurde ganz aufgeregt. Genau so mussten sich diese immer gut gelaunten, coolen Mütter jeden Tag fühlen!

»Wir fahren ans Meer! Jetzt sofort!« Meine Güte, konnte ich lässig sein!

Es war neun Uhr morgens. »Wir packen eine Tasche, und los geht's!«

Es war 11.47 Uhr, als wir zum Auto gingen.

Von meiner spontanen Idee bis zu dem Moment, in dem wir alle angeschnallt im Auto saßen, waren *drei Stunden* vergangen. Ich will Sie nicht mit einer detaillierten Beschreibung dieser Stunden langweilen, denn wer kleine Kinder hat, *weiß*, dass es ein Ding der Unmöglichkeit ist, mit ihnen spontan das Haus zu verlassen (und glauben Sie mir, es gibt Tage, da kommt man *gar nicht* vor die Tür!). An diesem besagten Tag bedeutete das eine Kind mehr tatsächlich eine zusätzliche Last. Es galt, jede Menge Windeln und zwei Fläschchen mitzunehmen, mindestens zehn Kubikzentimeter Babykotze aufzuwischen (es war mir wie immer ein Vergnügen, Jude!) und einen heftigen Tobsuchtsanfall Henrys auszuhalten, der sich partout nicht anziehen wollte. Einen Anfall, der sich fast nahtlos fortsetzte, als sich im Auto der Sonnenschutz mit dem Katzenmotiv vom Fenster löste und Henry es nicht schaffte, ihn wieder zu befestigen. Das Leben ist einfach verdammt ungerecht, wenn man gerade erst drei Jahre alt ist und sich alles gegen einen verschwört – sogar der Sonnenschutz.

Anschließend fing Jude an zu weinen, was Henry alle zwei Minuten überschrie: »Warum fahren wir dorthin?«, »Haben wir uns verfahren?«, »Mach das *Dummenavi* an!« (Wenigstens erinnerte er sich nicht mehr an unseren letzten Ausflug, der damit endete, dass ich das Navi anschrie: »Hier kann man aber nirgendwo wenden, du blöde Kuh!«)

Als wir endlich ankamen, fand ich keinen Parkplatz, ich hatte ganz vergessen, dass gerade Schulferien waren – noch nicht mein Thema. Schließlich fand ich eine Parklücke, in die ich mich quetschen konnte, und beäugte nervös die Menschenmassen.

Ich hatte Sandwiches dabei und von einem idyllischen Strandpicknick geträumt. Aber da Jude gerade eingeschlafen war und ich die paar Momente der Ruhe nicht unterbrechen wollte, aßen wir im Wagen. Was mir für Henry wirklich sehr leidtat, denn wären wir nur zu zweit gewesen, hätten wir unsere Brote am Strand verzehrt. Stattdessen genossen wir den Meerblick von unserem Opel Astra aus.

Als Jude aufwachte, stiegen wir aus. Wir hatten einen Plan. Zunächst einmal würden wir mit dem Kinderwagen die Promenade entlanglaufen, dann den Wagen im Auto verstauen und an den Strand gehen. Ich war sehr wohl in der Lage, zwei Kinder zu managen – zumindest dachte ich das.

Es dauerte keine zwei Minuten, da war ich komplett am Ende.

Obwohl Henry am Auto noch Stein und Bein geschworen hatte, nicht aufs Klo zu müssen, führte er, kaum dass wir losgegangen waren, wieder seinen berühmten Indianertanz auf, sodass wir zu den Toiletten *rennen* mussten. Dort berührte er trotz meiner mahnenden Worte jeden Millimeter der völlig verdreckten und mit Pisse bespritzten Klobrille. Auch ich musste mal, sodass ich mich über die Schüssel hockte, während der Kinderwagen die Tür aufhielt. Anschließend wuschen wir uns die Hände an einem Waschbecken, das genauso verseucht aussah wie die Kloschüssel.

Jude begann zu weinen, weil er Hunger hatte.

Henry rannte Richtung Meer, fiel hin, tat sich an der Hand weh und stimmte in Judes Weinen mit ein.

Als wir es auf unserem tollen Familienausflug endlich bis ans Meer geschafft hatten, saß ich im Sand und fütterte Jude, während mir Henry eine Panikattacke nach der anderen bescherte, indem er schrie: »Ich vergrabe Hundekacke!« (Wie er mir später gestand, hatte er bloß so getan als ob. Aber irgendwas stimmt doch nicht mit einem Kind, das lieber imaginäre Hundekacke als imaginäre Schätze vergräbt, oder?)

Wir gingen vor zum Wasser, während ich Jude auf dem Arm hatte und Henrys Hand hielt. Das war schön. Also ich meine, *richtig* schön. Ich atmete Luft, die es in meinem Wohnzimmer nicht gab und genoss den Moment. Ich klopfte mir innerlich auf die Schulter, dieses Abenteuer gewagt zu haben. Vielleicht habe ich es sogar auf Instagram verewigt, unter #beachlifewithmybestones oder so…

Bald hatte Jude wieder die Windel voll. Ich wechselte sie etwas ungelenk im Kofferraum, und dann war es an der Zeit, wieder nach Hause zu fahren. Natürlich wollte Henry nicht heim, also hockte ich mich vor ihn und erklärte ihm ruhig und vernünftig, warum wir aufbrechen mussten. (Zusätzlich habe ich ihn mit einem Schokoei bestochen.)

Bei beiden dieser Gelegenheiten (und unzähligen anderen, die ich hier nicht aufgeführt habe) war es tatsächlich eine größere Herausforderung, zwei Kinder dabeizuhaben.

Dabei fühlte ich mich mit einem eigentlich schon genug herausgefordert.

Aber wie heißt es so schön? Wer A sagt…

Junge oder Mädchen? (Was man sich nicht wünschen darf...)

Seit ich Mutter bin, habe ich so einiges gedacht und gesagt, wofür ich mich später schuldig fühlte. Dinge, die ich mir heute nur ungern eingestehe. Aber das meiste war nicht ernst gemeint, sondern ist mir einfach so rausgerutscht, vor lauter Frust über eine weitere nächtliche Stillrunde oder den nächsten Kleinkind-Tobsuchtsanfall. Jeder von uns sagt im Eifer des Gefechts Sachen, die er eigentlich nicht so meint – und ich habe viel über meine Söhne gesagt, was ich nicht so meinte. Immerhin aber nicht *direkt* zu ihnen (außer man zählt die Flüche mit, die ich ihnen an den Kopf warf, als sie noch Babys waren und nichts davon mitbekamen), sondern eher zu James oder zur Zimmerdecke, die ich zähneknirschend anstarrte. Oft waren es Wutausbrüche, die weniger etwas mit den Kindern selbst zu tun haben, sondern eher damit, dass ich völlig erschöpft und voller Babykotze rumsaß und nicht den rechten Enthusiasmus dafür aufbringen konnte, »die zweite Brust anzubieten.«

Nach einer besonders anstrengenden Nacht mit Jude (der damals erst wenige Monate alt war) wachte ich einmal gegen fünf Uhr früh auf, weil Henry mit einer pitschnassen Schlafanzughose bei uns im Bett lag. Er hatte seine ganze Matratze vollgepinkelt und war dann in unser Bett gekrabbelt.

Ich fühle mich schrecklich, wenn ich daran zurückdenke, Henry hatte das schließlich nicht absichtlich gemacht. Aber ich bin damals wie von der Tarantel gestochen aufgesprungen, habe die Decke zurückgeschlagen und dabei Jude geweckt (der ohnehin fast die halbe Nacht wach gewesen war), dessen Bettchen noch in unserem Schlafzimmer stand. Als ich dann noch begriff, dass Samstag, also *Wochenende* war, flippte ich innerlich komplett aus. Ich schaffte es zwar noch, Henry in den Arm zu nehmen, ihn zu duschen und ihm zu sagen, dass es überhaupt nicht schlimm sei, dass sein Bett (und mittlerweile auch unseres) nass war. (Für solche Momente habe ich ein wunderschönes Julia-Roberts-Lächeln abgespeichert, das ich bei Bedarf automatisch abrufen kann.) Ich schaffte es auch noch, mit ihm nach unten zu gehen, einen Zeichentrickfilm einzulegen und ihn zu fragen, ob er eine Reiswaffel haben wollte, während James vergeblich versuchte, den brüllenden Jude wieder zum Schlafen zu bringen. Aber ich war völlig am Ende mit den Nerven. Nachdem ich wieder ins Schlafzimmer zurückgekehrt und laut die

Tür zugeknallt hatte, zog ich das Bett ab und überschrie das Babygebrüll mit den Worten: »Ich wünschte, wir hätten niemals Kinder bekommen. Das war ein Fehler, *ein Riesenfehler! Schönen Samstag zusammen!*« Später weinte ich vor Scham, weil ich mir natürlich nicht *wirklich* gewünscht hatte, keine Kinder zu haben. Ich hatte einfach nur in einem nicht vollgepinkelten Bett liegen und am Wochenende ausnahmsweise einmal länger als bis fünf Uhr schlafen wollen.

Mir ist vollkommen klar, dass solche Wutausbrüche irrational sind. Dass sie auch wieder vorbeigehen und nicht meine wahren Gefühle wiedergeben. *Ich hab das alles nicht so gemeint* und versuche, deswegen kein allzu schlechtes Gewissen zu haben. Aber ein anderer Vorfall war eben nicht einer spontanen Situation geschuldet und hat mich noch lange beschäftigt. Ich bin zwar nicht gerade stolz darauf, möchte ihn an dieser Stelle aber trotzdem erwähnen, weil ich versprochen habe, absolut aufrichtig zu sein.

Als ich in der zwanzigsten Lebenswoche meines zweiten Kindes zur Feindiagnostik musste, lag ich mit eingegeltem Bauch da und war nervös und ängstlich, dass irgendetwas nicht in Ordnung sein könnte. Was, wenn Baby Nummer zwei nicht gesund wäre? Wir hatten bereits ein gesundes Kind zu Hause, Hurrikan-Henry. Nun kam es doch nur darauf an, dass mit dem Geschwisterchen ebenfalls alles in bester Ordnung war? Das wünschte ich mir sehr. Aber ich wünschte mir noch etwas anderes, etwas viel Unwichtigeres, was mich aber vor dieser Ultraschalluntersuchung intensiv beschäftigt hatte.

Ich wünschte mir ein Mädchen. Ich *wollte* ein Mädchen.

Und als der Ultraschall begann, stand sehr schnell fest, dass dieser Wunsch nicht in Erfüllung gehen würde. Diesmal musste gar nicht erst lange zwischen den Beinen des Babys herumgesucht werden: Bald war auf dem Bildschirm eine Großaufnahme des Gemächts zu sehen. Wir wurden mit einem weiteren Sohn gesegnet, und alles war in bester Ordnung. Wir waren überglücklich.

Trotzdem heulte ich.

Nicht sofort. Erst mal war ich erleichtert, dass das Kind gesund war, und ich lachte, weil sich sein Pimmel so in den Vordergrund gedrängt hatte. Noch so ein Racker wie Henry. Wie schön, dass er einen kleinen Bruder bekam!

Aber vor dem Krankenhaus brach ich in Tränen aus. Tränen, denen nachmittags noch viele weitere folgen sollten, und auch später noch, als ich längst im Bett lag. Ich war wahnsinnig enttäuscht darüber, dass wir noch einen Jungen bekamen. Gleichzeitig fühlte ich mich schrecklich – schließlich war es absolut lächerlich, ja, extrem egoistisch von mir, darüber enttäuscht zu sein. Ich war so was von wütend auf mich, auf meine blöde Reaktion. Wie bescheuert! Ich hatte im Vorfeld immer über die Leute gestaunt, die so lange Kinder bekommen, bis es endlich mit dem ersehnten Sohn bzw. der ersehnten Tochter klappt. Leute, die man in Fernsehdokus sieht wie »Fünfundzwanzig Söhne und immer noch kein Ende in Sicht« oder so ähnlich. (Ich schaue mir so was ehrlich gesagt ganz gerne an.) Nie hätte ich gedacht, dass man mit dem Geschlecht seines Kindes dermaßen hadern kann. Wie kann man über so etwas *Unwichtiges* auch nur nachdenken?

Ich hatte mir nicht eingestehen wollen, dass ich mir sehnlichst ein Mädchen wünschte. Es zählte doch nur, dass wir alle gesund waren? Trotzdem hatte ich so einen seltsamen Druck auf der Brust, der kein Schwangerschafts-Sodbrennen war. Verzweifelt bemühte ich mich, vernünftig zu sein. (Wir können von Glück sagen, überhaupt Kinder bekommen zu können, er ist *gesund,* wir sollten feiern, reiß dich zusammen, dumme Kuh!) Ich wollte, dass das sofort aufhörte. Aber man kann seine Gefühle nun mal nicht so leicht abstellen.

Nun, heute bin ich stolze Mutter zweier Söhne. Obwohl es ein Klischee ist zu behaupten, ich könne mir gar nichts anderes mehr vorstellen, entspricht das wirklich der Wahrheit. Wenn Jude mich glucksend anstrahlt, während ich mehr schlecht als recht »Die Räder vom Bus« singe, bekomme ich immer noch ein schlechtes Gewissen wegen der Tränen, die ich damals vergossen habe. (Es wurden leider noch einige mehr, als ich erfuhr, dass meine beste Freundin ein Mädchen erwartete ... ja, ich weiß, ich habe mich absolut dämlich aufgeführt.) Heute bin ich so glücklich mit meinen beiden Jungs, dass ich meine anfängliche Enttäuschung leicht leugnen und sie mit einem verlegenen Lachen abtun könnte. Ich könnte den Blogeintrag über jene Ultraschalluntersuchung einfach löschen. Aber jetzt, wo ich mehr als ein Jahr Zeit hatte, darüber nachzudenken, habe ich meinen Frieden damit gemacht. So verrückt es klingt, aber mein jetziges Ich versteht mein damaliges Ich inzwischen besser, als es damals der Fall war. (Immerhin war ich damals auch total aufgedunsen, und meine Hormone spielten dermaßen verrückt, dass ich ohnehin kaum einen klaren Gedanken fassen konnte.)

Wie ich heute weiß, war die Enttäuschung darüber, dass das zweite Kind wieder ein Junge war, keine wirkliche Enttäuschung über einen weiteren Jungen. Ich hatte bereits zwei Jahre mit meinem wunderbaren Henry verbracht, und obwohl ich mich mit der Mutterrolle manchmal schwertat, war ich sehr stolz auf unsere Beziehung. Die Vorstellung, zwei Söhne zu haben, war schon sehr beeindruckend. Ich sage sehr gerne »meine Jungs« (was sogar James mit einschließt, wenn er brav ist).

Aber damals überfiel mich einfach nur eine Wahnsinnstraurigkeit, weil ich nie eine Tochter haben würde. Da ich mit einer Schwester aufgewachsen bin, hatte ich immer von Töchtern geträumt, von gemeinsamen Wellnessurlauben, Shoppingtrips und Gesprächen über Männer. Bestimmt hat auch der frühe Tod meiner Mutter – sie starb, als ich fünfzehn Jahre alt war – den Wunsch nach einer Tochter in mir geweckt. Ich wollte gern weitergeben, was ich selbst erlebt hatte: zusammen einen total überflüssigen Sport-BH in Größe 65AA kaufen, der trotzdem unverzichtbar ist, weil man sich in der Sportumkleide auf keinen Fall ohne BH blicken lassen kann. Lauthals in der Küche zu »I Wanna Be The Only One« von Eternal feat. BeBe Winans mitsingen und die Zeile »protect you from the rain« nachspielen, indem man wie wild mit den Fingern wackelt. Zu Weihnachten eine riesige Lidschattenpalette verschenken, auch wenn man weiß, dass die Tochter anschließend wie eine Dragqueen rumlaufen wird. Obwohl ich nie ein richtiges *Mädchen*-Mädchen war, habe ich all das geliebt – erst recht, als mir klar wurde, wie schwer krank meine Mutter ist. Ich glaube, diese typischen Mutter-Tochter-Gespräche über die erste Regel oder darüber, dass man nicht an seinen Pickeln herumdrücken soll, waren mir vor allem deshalb so wichtig, weil ich ahnte, dass es sie schon bald nicht mehr geben würde. Mein Vater hat wirklich Unglaubliches geleistet (und tut es nach wie vor). Er war immer für mich da, und ich bin sehr froh, dass ich ihn habe. Trotzdem war es unglaublich traurig, dass ich wichtige Phasen meines Lebens, wie mich in James zu verlieben, zu heiraten und Mutter zu werden, nicht mit meiner Mutter teilen konnte. Für meine Tochter wollte ich länger da sein, wollte sie zum Thema Verhütung beraten und ihr Brautkleid mit aussuchen. Ich hatte das schon so verinnerlicht, dass ich mir über die Alternative nie Gedanken gemacht hatte. Eine Alternative, die zwar kein bisschen weniger toll ist, mich aber dazu zwang, mich von all diesen Träumen zu verabschieden.

Mir war klar, dass wir keines dieser Paare sind, die es einfach weiter versuchen: Wir haben uns zwei Kinder gewünscht und haben sie bekommen, dafür können wir dankbar sein. Deshalb musste ich mich damals von einer Fantasie verabschieden, die ich viele Jahre lang genährt hatte. Ich hoffe sehr, dass meine Jungs mir dieses Geständnis nicht übel nehmen und mich eines Tages verstehen werden. Denn der Satz: »Ich hätte gern ein Mädchen gehabt« bedeutet noch lange nicht: »Ich will keinen Jungen.« Mein Vater hat oft gewitzelt, dass er gern einen Sohn gehabt hätte. Meinem Selbstwertgefühl als Zweitgeborene hat das aber nicht im Geringsten geschadet. Stattdessen habe ich mich mit meiner Schwester darüber lustig gemacht, ihm unter die Nase gerieben, dass er in der Minderheit ist. Wir haben immer gewusst, dass er uns bedingungslos liebt, so wie ich meine Jungs liebe. Auch wenn sie dafür gesorgt haben, dass inzwischen ich in der Minderheit bin!

Es wird immer mal wieder vorkommen, dass ich denke, wie schön es jetzt wäre, eine Tochter zu haben. Zum Beispiel, wenn ich die vielen hübschen Kleidchen bei H&M sehe, während ich auf dem Weg zu den ewig gleichen Jeans und T-Shirts bin. Wenn ich eigentlich beim Spielzeugkauf keine Geschlechterstereotypen bedienen will (und auch Puppenhäuser und Küchen kaufe), aber trotzdem damit konfrontiert werde, dass meine Jungs eben »Jungs-Spielzeug« bevorzugen. Mein Leben wird von Ninja Turtles und Star Wars beherrscht, und nein, keiner meiner Söhne greift je meinen Vorschlag auf, sich mal nett hinzusetzen und ein Puzzle zu legen. Viel lieber verschanzen sie sich hinterm Sofa und tun so, als würden sie Leute erschießen. Umgekehrt muss ich die Mädchen, die genauso besessen von Popos, Kacke und Fürzen sind wie kleine Jungs, erst noch kennenlernen. Nicht ein Mal habe ich erlebt, dass meine Nichte oder eine der Töchter meiner Freundinnen geschrien hätten: »Pupspups, pengpeng, Kackahose auf den Kopf!«, während sie kopfüber am Klettergerüst hingen. Insgeheim muss ich darüber lachen, und obwohl ich gegen Rollenklischees bin, freue ich mich über die Bemerkungen Fremder, dass ich »zwei richtige kleine Jungs« habe (die ich natürlich für ihre Pups-Kackahose-Schreierei ordentlich ausschimpfe).

Jungs und Mädchen *sind* nun mal sehr verschieden, und natürlich hätte ich es toll gefunden, einen Jungen und ein Mädchen zu haben: Das wäre sozusagen der Sechser im Lotto gewesen. Trotzdem ist es absoluter Blödsinn zu sagen, dass ich »zweimal dasselbe« habe, denn kein Kind ist wie das andere. Das Geschlecht ist auch schon die größte Ähnlichkeit zwischen meinen Söhnen, die von ihrem Charakter her nicht unterschiedlicher sein könnten. Wir haben kein bisschen »zweimal dasselbe«!

Inzwischen ist es bereits ein Jahr her, dass ich über diese Ultraschalluntersuchung in der zwanzigsten Woche gebloggt habe, und ich staune, dass ich nach wie vor Reaktionen darauf bekomme: von der Mutter, die davon träumte, einen Stall voll Jungs zu haben und drei Töchter bekam. Von der Mutter, die einfach »wusste«, dass sie ein Mädchen bekommen würde und dann schwer enttäuscht war, als sie den Pimmel sah. Von der Mutter, die einen Jungen und ein Mädchen hat und sich schämt, weil sie vor Glück weinte, als das Geschlecht des zweiten Babys feststand. Allen gemeinsam ist, dass sie ihre Gefühle noch nie zuvor irgendjemandem gestanden hatten. Anscheinend ist das Thema ein Riesentabu. Für mich ist es jedenfalls zu spät, ich kann meine Worte nicht mehr zurücknehmen.

Ich schäme mich nach wie vor für meine Reaktion. Ich wünschte, ich hätte damals keine Tränen vergossen. Ich wünschte, ich hätte reagiert wie all die anderen Eltern, denen das Geschlecht ihres Babys völlig egal ist. Heute kommt mir das alles vollkommen belanglos vor, aber damals waren meine Gefühle sehr real. Ich stand unter Schock. Vielleicht ist es ja besser, alles rauszulassen, statt es aufzustauen? Wenn die Leute mahnen: »So was sagt man nicht!«, meinen sie in der Regel meist: »So was denkt man nur!« Aber bloß weil man einen Gedanken für sich behält, ist er nicht weniger real.

Meine Jungs werden mich in Zukunft bestimmt noch oft damit aufziehen, dass ich mir mal Mädchen gewünscht habe. Ich hoffe, sie wissen, dass ich mir vor allem eine Familie gewünscht habe. Und die hab ich auch bekommen. Bestimmt wird es Tage geben, an denen ich Batman-Rollenspiele und unappetitliche Pups-Kacka-Gespräche liebend gern gegen Prinzessinnenpartys und Haare flechten eintauschen würde. (Wäre meine Tochter allerdings auch nur ein klein wenig nach mir gekommen, hätte sie auch lieber Batman gespielt.) Doch wenn ich die Turnschuhe und Kapuzenpullis meiner Jungs einsammle, bin ich vor allem eines: dankbar dafür, dass beide gesund und munter sind. Das Leben mit zwei Söhnen ist schon sehr aufregend, und dabei geht es ja gerade erst los! Ich bin wirklich sehr, sehr glücklich mit meinen Rackern. Wenn sie bloß ein bisschen weniger pupsen würden!

»Als ich mit meinem zweiten Kind schwanger war und meine Tochter fragte, ob sie lieber einen Bruder oder eine Schwester will, sagte sie, dass sie sich einen Frechdachs wünscht. Ich weiß nicht, wo sie das herhatte und was sie sich darunter eigentlich vorstellte, aber wie sich herausstellte, hat sie ihren kleinen Bruder damit schon vor der Geburt ziemlich gut beschrieben.«

Emma

Was beim Zweiten anders ist

»Wir werden beide Kinder absolut gleich behandeln!« –
das schworen wir uns. Wir strichen gerade das Zimmer
unseres zweiten, noch namenlosen Kindes und dachten
über die traurige Tendenz nach, die wir in anderen Familien beobachtet hatten: Um das Erstgeborene machte man
ein Riesentamtam, und das zweite wurde... nun ja, etwas
vernachlässigt.

Aber wir würden das ganz anders aufziehen! Wir würden unseren zweiten Sohnemann genauso verwöhnen wie
den ersten!

Doch ich fürchte, tief in unserem Innern wussten wir
beide schon, dass das gelogen war. Nicht, weil wir es nicht
aufrichtig vorhatten, sondern, weil wir beide selbst Zweitgeborene waren, beide bereits ein Geschwisterchen des-
selben Geschlechts gehabt hatten und daher wussten, was
Zweitgeborene üblicherweise erwartet.

So schlimm war es natürlich auch wieder nicht – wir
haben keine bleibenden Schäden davongetragen. Ich kann
nicht behaupten, dass ich meinen Eltern noch heute böse

bin, weil sie meine Schwester zu den Pfadfindern und zum Ballettunterricht schickten, dies für mich aber überflüssig fanden. Oder weil sich mein Dad nie meinen Geburtstag merken konnte, sondern ihn ständig mit dem meiner großen Schwester verwechselte. Okay, ich gebe es zu, darunter leide ich heute noch. (Das ist natürlich nur Spaß, Daddy. Ich weiß, dass du mich abgöttisch liebst. Sag mal schnell, in welchem Jahr ich geboren wurde!)

Es ist völlig in Ordnung, Zweitgeborene(r) zu sein, aber wir kannten eben die Realität, wir wussten, was es bedeutet, größere Geschwister zu haben, die immer alles zuerst dürfen, deren alte Klamotten man auftragen muss und die ganz selbstverständlich das größere Zimmer bekommen.

Auch Judes Zimmer, das wir an jenem Tag strichen, war gerade mal halb so groß wie Henrys …

Unser kleiner Fötus hatte die Abstellkammer zugewiesen bekommen. Es hatte bereits angefangen.

Ich bin froh, dass wir uns geschworen haben, unsere Kinder gleich zu behandeln (am guten Willen hat es nicht gefehlt, Jude!) Aber damals waren wir doch noch sehr naiv. Wir wussten noch nicht, wie es ist, mit einem Kleinkind *und* einem Baby zusammenzuleben. Es war falsch und naiv von mir, andere Eltern dafür zu verachten, dass sie weniger Tamtam um ihr Zweitgeborenes machen. Ich konnte das bloß noch nicht verstehen.

Heute stehe ich selbst vor der manchmal unlösbaren Aufgabe, das Baby zu betüdeln und gleichzeitig den Anweisungen meines anderen Kindes Folge zu leisten, das vom Sofa springt und schreit: »Du bist jetzt Chewie, Mummy. Mach seine Stimme nach!« (worin ich übrigens ziemlich gut bin). Ich wünschte, ich könnte behaupten, James eine Nachricht geschickt zu haben, als Jude das erste Mal in die Hände klatschte (was ich bei Henry definitiv getan habe). Aber ich muss gestehen, dass ich nicht mal weiß, wann das war. Ich hab es vermutlich verpasst, als ich dabei war, ein Käsebrot zu schmieren oder die Stifte wegzuräumen, die gerade für fünfzehn Sekunden Beschäftigung gesorgt hatten, während ich seufzte: »Könnt ihr bitte ein *bisschen* leiser sein?«

Jude wird nicht genauso behandelt wie Henry, aber wirklich schlimm finde ich das nicht. Zum einen, weil wir bereits Henry nicht übertrieben verwöhnt haben, zum anderen, weil vieles, das wir beim ersten Kind noch gemacht haben, ziemlich überflüssig war. Im Grunde finde ich, dass ich meinen zweiten Sohn deutlich lässiger bemuttere. Ich bin längst nicht mehr so verkrampft und überbesorgt wie damals bei Henry.

Ich würde nicht sagen, dass wir beim Zweitgeborenen *nachlässig* sind – entspannter trifft es eher. Und mit »entspannt« meine ich vor allem unbekümmert.

In den ersten Monaten mit Henry machte uns schon der kleinste Fleck auf seinem Strampler verrückt. Wir analysierten jedes Windelgeräusch und wickelten ihn im Zweifel lieber einmal mehr. Selbst um drei Uhr morgens, wenn er gerade wieder eingedöst war, rissen wir ihn aus dem Schlaf, um seine Windel genau zu untersuchen (anscheinend fanden wir ein brüllendes Baby weniger schlimm als das Risiko eines feuchten Pupses ...?). War sein Strampler auch nur ansatzweise schmutzig, zogen wir ihm einen neuen an. Wir hatten damals eindeutig zu viel Zeit. Oder zu viel Platz in der Waschmaschine!

Bei Jude ignorieren wir Geräusche aus den unteren Körperregionen, bis wir etwas riechen können (und selbst dann kann ich in den frühen Morgenstunden, wenn ich noch todmüde bin, sehr gut Augen und Ohren davor verschließen, ja sogar meine Nase!). Unsere Stramplerregel lautet heute wie folgt: Ist er trocken und überwiegend fleckenlos, bleibt er an. Zugegebenermaßen erreichten wir einen Tiefpunkt, als Jude etwa vier Monate alt war und wir den Fön benutzten, um einen Spuckfleck zu trocknen – während unser Sohn den Strampler noch anhatte, natürlich. Aber immerhin hatten wir auf Kaltluft gestellt, und Babys *mögen* solche Geräusche. Vermutlich war es mal wieder ein schlimmer Tag gewesen, und James wollte die Kinder einfach ohne großes Umziehen und ähnliches Brimborium ins Bett bringen. (Als dauerhafte Alternative zum Waschen kann ich das allerdings nicht empfehlen, nur, damit wir uns hier richtig verstehen!)

Am erstaunlichsten ist jedoch beim zweiten Kind, wie sehr unsere Erziehungsgrundsätze plötzlich aufweichten:

Bei Henry: »Ich will nicht, dass er sich an ungesundes Essen gewöhnt. Das muss nicht sein!«

Bei Jude: »Was hat er denn da am Kinn? Ach so, das ist Soße von deinem Big Mac.«

Bei Henry: »Komm, wir baden ihn noch mal und massieren ihn anschließend mit dem schönen Lavendelöl.«

Bei Jude: »Findest du, dass sein Nacken ein bisschen käsig riecht? Reich mir mal ein Feuchttuch, morgen bade ich ihn dann.«

Bei Henry: »Wir müssen mehr Bücher kaufen, mir gehen die Gutenachtgeschichten aus!«

Bei Jude: »Mist, er ist jetzt ein halbes Jahr alt, und ich hab ihm noch nie was vorgelesen.«

Als frischgebackene Mutter machte ich mir endlos über den Still- bzw. Schlafplan Gedanken. (»Er darf jetzt auf keinen Fall ein Schläfchen machen, es ist halb sechs! Im Babyratgeber steht, dass ein fester Rhythmus das Allerwichtigste ist!«) Manchmal bin ich eine Stunde lang mit Henry auf dem Arm im Wohnzimmer auf und ab getigert, um die Stillpausen auszudehnen, nur damit wir im »Rhythmus« blieben.

Beim zweiten Kind wäre mir das im Traum nicht eingefallen! Als es mir einmal ziemlich schlecht ging, stillte ich Jude, sobald er sich regte. Von wegen Stillpausen ausdehnen! Ich beschloss einfach, ihn in eine Art Milchkoma zu versetzen, da ich gleichzeitig mit meinem Großen »Ponty-pandy in Gefahr« spielen musste. Es kam in diesen ersten Monaten noch öfter vor, dass ich Baby Jude überflüssiger-weise Milchnachschub gab und ihn unvernünftig spät ein Nickerchen machen ließ – nur, um noch den Abwasch er-ledigen oder mir meine Lieblingsserie anschauen zu kön-nen.

Dann war da noch das erste Weihnachten unserer bei-den Kinder: An Henrys erstem Weihnachten haben wir es völlig übertrieben. Wir hatten ihm jede Menge Spielzeug und Kleidung gekauft, in die er »noch reinwachsen« würde, hatten alles für ihn ausgepackt und dabei gesagt: »Wow, ge-fällt dir das, Liebling?«, während er desinteressiert davon-krabbelte, auf der Suche nach einer Kerze, auf der er kauen oder einer Terrassentür, die er ablecken konnte. Jude war an seinem ersten Weihnachten gerade fünfzehn Wochen alt. Und da er noch nicht sitzen konnte und sich nicht mal für Geschenkpapier interessierte, beschlossen wir, ihm nur ein paar Kleinigkeiten zu schenken. Insgeheim hatte ich Angst, ihn zu enttäuschen, andererseits wusste ich natür-lich, dass er keine Geschenkeberge erwartete. Ich hoffe, wir haben das längst wiedergutgemacht.

Solltest du das lesen, Jude, mein Lieber: Wir möchten uns dafür entschuldigen, dass wir dich trotz bester Vor-sätze nicht immer genauso behandeln wie deinen Bruder.

Was nun kommt, ist dir und nur dir gewidmet (und wurde nach einem besonders heftigen Schuldanfall gegen-über meinem Zweitgeborenen geschrieben):

Mein lieber kleiner Zuckerkeks,

ich schreibe an dein älteres Ich, um mich bei dir zu entschuldigen.

Tut mir leid, dass ich wichtige Meilensteine nicht in dein Babyalbum eingetragen habe. Manchmal wünschte ich, gar nicht erst eins gekauft zu haben, da mich die vielen Lücken darin nur daran erinnern, was ich alles versäumt habe (»Meinen ersten Zahn bekam ich am …« Gute Frage. »Als ich aus dem Krankenhaus kam, trug ich …« Keine Ahnung, was du anhattest, wirklich nicht.)

Tut mir leid, dass wir versäumt haben, dich zu filmen. (Natürlich haben wir ein Video, das Henry bei seinen ersten Krabbelversuchen zeigt. Ich sage dazu mit ziemlich schriller Stimme aus dem Off: »Wir schreiben September 2012, und er marschiert los, passt auf eure Töchter auf!«)

Ich habe vergessen, dich bei deinen ersten Krabbelversuchen zu filmen.

Ich habe vergessen, dich beim ersten aufrechten Sitzen und beim ersten In-die-Hände-Klatschen zu filmen.

Und überhaupt, wieso war deine Babyzeit eigentlich so kurz? Es kommt mir so vor, als wären wir mit einem runzeligen Neugeborenen nach Hause gekommen, das schon im nächsten Moment unterwegs war, um alles anzuknabbern, was sich ihm in den Weg stellte. Apropos knabbern, auch dein Zahnwachstum ist in deinem Babyalbum nicht dokumentiert.

Andererseits hoffe ich, dass du später vielleicht gar nicht so dringend wissen willst, wann du dich zum ersten

Mal umgedreht hast, wann du zum ersten Mal am Meer warst oder welches Breichen* du am liebsten mochtest. Falls du mich doch danach fragst, werde ich mich vermutlich ratlos am Kopf kratzen und nur raten können. Tut mir leid!

Ich hoffe, diese Dinge spielen für dich keine große Rolle. Denn es stimmt, dass ich bei dir längst nicht so aufmerksam war. Es stimmt, dass ich längst nicht so viele Babyfotos von dir auf Facebook gepostet habe wie von Henry (ganz einfach, weil es deutlich weniger gibt). Es stimmt auch, dass ich nur verwirrt dreinschaue, wenn mir Leute Fragen stellen, auf die ich eigentlich eine Antwort haben müsste.

Aber ich liebe dich trotzdem genauso sehr wie Henry. Ich liebe dich, weil du ganz anders bist als er. Du bist etwas ganz Besonderes, und ich liebe dich abgöttisch.

Ich hoffe, du vergisst das nie, und auch wenn es so aussieht, als würde dein Bruder ständig bevorzugt, bist du mir genauso wichtig wie er. Aber als du noch ein Baby warst, war er drei Jahre alt und brauchte viel Zeit und Zuwendung. Er ist wild herumgehüpft und hat laut geschrien. Er wollte wissen, warum das überfahrene Tier auf der Straße sterben musste, und er musste in den unmöglichsten Momenten aufs Klo. Ich hatte einfach nicht die Möglichkeit, mit dir zur Babymassage zu gehen,

---

* Apropos Breichen – für deinen Bruder habe ich den Brei natürlich selbst gemacht, während du dich mit gekauften Gläschen zufriedengeben musstest. Auch das tut mir schrecklich leid.

deine kleinen eingeölten Beine kreisen zu lassen und dir dabei was vorzusingen.

In deinem ersten Lebensjahr haben wir ehrlich gesagt nur sehr wenig Zeit zu zweit verbracht. Aber du kommst auch noch dran, mein kleiner Knubbel. Henry wird dieses Jahr eingeschult, und dann werde ich viel mehr Zeit ganz allein für dich haben.

Zweitgeborener sein heißt nicht Zweitbester sein. Sondern nur, dass du einer von zweien bist. Und deine Mama hat schnell gemerkt, dass es nicht ganz einfach ist, für beide das Beste zu tun.

Ich werde dich immer lieben, mein Pfläumchen!
Mama

PS: Zweitgeborene sind die Allerbesten! Aber das musst du deinem Bruder nicht unbedingt verraten …

Immer derselbe Trott

»Den ganzen Tag zu Hause zu bleiben ist in der Regel *keine* gute Idee.«

Vollzeitmütter, ich bewundere euch!

»Nett, wenn man sich das leisten kann«, hab ich mal über Vollzeitmütter gesagt. »Ich würde auch gern den ganzen Tag zu Hause sitzen.« Wie schön es doch sein muss, kein Montagmorgengefühl zu kennen und nur ein paar Verabredungen mit anderen Müttern, Spielplatzbesuche und Treffen in kinderfreundlichen Cafés planen zu müssen. Beneidenswert!

Ich nehme alles zurück.

Ich hatte ja keine Ahnung! Wenn Sie selbst Vollzeitmutter sind – Respekt! Ich bewundere Sie aus tiefstem Herzen! Sie haben eindeutig mehr Anerkennung verdient! Und eine Entschuldigung von Idioten wie mir, die früher mal glaubten, Sie hätten es richtig gut. Wie gesagt, *ich hatte keine Ahnung.*

Jetzt weiß ich dafür umso mehr. Wie ich schnell herausgefunden habe, ist es alles andere als paradiesisch, den ganzen Tag zu Hause zu hocken und sich um kleine Menschen zu kümmern. Es ist kein bisschen so, wie ich mir das vorgestellt habe. Es ist *nicht im Geringsten* paradiesisch, sondern hochgradig stressig und fordernd – etwas, worauf ich *null* vorbereitet war.

Ich kenne mehrere Mütter, die fast ein Jahr in Elternzeit waren. Ich habe nicht mal mit zwei Kindern ein Jahr vollbekommen. Beim zweiten Kind bin ich sogar freiwillig schon nach fünf statt erst nach sechs Monaten an meinen Arbeitsplatz zurückgekehrt. Ich hab's einfach nicht gepackt, fand es unerträglich, Tag für Tag (Woche für Woche, Monat für Monat) zu Hause zu hocken.

Immer wieder hörte ich die Frage: »Was soll denn daran so schlimm sein?«, und das ist eine sehr gute Frage. Ich will sie auch gern beantworten, selbst wenn ich gar nicht weiß, wo ich anfangen soll.

Natürlich bin ich in der Lage, einen Haushalt zu führen. Deshalb hab ich es auch für so einfach gehalten, zu Hause zu bleiben. Denn einzeln betrachtet, ist es durchaus machbar, die Hausarbeit zu erledigen, ein schreiendes Baby zu beruhigen oder kurz einkaufen zu gehen. Manchmal habe ich das sogar ganz gut hinbekommen.

Aber wenn alles zusammenkommt und man noch dazu ständig von nicht erwachsenen Menschen umgeben ist, ist das ein Psychostress, der mit dem in der Arbeit nicht zu vergleichen ist.

Es ist dieses Quengeln, dieses verdammte Quengeln! Stundenlang nichts als Gejammer und Gequengel, das höchstens von Heul- oder Kreischattacken unterbrochen wird.

Es sind die ständigen Unterbrechungen, die es einem unmöglich machen, auch nur eine Sache halbwegs zu Ende zu bringen. Manchmal möchte ich einfach nur die Wäsche von vorvorgestern aufhängen (die schon so muffelt, dass ich sie eigentlich noch mal waschen müsste) oder schnell eine Scheibe Toast essen, bevor eines der Kinder behauptet »zu verhungern«. Dann muss ich ihm sein zweites Frühstück servieren, während ich gerade mal ein Stück Brotrinde runtergeschlungen habe. Wenn ich mit angeschlagenen Köpfen zu kämpfen habe (»Meine Güte, wie oft muss ich euch noch sagen, dass ihr das Sofa nicht als Trampolin benutzen sollt!«) oder mit lautstarkem Protest, sobald es Jacken/Mäntel/Schuhe anzuziehen gilt, merke ich, dass der *einzige* Lichtblick dieses Tages sein könnte, dass wenigstens eines der Kinder ein Schläfchen hält.

Und es ist diese Monotonie! Ich weiß, dass man als Mutter niemals sagen darf, wie langweilig man es findet, Mutter zu sein. Aber manchmal finde ich es langweilig, Mutter zu sein. Das heißt nicht, dass ich meine Kinder langweilig finde – ganz und gar nicht, sie faszinieren und amüsieren mich Tag für Tag aufs Neue. Aber das ewige Einerlei aus Kinder-ins-Bett-Bringen und Hausarbeit, aus der x-ten Folge von »Feuerwehrmann Sam« und dem siebzehnten Spielplatzbesuch der Woche, ist wirklich alles andere als spannend. Ich wünschte, ich würde das anders empfinden, aber so ist es leider nicht.

Vollzeitmütter müssten einen Orden für ihre Langmut

bekommen! Natürlich reißt jedem mal der Geduldsfaden, wenn man zum Beispiel im Stau steht, mit der Telefongesellschaft telefoniert, versucht, ein Möbelstück zusammenzubauen oder es mit irgendeinem Idioten zu tun hat. Aber noch nie bin ich dermaßen ungeduldig gewesen wie in der Zeit, als ich den ganzen Tag mit den Kindern zu Hause saß. Folgende Momente stellten meine Geduld auf eine besonders harte Probe:

- Ein tobender Henry, der schreit: »Ich will aber!«, bzw. »Ich will aber nicht!« Wer dieses Spiel noch nie mit einem Dreijährigen gespielt hat – hier sind die Regeln: Man bittet sein Kind um etwas (zum Beispiel darum, noch mal aufs Klo zu gehen, bevor man das Haus verlässt), doch es weigert sich (»Ich will aber nicht.«). Es folgt eine Ermahnung, und irgendwann muss es sich zur Strafe in die Ecke stellen, wo es »Ich will, ich will, ich will!« schreit, bis Sie es wieder abholen und Richtung Klo dirigieren. Wo es sich nicht mehr an die letzten zehn Minuten erinnern kann und schreit: »Ich will aber nicht!«

- Noch ein Tobsuchtsanfall, nur weil ich nicht mit ihm in einen *ganz bestimmten* Laden gehen will. In der Regel irgendein völlig uninteressantes Geschäft wie der Optiker.

- Ein heulender Jude, der einen Joghurt will und noch lauter heult, als der Becher vor ihm steht, weil er *keinen*

Joghurt will. Schuld ist natürlich der Joghurt. Was für ein unsensibler Joghurt, blöder Joghurt!

- Wie oben, nur dass es diesmal um Kekse geht, nicht um Joghurt.

- Ein extra langsam laufender Henry: nicht, weil seine kleinen Beine müde sind, sondern weil ich den Fehler begangen habe, ihm zu sagen, dass wir dringend heim-müssen, um seinen Bruder zu füttern. Der von mir vor-geschlagene Wettlauf wird abgelehnt (Henry ist schließ-lich nicht blöd), woraufhin ich zische: »Los jetzt, beeil dich, und das sage ich dir kein zweites Mal!« Um es dann doch ein zweites Mal zu sagen.

- Zahnende Kinder. Keine weiteren Ausführungen nötig.

- Zwei Kinder, die im Auto vierzig Minuten lang so laut quengeln, dass sie noch den in Endlosschleife laufenden Disney-Song übertönen. Eine geduldige Mutter würde daraus schließen, dass die beiden übermüdet sind und laut mitsingen, um sie abzulenken, anstatt leise zu flu-chen.

Eine Zeit lang habe ich mir eingeredet, dass ich die Monate zu Hause mehr genossen hätte, wenn ich nicht so scharf darauf gewesen wäre, in meinen Job zurückzukehren und Karriere zu machen. Ich glaube, ich habe sogar ein-, zweimal so etwas gesagt wie: »Zu schade, dass ich nicht länger zu Hause bleiben kann, aber ich muss leider wieder arbeiten.« Obwohl ich es kein bisschen schade fand! Wieder zu arbeiten war die einfachere Lösung – im Vergleich zu einem Tag zu Hause fühlt sich noch der stressigste Arbeitstag an wie ein Sonntagsspaziergang. Manchmal sogar wie Urlaub!

Ich habe über meinen Blog mit unzähligen Müttern kommuniziert, die mir das bestätigt haben, und zwar gleich aus mehreren Gründen. Ganz einfach weil man in der Arbeit...

- ... einen Tee trinken kann, ohne schreien zu müssen: »Pass auf den heißen Tee auf, pass auf den heißen Tee auf!«, weil ein kleiner Mensch der Tasse gefährlich nahe kommt.

- ... richtig Mittagspause machen kann: Man bekommt doch tatsächlich was zu essen, ohne dass es einem gleich wieder abgeluchst wird oder jemand draufniest. Man muss sich auch nicht hinter der Kühlschranktür verstecken und so tun, als würde man nach einem Joghurt suchen, während man sich heimlich mit After Eight vollstopft.

- ... weder aufs Klo verfolgt noch dort beobachtet wird.

- ... Kleidung tragen kann, die nicht vollgekotzt ist. Na gut, manchmal *ist* sie vollgekotzt, doch Mütter haben für diesen Fall immer etwas parat – die Kombination Babyfeuchttuch und Febreze ist wirklich unschlagbar! Neulich trug ich zu einer Besprechung doch glatt eine edle Bluse und eine Halskette, für die ich sogar ein Kompliment bekam. (Zu Hause kann ich keine Kette tragen, weil sonst mein Baby mit seinen forschen Händchen versucht, mich zu erwürgen.)

- … nicht befürchten muss, dass jemand über einen drübersteigt (außer Sie möchten das gern, was selbstverständlich nur Sie etwas angeht). Man hat dort auch nicht das Bedürfnis, sich auf die unterste Treppenstufe zu setzen, sich die Ohren zuzuhalten und zu schreien: »Es reicht! Mama braucht gerade dringend eine Auszeit!«

- … ganz normale Erwachsenengespräche über Promi-Tanzshows, Diäten und Affären führen kann.

- … in der Mittags- oder Kaffeepause einen kurzen Spaziergang machen kann. Allein. Ohne Wickeltaschen.

Zugegeben, diese Vorteile gelten nicht für jeden Beruf: Lehrer, Tagesmütter und Erzieher müssen sich beispielsweise nach wie vor mit schreienden Blagen abmühen. Und nicht jeder hat die Zeit, bei der Arbeit einen Kaffee oder Tee zu genießen. Trotzdem habe ich jede Menge Mails von Eltern mit echt stressigen Jobs bekommen (auch von

Schichtarbeitern!), die bestätigen, dass sich ihr Arbeitstag fast wie Urlaub anfühlt, wenn man ihn mit einem Tag zu Hause bei den Kindern vergleicht.

Ganz so einseitig ist es allerdings auch wieder nicht. Zu Hause zu bleiben hat Vorteile, die häufig unterschätzt werden: Man muss keinen Small Talk mit unsympathischen Leuten machen, kann essen, was und wann man will, ohne böse von Kollegen angeschaut zu werden, die gerade auf der 5:2-Diät sind, und man kann sich Doku-Soaps im Fernsehen ansehen. Abgesehen davon, dass es natürlich ein Privileg ist, viel Zeit mit den lieben Kleinen verbringen zu dürfen: dabei zu sein, wenn sie zum ersten Mal laufen oder sprechen zum Beispiel. Obwohl ich es kaum erwarten konnte, wieder zu arbeiten, war mir gegen Ende meines Mutterschaftsurlaubs sehr wohl bewusst, wie sehr ich meine beiden Kinder vermissen, wie sehr mein Herz schmerzen würde.

Ich habe jedoch gelernt, den Herzschmerz zu akzeptieren, denn würde ich endgültig aufhören zu arbeiten, würde ich noch ganz andere Schmerzen verspüren. Außerdem habe ich am eigenen Leib erlebt, dass die Alternative für mich nicht infrage kommt: Ich habe weder die Geduld noch das Durchhaltevermögen, jeden Tag von früh bis spät allein mit den Kindern zu Hause zu hocken.

Insofern meine ich es ernst, wenn ich sage: Vollzeitmütter, ich bewundere euch!

»Ich bin Krankenschwester und habe Zwölf-Stun-den-Schichten auf der Intensivstation, wo ständig irgendein Alarm losgeht, geistig verwirrte Patienten umherirren oder Leute Durchfall haben. Trotzdem fühlt es sich an wie ein Jahresurlaub, wenn ich es mit den Tagen vergleiche, die ich mit meinen vierzehn Monate alten Zwillingen zu Hause verbringe.«

Janine

Murphys Gesetz für Eltern

Hier habe ich ein paar typische Situationen aufgelistet, in die Sie als Eltern zwangsläufig irgendwann geraten werden:

Man läuft zufällig jemandem über den Weg, den man schon ewig nicht mehr gesehen hat – natürlich an einem Tag, an dem man einfach nur scheiße aussieht und die rotzverschmierten Kinder unablässig nölen (»Ja, das sind meine…«).

Murphys Gesetz besagt, dass man Exfreunde (oder Exfreundinnen) immer dann trifft, wenn man ganz besonders schlimm, um nicht zu sagen wie ausgekotzt, daherkommt.

Das ist besonders schmerzhaft, wenn man die betreffende Person schon gekannt hat, bevor man Kinder hatte, da sie dann noch weiß, wie man mit gezupften Augenbrauen und figurbetonter Kleidung aussah. Sollte diese Zufallsbegegnung im Supermarkt stattfinden, wird Ihr erster Reflex sein, sich hinter den Salatköpfen zu verstecken. Nur leider können Sie den Einkaufswagen, in dem Ihre Kinder sitzen, schlecht im Gang stehen lassen. Also werden Sie der Person höflich zunicken und sagen: »Hallo, wie geht's?« »Danke, alles bestens, und bei dir?«, wobei Sie am liebsten im Erdboden versinken würden.

Wenn Sie sich ausnahmsweise mal Mühe gegeben, sprich, sich in eine Röhrenjeans gezwängt und getönte Tagescreme und Lippenstift aufgetragen haben, kommt es natürlich nie zu solchen Zufallsbegegnungen.

Der Reißverschluss des Schlafsacks/des Schneeanzugs/ des Sonnendecks am Kinderwagen klemmt, während Ihr Kind gerade einen Tobsuchtsanfall hat.

Reißverschlüsse gehen niemals kaputt und bleiben auch nie stecken, wenn das Kind gute Laune hat, sondern nur, wenn für das Kleine gerade die Welt untergeht und/oder man es extrem eilig hat. Tja, versuchen Sie mal, einen Reißverschluss zu reparieren, der unter dem Kinn eines schreienden, um sich tretenden Babys stecken geblieben ist, und dabei *nicht* zu schreien: »Du Scheißklump, ich werde mich beim Hersteller beschweren!« (Sie kommen ohnehin nicht dazu).

Ihre Kinder schlafen aus – aber natürlich nur an den Tagen, an denen Sie früh rausmüssen.

Samstagmorgens sind die Kinder um vier Uhr früh wach, springen auf dem Bett herum und schreien »Platz da!«, oder »Mama, meine Nase läuft!«

Aber wenn der Wecker am Donnerstag um sechs Uhr klingelt, weil man die Kinder zur Tagesmutter bringen muss, liegen sie im Schlafkoma. Was soll das, bitte schön?

Natürlich wacht auch das eigentlich längst durchschlafende Kind ausgerechnet in der Nacht, in der das Baby zum ersten Mal durchschläft, zwei Mal auf. Auch so ein Gesetz.

Nickerchen finden immer zur falschen Zeit statt.

Sie machen gerade eine längere Autofahrt und hoffen, dass das Kind einschläft, damit Sie in Ruhe Radio hören können. Leider quengelt es die ganze Zeit – bis Sie in Ihre Einfahrt abbiegen. Es bleibt Ihnen dann nichts anderes übrig, als im Auto sitzen zu bleiben, wenigstens die Stille zu genießen und zu denken: Schon wieder so ein Mittagsschlaf zur falschen Zeit! Hätte es noch ein paar Minuten durchgehalten und wäre in seinem verdammten Bett eingeschlafen, könnte ich wenigstens die Wäsche aufhängen. Liegt das Baby tatsächlich mal schlafend in seinem Bett, wird es bestimmt vom Klingeln des Telefons geweckt oder weil irgendjemand an der Tür klingelt, nachdem Sie sich gerade gemütlich aufs Sofa gesetzt haben. Die halbe Verwandtschaft steht draußen. »Nein, wir haben eigentlich nichts vor«, sagen Sie dann und trauern Ihrem heiligen Moment der Ruhe hinterher.

Murphys Gesetz schlägt auch immer dann zu, wenn man mit kleinen Kindern wichtige Veranstaltungen oder feierliche Anlässe besucht. Als mir meine beste Freundin neulich via WhatsApp von den zwei Hochzeiten und der Beerdigung erzählte, auf denen sie mit ihrem Baby gewesen war, schrieb sie: »Sie hat es doch tatsächlich geschafft, so lange tief zu schlafen, bis die Braut/der Sarg kam. Ganz so, als wüsste sie, wann es spannend wird.« Kinder *wissen* es einfach.

Das Kind macht in den ungünstigsten Momenten in die Windel oder muss aufs Klo.

Mit einem Wickelkind werden Sie sich sehr oft beim Fluchen ertappen – zum Beispiel, wenn Sie schon wieder eine neue Windel rausholen müssen, weil die vor zehn Minuten neu angelegte gerade vollgekackt wurde. (Babys scheinen nichts lieber zu tun, als in frische Windeln zu kacken.) Schon allein deswegen müssen Sie vor Verlassen des Hauses jedes Mal einen Zeitpuffer von mindestens vierzig Minuten einkalkulieren. Haben Sie es dann endlich geschafft, mit den Kleinen angeschnallt im Auto zu sitzen, wird das Baby mit Sicherheit einen weiteren Haufen in die Windel setzen. Oder sich übergeben. Sie schalten in den Verdrängungsmodus um und fahren trotzdem zum Einkaufen.

Andere ungünstige Klomomente sind im Restaurant, wenn gerade das Essen serviert wurde, beim Arzt, wenn man aufgerufen wird oder generell immer, wenn man ausnahmsweise die Feuchttücher vergessen hat. Ich weiß, ich weiß, das darf nicht sein (selbst ohne Kinder habe ich immer Feuchttücher dabei). Aber einmal ist es mir eben doch passiert. Und Klopapier allein reicht bei einer ordentlichen Stinkbombe nicht aus, glauben Sie mir!

Die Kinder werden ausgerechnet dann krank, wenn man endlich mal wieder ausgehen will.
Die Freude auf den lang ersehnten Ausgehabend wird bereits im Keim erstickt, wenn die Kinder anfangen zu kotzen, bevor Sie auch nur die Chance hatten, ihre Frisur mithilfe von Trockenshampoo auf Vordermann zu bringen.

Dasselbe Los wird Sie ereilen, wenn Sie es geschafft haben, einen Babysitter zu organisieren, damit Sie mal wieder als Paar einen Kurztrip machen können. Wetten?

Junggesellinnenabschiede, Geburtstagsfeiern und andere tolle Partys finden immer dann statt, wenn man gerade im achten Monat schwanger ist.
Was tun? Bleiben Sie zu Hause auf dem Sofa, trinken Früchtetee und schauen fern, werden Sie das Gefühl haben, etwas ganz Tolles zu verpassen. Gehen Sie stattdessen hin, werden Sie sich fett und verschwitzt fühlen und dazu noch stocknüchtern sein. Es gewinnen nur die anderen, denn schließlich können Sie alle Gäste nach Hause fahren.

Sollten Sie nicht schwanger sein und es wagen, einen Gin Tonic (oder zwei oder drei oder vier?) zu trinken, werden Ihre Kinder bestimmt mehrmals in dieser Nacht aufwachen. Wie, Sie haben schon seit acht Monaten so gut wie nicht mehr geschlafen? Warten Sie erst mal ab, wie müde Sie nach einem Ausgehabend sein werden! Wie schon gesagt, Kinder *wissen* es einfach!

Aber das größte und ätzendste Gesetz ist Folgendes:

Ihre Kinder benehmen sich bei anderen vorbildlich.
Vielleicht ist das gar nicht Murphys Gesetz, sondern eher Glück im Unglück: Natürlich ist es toll, wenn sich Ihr Kind gut benimmt, gutes Betragen sollte immer gewürdigt werden. Blöd nur, wenn Ihr Kind sein gutes Benehmen ausschließlich für andere Leute reserviert. Die Eltern dürfen sich um die Tobsuchtsanfälle und den sonstigen Scheiß kümmern (und zwar nicht nur im übertragenen Sinne).

»Er war so ein braver Junge, ein absoluter Traum!«, sagten mir die Bekannten, die auf Henry aufgepasst hatten.

»Wie bitte?« Ich glaubte, mich verhört zu haben.

Soso, ein absoluter Traum.

Und vorher? Als er sich weigerte, im Kinderwagen sitzen zu bleiben, sein Fläschchen auf die Straße warf, den Kopf auf die Tischplatte schlug, weil ihm seine Sandwiches nicht schmeckten? Als er kein Schläfchen machen wollte, aber dann stundenlang heulte, weil er so übermüdet war? Als er nicht wollte, dass ich ihm die Windeln wechsle und um sich getreten und laut geschrien hat, als würde ich ihn foltern? (Wo ich doch nur versucht hatte, die Scheiße aufzuwischen, die er beim Strampeln überall verteilte ...)

»Das hat er bei uns alles nicht gemacht.«

»Okay«, sagte ich. Na toll! Es musste dann wohl an mir

liegen, bestimmt merkt Henry, was ich für eine schlechte Mutter bin und nutzt meine Inkompetenz voll aus. Nur bei mir führt er sich so auf, weil er weiß, wie unfähig ich bin.

Aber einige Jahre (und ein Baby) später habe ich gelernt, dass das bei den meisten Kindern so ist: Die Eltern kriegen einfach immer die Breitseite ab. Das weiß ich aus den vielen unterhaltsamen Anekdoten, die mir andere Eltern geschickt haben. Zum Beispiel erzählte mir ein Vater, dass seine Frau und er irgendwann fest davon überzeugt waren, ihr Sohn führe Krieg gegen sie: Die Großeltern schworen Stein und Bein, wie brav er sei, die Tagesmutter bezeichnete ihn als pflegeleicht. Nur zu Hause gebärdete er sich wie die Kleinkindversion eines jugendlichen Straftäters.

Ich musste sehr über den Kleinkind-Straftäter lachen, aber ich konnte auch die Fassungslosigkeit darüber nachvollziehen, dass ein und derselbe Junge so ein Teufel und so ein Engel sein kann (Letzteres natürlich nur bei anderen Leuten).

In solchen Momenten sollten wir am besten einfach nur dankbar sein, dass sich unsere Kinder offenbar auch gut benehmen können. Wenn meine Jungs »ein absoluter Traum« sind, heißt das, dass andere bereitwillig auf sie aufpassen. Das ist nicht nur großartig, sondern auch äußerst praktisch.

Trotzdem muss ich zugeben, dass ich mir manchmal fast wünsche, meine Kinder würden sich auch mal bei anderen danebenbenehmen. Manchmal sehne ich mich förmlich danach, dass jemand sagt: »Meine Güte, waren die aber heute anstrengend!«, damit ich »Da siehst du mal!« sagen und ihre Schilderungen genießen kann.

Ganz einfach deshalb, weil ich mich nach Anerkennung für meine verdammt harte Arbeit als Mutter sehne.

Habe ich eigentlich schon erwähnt, wie verdammt hart die ist? ☺

Hauptsache raus hier!

Wenn ich an meine schlimmsten Tage als Mutter zurück-denke – an Tage, an denen ich mich völlig hilflos gefühlt habe vor lauter Frust und Langeweile (und anschließend Schuldgefühle hatte, weil ich mich völlig hilflos gefühlt habe vor lauter Frust und Langeweile) –, kann ich defini-tiv ein Muster erkennen.

Ich habe über ein Jahr gebraucht, um festzustellen, dass ich an solchen Tagen, an Tagen, von denen ich jede ein-zelne Minute gehasst habe, überwiegend zu Hause war.

Als frischgebackene Mutter beging ich immer wie-der den Fehler, mir einzubilden, ein Tag im heimischen Wohnzimmer wäre das Einfachste. Schon bei Baby Henry, als ich nur ein Kind ins Auto verfrachten und wieder raus-heben musste, saß ich regelmäßig dem Irrglauben auf, dass es weniger anstrengend ist, daheim rumzuhängen. Es ist tatsächlich nicht einfach, mit kleinen Kindern aus dem Haus zu kommen: Man kündigt den Besuch bei der Freundin so gegen elf an, doch dann ist es plötzlich halb eins, und das Kind braucht gleich sein Mittagessen. Und danach muss es dringend sein Schläfchen halten, man braucht also gar nicht mehr aufzubrechen ...

Es gab Zeiten, da habe ich in meinem erschöpften, psychisch labilen Zustand außerdem geglaubt, dass es zu Hause sicherer ist.

Nicht so riskant.

Dort bekommt niemand die Trotzanfälle mit, und es kann auch nicht passieren, dass das Baby bei Starbucks wildfremde Leute vollkotzt. (Ja, auch das ist mir mal passiert.) Kein Spießrutenlaufen, wenn man versucht, ein Kind, das sich steif macht wie ein Brett, in den Buggy zu verfrachten und es peinlicherweise mit Schokolade besticht, während man am liebsten laut schreien würde: »Ich weiß, dass er schon seit einer halben Stunde quengelt und keine Belohnung verdient hat. Aber wie soll ich das hier bitte schön sonst schaffen?« (um dann in Tränen auszubrechen). Wenn man sich außer Haus wagt, kann all das passieren. Also sollte man es lieber erst gar nicht riskieren, oder?

Nein. Das halte ich für falsch.

Ich bin nämlich zu folgendem Schluss gelangt: Den ganzen Tag zu Hause bleiben ist in der Regel *keine* gute Idee.

Wenn ich die vielen Tage, die ich zu Hause verbracht habe, mit denen vergleiche, die ich draußen unterwegs war, waren letztere eindeutig angenehmer. Trotz der Herausforderung, das Haus zu verlassen (bergeweise Zeug einzupacken, Nervenzusammenbrüche zu riskieren und sich Sorgen ums Wetter zu machen), ist nichts psychisch *dermaßen* belastend, wie mit kleinen Kindern zu Hause eingesperrt zu sein.

Man stellt es sich ja zu Hause immer so gemütlich vor: kuscheln, basteln ... Aber in der Realität sind diese Tage ziemlich scheiße. Normalerweise hetze ich mich damit ab, riesige Wäscheberge zu sortieren, während ich das Baby überwache (»Nein, nicht das Ladegerät! Nimm das sofort aus dem Mund!«), mich fürs Popoabputzen bereithalte und zum x-ten Mal Wasser aufsetze.

Und wenn ich mich dann endlich mit einem lauwarmen Getränk hinsetze, beginnt garantiert jemand zu brüllen.

Ein Tag zu Hause ist einfach soooooooo laaaaaaaang!

Jede Minute fühlt sich wie eine Stunde an, wenn man versucht, ein ernsthaftes Gespräch zu führen (zum Beispiel über die Gummibärchen, die man gerade hinter der Heizung entdeckt hat), während im Hintergrund das Baby-Lernspielzeug blinkt und tutet.

Und es gibt kaum etwas Schlimmeres als Basteln. Anschließend pappt nämlich überall Kleber und Glitter, und man kocht vor Wut, weil das Kind fünf Farben und fünf Pinsel wollte, aber jetzt, wo alles aufgebaut und angerührt ist, unbedingt den Leuchtmarker ausprobieren möchte (*Ihren* Leuchtmarker, wohlgemerkt).

Normalerweise bin ich schon ziemlich entnervt, bevor das Frühstücksfernsehen auch nur begonnen hat. Egal, das kann ich ohnehin vergessen, weil Henry dann jammert, dass er *seine* Sendung schauen will und die Kinder von der Glotze nicht mehr wegkommen. Also bleibt der Fernseher aus.

Manchmal beginne ich schon um 11.15 Uhr mit der Zubereitung des Mittagessens, denn nach dem Mittagessen beginnt offiziell der Nachmittag. Ich weiß, das entbehrt jeder Logik, weil ich so nur den Nachmittag verlängere. Aber »nach dem Mittagessen« klingt einfach mehr nach: »Gleich kommt James nach Hause, und ich bin gerettet.« Mehr nach: »Nicht mehr lange bis zum Schlafanzug anziehen, Fläschchen geben, Geschichte vorlesen, schlafen.« Ich habe jedes Mal ein schlechtes Gewissen, wenn ich die Zeit beschleunigen will, obwohl ich doch jeden einzelnen Moment genießen sollte. (Da sind sie wieder, die mütterlichen Schuldgefühle!) Aber wenn man immer dieselben vier Wände anstarrt, ist man leider ziemlich auf die Uhr und die Zeit, die einfach nicht vergehen will, fixiert.

An den Tagen, an denen ich James' Frage: »Na, wie war dein Tag, Schatz?« mit: »Scheiße, ich hasse es, zu Hause zu sein. Ich hasse Mutterschaftsurlaub. Ich hasse jede einzelne Minute davon!« beantwortet habe, war ich mit Sicherheit von früh bis spät daheim. Sagte ich stattdessen: »Eigentlich ganz gut!«, hatte ich mit den Jungs in der Regel irgendwas unternommen und war *draußen* gewesen.

Und »draußen« kann wirklich alles Mögliche bedeuten – Hauptsache, nicht zu Hause! Ich rede hier nicht nur von Stadtbüchereien, Krabbelgruppen und Spieleverabredungen bei anderen Leuten, auch wenn all das sehr nett sein kann. Sondern zum Beispiel auch von Gartenmärkten und Einkaufszentren. Von dem Spaß, den man beim Bestaunen von Kleintieren und beim Rumrennen zwischen Heckenpflanzen haben kann. Wir haben schon wunderbare Ausflüge zu den unmöglichsten Orten gemacht, und das meine ich jetzt kein bisschen ironisch. Henry fragte mich beispielsweise, ob wir nicht mal wieder in den »Orangen-Laden« gehen können. Erst wusste ich nicht, was er damit meinte.

»Na, der Orangen-Laden mit den Spielhütten!«, erklärte er mir.

Die »Spielhütten« waren eigentlich Gartenhäuser. Henry redete vom Baumarkt, der ein orangefarbenes Logo hat.

Also gehen wir manchmal zum Baumarkt. Nicht am Wochenende, um einen neuen Bohraufsatz oder mattweiße Wandfarbe zu kaufen, sondern unter der Woche, nur um etwas zu unternehmen. (»Sollen wir zum Baumarkt gehen, Henry?« – »Ja, juhuuuu!«) Dann schauen wir uns die Gartenhäuser an (und manchmal gibt es sogar richtige Spielhütten!), ich schiebe Jude im Einkaufswagen herum, und wir winken Leuten zu, die Bohraufsätze und mattweiße Wandfarbe kaufen … Ja, ich weiß, es klingt ein bisschen seltsam, dass wir so auf den Baumarkt abfahren, aber er ist eine hervorragende Möglichkeit, die Zeit totzuschlagen. Hat man geparkt, sich ausgiebig umgeschaut und die Elektrokamine bewundert, sind im Nu anderthalb Stunden vergangen, ohne dass jemand gebrüllt hätte.

Und genau dafür sind solche Ausflüge da: Sie unterteilen den Tag in einzelne, gut zu bewältigende Abschnitte. Selbst ein Ausflug zum Zahnarzt sorgt für Abwechslung. Wohin wir gehen, was wir genau machen, spielt eigentlich keine Rolle: Alles ist besser als drinbleiben, wo ich nur immer gereizter werde und es kaum erwarten kann, bis James nach Hause kommt.

Es geht um den dringend nötigen Tapetenwechsel – für die Kinder, aber vor allem für mich. Darum, einen Grund zu haben, den Bademantel auszuziehen, in dem ich sonst den ganzen Tag vor mich hin gebrodelt hätte.

Es gibt Zeiten, da kommt mir ein gemütlicher Tag zu Hause höchst verführerisch vor. Aber wenn ich mich sagen höre: »Heute bleiben wir einfach den ganzen Tag daheim, okay, Jungs?«, schrillen bei mir sofort sämtliche Alarmglocken, und ich weiß: »Gar keine gute Idee, Mama! Sofort umdisponieren!« Wenn nicht gerade einer von uns richtig schlimm krank ist, sorge ich dafür, dass wir wenigstens einmal am Tag vor die Tür kommen.

Manchmal gehen wir sogar an ein und demselben Tag ins Gartencenter *und* in den Baumarkt!

Das sind die Tage, an denen es mir blendend geht.

(Ja, auch ich hätte nie gedacht, dass es so toll ist, Meerschweinchen und Baumaterialien zu betrachten – aber es *ist* toll, glauben Sie mir!)

»Niemand erzählt einem, wie viele beschissene Tage
es gibt. Ich würde sagen, das Verhältnis ist sechzig zu
vierzig zugunsten der beschissenen Tage.«

Jae

Warum Kleinkinder so anstrengend sind

Als Henry noch ganz klein war, lag er in seiner Baby-wippe, starrte mich fragend an und schien etwas verstört ob unserer einseitigen Kommunikation. Vielleicht lang-weilte er sich auch nur, weil ich schon zum zehnten Mal Verstecken mit ihm spielte, und er sich dachte: »Oh Gott, nicht schon wieder dieses blöde ›Na, wo ist die Mama?‹-Spiel. Ja, sie versteckt sich hinter dem Spucktuch, was für eine Überraschung!«

Außer singen, klatschen und Abzählreime aufsagen kann man mit Babys einfach nicht so sehr viel *machen*. Ich sehnte mich danach, dass Henry endlich alt genug sein würde für »Unterhaltungen« und richtige Spiele.

Diese Phase beginnt eigentlich erst jetzt, wo er in den Kindergarten geht (bzw. demnächst eingeschult wird, huch!). Darüber freue ich mich sehr, denn die Kleinkind-phase kann zwar ebenfalls Spaß machen, ist aber manch-mal doch sehr anstrengend, weil man auch mit Kleinkin-dern nun mal noch nicht wirklich *spielen* kann.

Jetzt, wo Jude zu einem richtigen Kleinkind heran-wächst (gebt auf eure kleinen Mädchen Acht!), weiß ich schon von Henry, was mich da erwartet und kann mich entsprechend seelisch darauf vorbereiten.

Sollten Sie diese Phase noch vor sich haben, können Sie sich schon mal auf folgende Spielchen freuen:

Verstecken

Setzen Sie Ihr bestes Pokerface auf. Ihr Kleinkind wird Ih-nen nämlich verraten, wo es sich verstecken wird. »Mama, ich krabble unter den Tisch!« Noch lustiger wird es, wenn Sie Ihr Kind, nachdem Sie bis zehn gezählt haben, deutlich sichtbar auf dem Sofa vorfinden, nur dass sich sein Kopf unter einem Kissen befindet. Dabei kichert und/oder pupst es vor lauter Aufregung, während Sie immer und immer wieder rufen: »Ja, wo steckst du denn bloß?« (Dies bitte mit Ihrer Mama-Säusel-Stimme – ja, genau, mit der! Falls Sie sie noch nicht beherrschen: einfach eine Oktave höher sprechen.)

Eine Weile mag das ja ganz witzig sein, aber spätestens, wenn Sie das Wohnzimmer zum sechsundsiebzigsten Mal nach dem deutlich sicht- und manchmal auch riechba-ren Menschlein absuchen, wird es nervig. Sie können aber noch versuchen, einen kleinen Vorteil für sich herauszu-schlagen: Fordern Sie Ihren Nachwuchs dazu auf, sich in einem anderen Zimmer oder im oberen Stockwerk zu ver-stecken. Dann zählen Sie nicht nur bis zehn, sondern bis dreißig oder fünfzig und rufen anschließend: »Hm, in der

Küche ist er nicht!«, oder »Hier im Schrank ist er auch nicht!«, während Sie ein wenig auf Facebook surfen. An guten Tagen lassen sich damit an die zehn Minuten herausschinden, in denen man auch mal die Wäsche sortieren oder ein KitKat essen kann. An ganz besonders großartigen Tagen versteckt sich Ihr Kleinkind an einem bequemen Ort und schläft dort ein, bevor Sie es »finden«.

Fußball

»Mama, ich bin Liverpool, und du bist Chelsea.« Fantastisch, endlich ein richtiges Spiel! Ein Tor wird aufgebaut und das Baby in der Babywippe verstaut, um es aus der Gefahrenzone zu bringen. Anschließend nimmt man Position ein, um einen Schuss zu »halten«, der nicht einmal ansatzweise in die Nähe des Tores kommen wird … und Ihr Kleinkind bricht in Tränen aus.

»Nicht den Ball festhalten, Mama! Mama, der Ball soll da rein!!!« Ihre Erklärung der Grundregeln des Fußballspiels stößt auf taube Ohren, bis Sie genervt aufgeben und Ihr Kind mehr oder weniger dazu beglückwünschen, dass es Tore in einem Tor ohne Torwart erzielt, und das aus einer Entfernung von nur wenigen Zentimetern. Inzwischen haben wir allerdings dramatische Fortschritte gemacht: Ich darf mittlerweile so tun, als würde ich *versuchen,* Henrys Bälle zu halten. (Aber natürlich werde ich mich hüten, tatsächlich ein Tor zu verhindern.)

»Die Eiskönigin – Völlig unverfroren«

Nachdem der »unverfrorene« Disney-Knaller aus dem Jahr 2013 und sein allumfassendes Merchandising an kaum einem Haushalt spurlos vorbeigegangen sein dürfte, wird sicher auch Ihr Kind diesen Film »nachspielen« wollen. Ich fand die Aussicht darauf eigentlich ziemlich beglückend, denn spannender als dieses lachhafte »Fußball« würde es allemal sein … oder?

»Du bist Anna, Mama. Und ich bin Elsa. Ich stell mich hinter diese Tür.«

Prima! Die erste Szene des zweiten Akts begann …

Ich: (beginne vor der Tür zu singen): »Willst du einen Schneemann bauen …«

Henry: »Au ja!«

Gute Güte. Wir hatten den Film gefühlte hundert Mal gesehen, wie konnte es sein, dass Henry ihn immer noch nicht kapiert hatte? Abends erzählte ich James davon, doch der lachte sich bloß kaputt über meine Verzweiflung, dass unser Sohn offensichtlich zu dumm für eine Disney-Geschichte war. So stand ich also mit meinem Ehemann in der Küche und ertappte mich dabei, laut zu schimpfen: »Sie will *auf gar keinen Fall* einen Schneemann bauen, *darum geht es doch gerade*!«

So tief war ich schon gesunken.

Basteln

Auf Pinterest findet man jede Menge Ideen. Es kann so gemütlich sein, etwas zusammen zu zeichnen, zu malen, zu kleben – vor allem, wenn es draußen regnet. Sie dürfen nur keinesfalls mit einem Plan an die Sache herangehen, denn nie – nie! – wird am Ende einer Bastelaktion das entstanden sein, was Sie sich eigentlich vorgestellt hatten. Man muss sich unglaublich beherrschen, nicht dauernd zu sagen: »Nein, so geht das nicht!«

Einmal habe ich jede Menge Material angeschafft, um Schafe zu basteln (aus Pfeifenreinigern, Watte, Glitzerpappe und Kulleraugen). Ich ging wahnsinnig motiviert an die Sache heran. Doch natürlich steckte sich Henry die Pfeifenreiniger in die Nase, klebte sich die Watte an die Finger und die Kulleraugen an den Stuhl, während ich ein paar flauschige Schäflein zusammenbastelte und mit der Signatur »Henry, 2 Jahre« versah.

(Natürlich werde ich für Jude auch ein paar Schäfchen basteln und »Jude, 2 Jahre« draufschreiben – alles andere wäre höchst ungerecht.)

Autos

»Ich hasse es, mit Autos zu spielen! Also versuche ich, das Spiel für mich wenigstens ein bisschen interessant zu gestalten: ›Schau nur, das Auto fährt in die Küche. Oh, es ist in den Schrank zu den Keksen gefahren!‹«

Dani

Dieses Spiel ist nicht besonders kompliziert. Und leider auch sehr langweilig. Man setzt sich auf den Boden und »fährt« mit einem Spielzeugauto herum, immer dem Spielzeugauto des Kindes hinterher. Manchmal entwickelt sich sogar ein richtiges Rennen, und es wird erwartet, dass man Motorgeräusche macht.

Es gibt nur eine Regel, nämlich, dass man das schlechtere Auto bekommt. Und noch eine, die da lautet: Gewinnen wird immer das Kind.

Henry hat neulich beschlossen, das Spiel etwas spannender zu gestalten: Ich musste ihn früher aus dem Kindergarten abholen, weil er das Rad eines dieser winzigen Spielzeugautos verschluckt hatte (und nein, ich weiß nicht, ob es hinten wieder rausgekommen ist). Nachdem ich ihm erklärt hatte, dass man keine Spielzeugautoräder verschluckt, tröstete er mich damit, dass er das Rad nicht absichtlich in die Nähe seines Mundes gebracht hatte. »Es ist einfach reingeflogen, Mama!«

Aber natürlich, mein kleiner Pinocchio!

Aber Spiele sind ja nicht alles, wenn man ein Kleinkind hat. *Sie sind erst der Anfang!* Es gibt noch viel mehr, worauf Sie sich freuen können... Hier eine Auflistung der Gründe, warum Kleinkinder wirklich anstrengend sind:

Sie lassen sich nicht mehr an der Nase herumführen

Wenn man ihnen auf dem Spielplatz droht: »Los, komm, wir müssen gehen! Na gut, dann gehe ich eben ohne dich – tschühüs!«, sehen sie einen bloß mit diesem Blick an, der besagt, »Ja, ist klar, Mama«, um dann gemächlich zur Rutsche zurückzuschlendern. Woraufhin einem nichts anderes übrig bleibt, als das Tor zum Spielplatz wieder zu öffnen und unter großem Geschrei die Hochheb- und Mitschleif-Technik anzuwenden. Natürlich unter den kritischen Blicken aller Anwesenden.

Sie verstehen alles, was man sagt, erzählen aber nur die peinlichen Dinge weiter

Wenn man sie bittet, das Alphabet aufzusagen oder bis zehn zu zählen, stellen sie sich taub. Aber wenn man aus Versehen flucht, weil man sich über irgendeinen idiotischen Autofahrer ärgert, hören Sie bei der nächsten unpassenden Gelegenheit garantiert: »Verfickte Scheiße, Mann!« Und zwar laut.

Sie werfen sich auf den Boden. In aller Öffentlichkeit.

Normalerweise folgt dieses Verhalten auf die oben beschriebene Auseinandersetzung auf dem Spielplatz: ein Trick, mit dem die Kinder Ihnen immer überlegen sind, denn *ihnen* ist es schließlich egal, was andere Leute denken. Sie machen sich steif wie ein Brett und weigern sich, aufzustehen, sodass Sie sie aufheben und an der Kapuze aus dem Supermarkt tragen müssen. (Vorsicht: Manche

Kapuzen sind abknöpfbar! Das musste ich erfahren, als ich einmal versuchte, den kreischenden Henry vor einem Trödelladen hochzuheben, nachdem ich mich geweigert hatte, ihm eine nackte Barbie mit verschnittenem Pony zu kaufen.)

Sie verweigern das Essen.
Sie geben Ihrem Kind noch eine *letzte* Chance, aufzuessen, bevor das Essen im Müll landet.

Es will nicht.

Das Essen landet im Müll.

Es will doch.

(Sie stehen kurz davor, sich ein angelutschtes Grissini ins Auge zu rammen).

Sie verraten Ihre Erziehungskompromisse.
Auf die Frage: »Na, was hast du heute so gemacht?«, lassen sie sämtliche pädagogisch wertvollen Aktivitäten, die Sie im Laufe des Tages angeboten haben, unter den Tisch fallen und sagen stattdessen: »Fernsehen geguckt«, »Chips gegessen« oder »Fernsehen geguckt *und* Chips gegessen!«

Sie müssen zu den unmöglichsten Zeiten aufs Klo.
Egal, ob sie noch Windeln tragen oder auf der Toilette
Hilfe brauchen – die Stinkbombe sparen sie sich für Besuche bei Freunden und Bekannten auf. Oder für den Supermarkt, in dem es keine Kundentoilette gibt.

Sie sind die perfekten Erpresser.
Wie bereits erwähnt, kann ich mein Kleinkind oft nur mit
Keksen zum Kooperieren bringen. »Niemals einen Tobsuchtsanfall belohnen!«, heißt es so schön. Dem stimmen wir natürlich *prinzipiell* alle zu. Aber nach null Stunden Schlaf und anstrengenden Einkäufen flüstere ich vor
einem drohenden Tobsuchtsanfall im Bus schon mal:
»Wenn du aufhörst zu quengeln, bekommst du einen
Keks.«

Sie weinen vor Erschöpfung …
… aber schlafen werden sie deswegen noch lange nicht!
Mehr gibt es zu diesem Thema nicht zu sagen. (Hilfreicher Tipp: Denken Sie immer daran, dass das *Ihr* Fehler
ist!)

Trotz allem sehen sie so süß aus, wenn sie schlafen oder
einen knuddeln, dass man ihnen all das umgehend verzeiht. Sie mögen zwar anstrengende Kleinkinder sein, aber
es sind *Ihre* anstrengenden Kleinkinder!

»Auf der Hochzeit meines Bruders sagte jemand bei uns am Tisch: ›Scheiß drauf!‹, was unser anderthalbjähriger Sohn sofort wiederholte. Auf dem Hochzeitsvideo ist laut und deutlich zu hören, wie wir versucht haben, ihn daran zu hindern, immer wieder ›Scheiß drauf!‹ zu sagen, indem wir ihn ermutigten, stattdessen etwas anderes von sich zu geben.

›Wie macht die Kuh?‹

›Scheiß drauf!‹

›Wie macht der Hund?‹

›Scheiß drauf!‹

Offenbar hatte der ganze Bauernhof einen schlechten Tag erwischt...«

Mark

Was Mütter rasend macht

Nicht nur das Verhalten meiner Kinder macht mich oft wütend. Ich werde generell schneller wütend, seit ich Kinder habe. Die Sicherung brennt mir deutlich häufiger durch, und manchmal sehe ich einfach nur noch rot. Gespräche mit anderen Müttern – sowohl unter vier Augen als auch online – haben mir gezeigt, dass ich damit nicht alleine bin.

Den speziellen Mutter-Zorn erkennt man vor allem daran, dass das Ausmaß der Wut in keinerlei Verhältnis zum Auslöser steht. Folgende Gründe kann es für einen Ausraster geben:

Missbrauch von Eltern-Kind-Parkplätzen
Wir alle haben schon miterlebt, wie irgendwelche rücksichtslosen Idioten mal eben schnell auf einen dieser Parkplätze fahren, ohne ein Baby an Bord zu haben – oder bestenfalls eines, das bereits *sechzehn* ist. Ja, ich brülle euch an, wenn ich auf einen normalen Parkplatz ausweichen muss. Nicht, weil ich faul wäre, sondern weil es auf einem normalen Parkplatz so gut wie unmöglich ist, den Audi

nebendran *nicht* zu verkratzen, wenn ich die Babyschale
raushole und das Kleinkind mit gezücktem Laserschwert
aussteigt. Arschlöcher!

Die viel zu kurze Akkulebensdauer des iPad

Spiele wie »Angry Birds« oder »Lego Juniors« bieten mir
oft die einzige Möglichkeit, noch irgendetwas geregelt
zu kriegen. Die Anzeige »5% Restladung« bedeutet, dass
mein fünfzehnminütiges Kinderbeaufsichtigungs-Sabba-
tical, in dem ich normalerweise das Klo putze oder die
bereits sechs Wochen alte Bettwäsche wechsle, flachfällt.
Verflucht noch mal, nicht schon wieder!

Ignorante Passanten

Ich habe einen Kinderwagen. Wenn Sie also im Schne-
ckentempo zu viert nebeneinander durch die Fußgänger-
zone flanieren und dann abrupt vor irgendeinem Schau-
fenster stehen bleiben, um bauchfreie Tops zu bewundern,
dürfen Sie sich nicht wundern, wenn ich Ihnen das Ding
in die Hacken ramme.

Die Kinder anderer Leute

Vor allem auf dem Spielplatz. Oh Gott, der Spielplatz!
Wenn *mein* Kind Spielzeug nicht hergeben will, schreit,
quengelt oder ununterbrochen kreischt, ist das wirklich
nervig. Legt aber ein fremdes Kind dasselbe Verhalten an
den Tag, ist das schier unerträglich. Ich ertappe mich oft
dabei, wütend über das Klettergerüst ein Kind anzustar-

ren und ihm mentale Botschaften zu schicken wie: »Mein Sohn will jetzt auch mal. Hör auf, die Rutsche zu blockieren, indem du von unten daran hochkletterst! Mir doch egal, dass du erst zwei Jahre alt bist!« (Der Mutter des besagten Kindes nicke ich verständnisvoll zu.)

Ehemänner

Neben der Toilette hängt eine leere Klopapierrolle, im Schlafzimmer liegen überall Socken herum, und auf der Anrichte in der Küche stehen leere Tetrapaks und Milchflaschen, die darauf warten, dass eine gute Fee kommt und sie zur Recylingtonne trägt. Nein, danke.

Mangelnde Rücksichtnahme von kinderlosen Freunden

Ja, ich sollte auch weiterhin wie ein normales Mitglied dieser Gesellschaft funktionieren können. Und ja, ich möchte euch auch noch gerne sehen. Aber wenn ihr per SMS anfragt, ob ich in einer halben Stunde in der Stadt sein kann, kann ich nur in hysterisches Lachweinen ausbrechen und mir dabei ein bisschen in die Hose machen. In einer *halben Stunde?* Jetzt, wo ich Kinder habe, kann ich froh sein, wenn ich weniger als einen *halben Tag* brauche, um das Haus zu verlassen!

Ungebetene Ratschläge von Wildfremden

Für mich persönlich nicht so ein großer Aufreger, aber ich habe schon viele Mütter gesehen, die ziemlich aggressiv auf solche Ratschläge reagieren. (»*Nein*, sie hat *keinen* Hunger, sie ist *gerade erst* gestillt worden!«, und »Ja, hier *hat* jemand schlechte Laune. Deshalb brüllt er ja auch wie am Spieß!«) In den allermeisten Fällen sind es ältere Leute, die ungebeten ihren Senf dazugeben. Eigentlich wären solche Szenen der ideale Stoff für eine Komödie!

Perfekte Latte-macchiato-Mütter

Direkt wütend machen sie mich nicht – es ist pure Eifersucht, ganz einfach. Ja, ich bin neidisch auf Mütter, die Zeit, Geld und Kraft für Pediküre, Augenbrauen zupfen und Personal Trainer haben. Mütter, die nie dasselbe wie am Vortag anhaben. Mütter, die nie Trockenshampoo benutzen, um noch einen Tag länger ohne Haarwäsche auszukommen. Mütter in hippen Outfits, die sie irgendwann einmal sogar *anprobiert* haben. Mütter, deren Wohnungen ein Einrichtungskonzept haben und je nach Jahreszeit liebevoll dekoriert sind. (Bunt zusammengewürfelte Kissen? Super, hab ich auch: Meine Kinder stellen sie täglich neu zusammen!) Eifersucht ist ein hässliches Gefühl, ich weiß. Ich muss diese schlechte Eigenschaft unbedingt ablegen. Das nehme ich mir gleich für nächstes Jahr vor (man weiß ja, wie es mit guten Vorsätzen meistens endet ...).

Der schöne Schein
sozialer Medien

Soziale Medien sind eine einzige Lüge.

Der totale Mist.

Das Allerletzte.

Das ist natürlich nicht mein Ernst, denn ohne soziale Medien gäbe es meinen Blog nicht, ohne den ich wiederum nie den Vertrag für dieses Buch bekommen hätte. So gesehen gibt es vieles, das ich an sozialen Medien toll finde, und so traurig das auch klingt: Ohne sie wäre ich quasi nicht mehr lebensfähig. Sollte ich also jemals Mark Zuckerberg begegnen, werde ich ihm um den Hals fallen und ihn gründlich abknutschen!

Mein Problem mit sozialen Medien ist eher, wie wir damit *umgehen*, welche Nachrichten wir darüber verbreiten.

Ich habe mich knapp zwei Jahre lang gefragt, wie andere Eltern das bloß alles so lässig hinkriegen. Wie sie es schaffen, ständig so zu strahlen – ebenso ihre Kinder. Was zum Teufel ist ihr Geheimnis? Erst als mein Postfach irgendwann überquoll vor Nachrichten von anderen

Eltern, dämmerte mir, dass meine Einschätzung der Lage hauptsächlich von den sozialen Medien geprägt war.

Selber schuld, kann man da nur sagen, aber diesen Fehler begeht man sehr schnell – vor allem wenn man müde, labil und fest davon überzeugt ist, dass mit den eigenen Kindern irgendwas nicht stimmt, weil sie partout nicht schlafen wollen, obwohl man ihnen Babywippen gekauft und sie mit Lavendelöl massiert hat.

Das Problem an Facebook & Co. ist, dass die Freunde, mit denen man dort vernetzt ist, nicht unbedingt enge Freunde sind. Oft sind es Leute, die man nicht besonders gut kennt (oder *nicht mehr* gut kennt): ehemalige Schulkameraden, Arbeitskollegen, Cousinen zweiten Grades und irgendeine Frau, mit der man sich mal bei einem Junggesellinnenabschied betrunken hat.

Ich liebe es, andere auf Facebook zu stalken. Ich kann Stunden damit verbringen, die Wohnungen und Schwangerschaftsoutfits alter Schulfreundinnen anzusehen, die schon immer hipper waren als ich (peinlich – wenn meine Facebook-Freunde dieses Buch lesen, wissen sie jetzt, dass ich all ihre Ferienalben durchgesehen habe). Trotzdem ändert das nichts daran, dass ich sie nicht wirklich *kenne*. Ich weiß vielleicht, welches Auto sie fahren und wie ihre Kinder heißen. Ich weiß vielleicht, wie viel sie mit ihrer jüngsten Diät abgenommen haben und wie ihr Ferienhaus im Center Parc ausgesehen hat. Manchmal erfahre ich auch Dinge, die ich nie wissen wollte, zum Beispiel, was für ein Arschloch ihr Ex war, der sie von vorn bis hinten betrogen hat. Aber wenn ich ausschließlich ihr Facebook-Profil kenne, kann ich nicht beurteilen, ob sie sich von der Trennung von dem betrügerischen Arschloch wirklich erholt haben, ob sie zufrieden mit ihrem Leben sind und wie sie mit ihrer Mutterrolle zurechtkommen.

Wenn ich reflektiert darüber nachdenke, ist mir das alles sonnenklar. Aber an Tagen, an denen ich das Gefühl habe, als Mutter komplett zu versagen, ist es alles andere als hilfreich, die Facebook-Chronik von Freunden anzuschauen, die vor Glück nur so sprühen. Oder Instagram-Nachrichten, wo alle immer nur strahlen und #denmomentgenießen. Ich habe mich sogar schon dabei ertappt, Mütter, die ich noch nie getroffen habe, sondern denen ich nur über ihre Tweets und Blogs folge, um ihr glückliches Leben zu beneiden.

Glaubt man den sozialen Medien, genießen es alle, Eltern zu sein – nur man selbst nicht. Diese wunderschönen Fotos von Kindern am Strand, diese kuscheligen Selfies auf dem Sofa, die tollen Restaurantbesuche, das verliebte Strahlen von Mama und Papa #forever, das ganze zur Schau gestellte Familienglück haben jede Menge Likes und begeisterte Kommentare verdient. Das sind alles sehr schöne Momente, insofern ist es nur natürlich, dass wir sie mit aller Welt teilen wollen.

Doch jedes Bild, das unser Doppelkinn betont, löschen wir. Jeden Schnappschuss, auf dem unsere Kinder wie kleine Monster aussehen, ebenso. Fast jeder teilt ausschließlich positive Nachrichten, Berichte von guten

Freunden und guten Zeiten. Und diese guten Zeiten sehen noch viel besser aus, wenn wir den Valencia-Filter von Instagram benutzen. Dieser Filter ist wirklich magisch, meist gefalle ich mir ausgezeichnet, wenn ich in Valencia-Licht getaucht bin, und das will was heißen, schließlich wünsche ich mir schon ein Leben lang eine Nasen-OP!

Wenn Freunde oder Verwandte ein Kind erwarten, fiebern wir diesen ersten fantastischen Bildern aus dem Krankenhaus entgegen, auf denen das Baby in seinem viel zu großen Bettchen neben einem strategisch geschickt platzierten Plüschhasen liegt. Ein paar Wochen später werden wir vielleicht mit einem Schnappschuss beglückt, auf dem sich das Baby nach dem Stillen schläfrig an die Mutter kuschelt. Oder mit Nahaufnahmen von winzigen Händen und Füßen. Lauter Bilder, die unsere Eierstöcke aufschreien lassen: »Hier, wir sind hier, auch du kannst es noch mal haben!« (Meine sind wirklich schlimm, seit Jude auf der Welt ist; ständig muss mein Verstand »Ruhe!« nach da unten schreien.) Doch was vor diesen Aufnahmen, nach diesen Aufnahmen stattgefunden hat, wissen wir nicht. Das Meiste davon ist eben einfach nicht mitteilenswert.

Worüber sowieso niemand berichtet, das sind die ganz alltäglichen Herausforderungen und Katastrophen. Der Alltagstrott. Jedem Tag, an dem meine Jungs dick eingemummelt und mit rosigen Wangen am Strand spazieren waren, stehen unzählige stinknormale Tage gegenüber, die wir mit Spielzeug, Malbüchern, Fernsehen und ungesunden Snacks verbracht haben. Mit Spielplatzbesuchen, noch mehr Fernsehen und noch mehr ungesunden Snacks. Für jedes tolle Foto, auf dem sie wie Wonneproppen aussehen, gibt es zig Bilder, die nie das Licht der Facebook-Welt erblicken werden. Jedem Posting à la: »Mein süßes kleines Äffchen hat mich heute mal wieder früh geweckt« müsste ein: »Scheiße, ich bin total übermüdet« folgen.

Fünf Tage nach Judes Geburt habe ich ein Bild gepostet, das uns alle auf einem Familienspaziergang zeigt, und die anschließenden begeisterten Reaktionen genossen. Ich brauchte dieses positive Feedback damals dringend. Und ich sah *tatsächlich* gut aus, weil ich mir das vordere Drittel meiner Haare geglättet, mich im Auto geschminkt und mir in die Wangen gekniffen hatte, damit ich frischer aussah, als ich mich fühlte. Doch in Wahrheit sah mein Leben fünf Tage nach Judes Geburt eher so aus, dass ich fast den ganzen Tag im Bademantel herumlief und stillte, die fettigen Haare oben auf dem Kopf zusammengebunden, leichenblass wegen des Eisenmangels.

Ich bin mir sicher, das geht allen so: Wir teilen instinktiv nur die Airbrush-, die Instagram-Variante, die sorgfältig ausgewählten Momente. *Echte* Statusmeldungen sind hingegen all die unbearbeiteten Bilder, die langweiligen Alltagsgeschehnisse und die vielen Augenblicke, in denen wir eine unserer Nieren dafür geben würden, endlich mal wieder in Ruhe einen Tee trinken zu können. Nur werden die nie gepostet.

Doch langsam scheint sich etwas zu ändern. Jetzt, wo

immer mehr Eltern bloggen und sich in Foren austauschen, wo es Communitys wie meine Facebook-Seite gibt, in denen Mütter frei von der Leber weg über die nicht so glamourösen Momente berichten, wird die Berichterstattung deutlich ausgewogener. Andererseits wäre es auch langweilig, wenn nur die Schattenseiten gezeigt würden: Ich folge auf Instagram gerne Müttern, deren Kinder stets makellos gekleidet sind, die nie Nietnägel haben (mein Dauerleiden) und deren Häuser mit Kücheninseln und pastellfarbenen Mixern ausgestattet sind, die man auch in ihren Back-Videoblogs bewundern kann. Ich finde ihre Instagram-Leben fantastisch. Das ist natürlich reiner Eskapismus, trotzdem bestaune ich die perfekte Ästhetik ihrer Bilder. Wenn ich mich ab und an über ihr perfektes Image lustig mache, dann aus reiner Eifersucht. (Ja, jetzt habe ich es schon zum zweiten Mal zugegeben: Ich bin eifersüchtig, und das völlig grundlos.)

Als frischgebackene Mutter ärgerte ich mich noch über Blogs die neben den Vorschlägen für Matschspiele Fotos von hippen Kindern zeigten, die auf sonnenbeschienenen Wiesen Händchen halten (#creatingmemories). Aber Tausende von Leuten wollen genau das sehen und sind genervt (oder entsetzt), wenn sie stattdessen Fotos von wütenden Kindern oder deren verzweifelten Eltern (#passthewine) angeboten bekommen. Manche Blogger, darunter auch viele, die ich aus der Ferne bewundere, werden vermutlich niemals über weniger schöne Momente mit den Kindern bloggen. Umgekehrt würde ich nie von dem netten (aber langweiligen) Familienspaziergang berichten, den wir am Wochenende im Dartmoor unternommen haben, geschweige denn beschreiben, was für einen tollen Picknickkorb wir dabeihatten. Ich fürchte, das würde auch niemandem etwas bringen – zum einen, weil keiner von uns hippe Klamotten trägt, zum anderen, weil es schon eine Leistung ist, wenn ich es schaffe, Reiscracker und Zitronenlimo einzupacken. Und zu allem Überfluss kann ich auch nicht besonders gut fotografieren.

Ich kann nur empfehlen, *alles,* was man von anderen Familien online mitbekommt – also nicht auf persönlicher Basis –, mit einer ordentlichen Prise gesunder Skepsis zu betrachten.

Dennoch werden wir weiterhin Instagram benutzen (schön, dass es dich gibt, Valencia-Filter!), unsere Kinder für Fotos posieren lassen und »Alles Gute zum Geburtstag«-Nachrichten an unsere Kleinen posten, obwohl sie gerade mal ein Jahr alt werden und noch längst nicht lesen können. Das ist auch völlig in Ordnung – nur dürfen wir nie vergessen, dass die sozialen Medien immer nur einen Ausschnitt zeigen und nie die ganze Geschichte. Es ist nicht immer hilfreich, sich auf Facebook & Co. zu tummeln, wenn man gerade einen schlechten Tag hat. Ich schicke an solchen Tagen lieber WhatsApp-Nachrichten an meine (echten) Freunde, in denen steht: »Ich. Will. Nur. Noch. Sterben.« Ganz einfach deshalb, weil ich ihre Reaktionen tröstlicher finde als eine virtuelle Pinnwand voller Glücksmomente.

Ich habe sicher etwas übertrieben, als ich eingangs behauptet habe, dass die sozialen Medien ein einziges Lügenmeer sind. Freundlicher ausgedrückt, bilden sie die Realität einfach nur sehr selektiv ab. Und nach wie vor genieße ich es, die selektive Realität anderer Leute zu bestaunen. Ich darf nur niemals die Prise gesunder Skepsis vergessen.

»Wenn sich Freunde Urlaubsfotos auf meiner Facebook-Seite ansehen und sagen: ›Ihr scheint ja wirklich eine tolle Zeit gehabt zu haben!‹, kann ich nur sagen: ›Ja, sieht wirklich so aus, oder?‹. Es weiß ja niemand, dass ich nie Fotos von meinem Mann mache, wenn er mal wieder schmollt, weil er den Picknickkorb vergessen hat, was dann aus unerfindlichen Gründen meine Schuld ist. Oder von meinen Kindern, wenn sie sich prügeln und treten, bis mindestens einer heult.«

Laura

Kinder haben: die Sonnen- und die Schattenseiten

Da ich weiß, wie sorgfältig wir Eltern auswählen, was wir posten, habe ich im Folgenden mal kurz zusammengefasst, wie das Leben mit Kindern *wirklich* ist. Ich hoffe, dass meine Liste einigermaßen ausgewogen ist. Erst die schlechten Nachrichten:

Die Schattenseiten

Der Lärm

Weinen, quengeln, kreischen, schreien: »Mamamama-mama, Mama???« Manchmal hört das Plärren gar nicht mehr auf und bringt einen schon mal dazu, ein Backblech quer durch die Küche zu werfen (keine Sorge, das ist bloß der Freundin einer Freundin einer Freundin von mir passiert). Wenn dann noch lärmendes Spielzeug hinzukommt, wird man seiner besseren Hälfte folgenden Hilferuf schicken: Bring Wein mit!

Man kommt immer zu spät

Egal, wann man aufsteht und wie viel Zeit man dafür reserviert hat, sich fertig zu machen, egal, wie perfekt man die Wickeltasche schon am Vortag gepackt hat – es ist so gut wie unmöglich, pünktlich das Haus zu verlassen. Immer, wenn ich gerade gehen will, muss Henry ausgiebig auf die Toilette (was gerne mal eine geschlagene Viertelstunde dauert, weil er dabei in Spielzeugkatalogen blättert). Plötzliche Hungerattacken sind ebenfalls vorprogrammiert (aber bloß keinen Apfel!), gefolgt vom verzweifelten Ausruf: »Wo ist eigentlich deine Jacke?« Spätestens dann bin ich schweißgebadet und viel zu spät dran. Außerdem fällt mir auf dem Weg nach draußen mit Sicherheit ein, dass ich irgendwas vergessen habe. (Ich gehe aber nicht noch mal zurück, außer es handelt sich um Feuchttücher, Windeln oder eines der Kinder.)

Vor den Kindern war ich überpünktlich. Heute gehöre ich zu den nervigen Leuten, die sagen: »Tut mir leid, dass ich mich so verspätet habe«, und/oder: »Oje – waren wir heute verabredet?«

»›Zieh bitte deine Schuhe an!‹ Eine ganz einfache Anweisung, sollte man meinen – dennoch lassen mich die Folgen täglich um mindestens zehn Jahre altern.«

Joanne

Mahlzeiten

Ich könnte ein ganzes Buch allein über die Dramen schreiben, die sich bei Tisch abspielen. Inzwischen weiß ich, dass schlaue Eltern warten, bis die Kinder im Bett sind, bevor sie versuchen, sich selbst was zum Abendessen zuzubereiten (allerdings wird das schon fast ein Nachtmahl, da sie kaum vor acht Uhr abends anfangen können zu kochen).

Vielleicht sind wir eine Ausnahme, aber bei uns wird um sechs Uhr abends gemeinsam gegessen (zur besten Heul- und Quengelstunde, ich weiß), und wir essen auch alle das Gleiche. Müsste ich bis acht oder neun Uhr warten, würde ich verhungern, außerdem gehe ich oft genug um diese Zeit selbst schon ins Bett. Wie um alles in der Welt halten das andere Eltern bloß durch?

Wie auch immer, ein gemeinsames Abendessen mit einem Baby und einem Dreijährigen artet oft in eine wahre Schlammschlacht aus. Mit der Zeit soll das ja besser werden, deshalb versuche ich durchzuhalten. Bis dahin werde ich mir weiterhin ein paar Löffel Reis reinstopfen, während ich das liebevoll angerichtete Finger Food aufsammle, dass Jude auf den Boden gepfeffert hat, und Henry besteche, damit er sein Gemüse isst: »Wenn du die grünen Bohnen aufisst, bekommst du nachher einen Keks.«

Schlafmangel

Ziemlich offensichtlich, ich weiß, aber Schlaf ist wirklich unglaublich kostbar. Eine ungestörte Nacht ist die reinste

Verjüngungskur ... die wir nur so lange für selbstverständlich halten, bis wir auf der Wöchnerinnenstation einen kalten Entzug durchmachen. (Dazu beigetragen hat in meinem Fall meine Zimmernachbarin, die den ohnehin kaum jemals schlafenden Henry zu wecken pflegte, indem sie ihr eigenes Baby *anbrüllte:* »Oh nein, mein Schatz, nicht weinen, Baby!!!« Das Kind dürfte inzwischen wohl taub sein.)

Ich weiß noch, wie ich monatelang auf eBay rumsurfte, während ich Henry regelmäßig um drei Uhr früh stillte. Ich kann mich nicht daran erinnern, auch nur eine Nacht um drei Uhr früh *nicht* wach gewesen zu sein. Einmal bekam ich ein Paket mit gebrauchten Babyklamotten, konnte mich aber absolut nicht daran erinnern, sie ersteigert zu haben. Ich muss in einer Art Trance gewesen sein. Wäre Schlaf eine Droge, wäre ich die Erste, die sich im Bad einschließt, um eine ordentliche Nase voll zu nehmen.

Kinderfernsehen

Ein endloses Thema, ich weiß gar nicht, wo ich anfangen soll! Alle Eltern entwickeln eine Hassliebe zum Kinderfernsehen. Sie lieben es, weil es ihnen eine Stunde Zeit zum Aufräumen (oder Rumsurfen auf Facebook) schenkt. Aber sie hassen es auch, weil es einfach unerträglich ist. Zum Beispiel »Bubble Guppies«. Meine Güte, ist diese Sendung nervig! Irgendwann werden Sie feststellen, dass Sie jede Folge von »Peppa Wutz« mindestens fünf Mal gesehen haben und dass Sie wilde Theorien über die Einwohner von Pontypandy entwickeln. (Könnte Norman Price der uneheliche Sohn von Feuerwehrmann Sam sein? Denn von einem Herrn Price fehlt jede Spur. Sam ist immer viel zu nachsichtig mit Norman, obwohl er ein totales Arschloch ist, außerdem haben beide rote Haare. Da wäre doch ein DNA-Test interessant!). Und dann ist da noch SpongeBob Schwammkopf, aber davon will ich lieber gar nicht erst anfangen.

Kinder sind eklig

Stimmt doch, oder? Natürlich nicht immer. Oft sind sie auch niedlich. Trotzdem werden Sie Jahre Ihres Lebens damit verbringen, Popos abzuwischen, Popel von Ihrer Kleidung zu zupfen und an Hosen (denen Ihrer Kinder natürlich) zu schnuppern. Selbstverständlich war ich froh, als Henry endlich anfing, aufs Töpfchen zu gehen. Trotzdem hatte mich nichts auf den Anblick einer dicken braunen Wurst in einem Plastiktöpfchen vorbereitet. Ich weiß, dass sie dorthin gehört. Ich habe Henry schließlich sogar dazu ermutigt, sie dort reinzumachen. Doch noch nie stand meine Reaktion in einem so krassen Gegensatz zu meinen wahren Gefühlen. Ich sagte: »Was bist du nur für ein schlauer Junge, das hast du toll gemacht!« Ich dachte: »Igitt, ist das widerlich!«, während ich, den Würgereiz mühsam unterdrückend, das Corpus delicti ins Klo entleerte, wie eine Wilde mit der Klobürste nachputzte und das Fenster aufriss.

Im letzten Jahr habe ich sagenhaft eklige Fotos und Anekdoten zugeschickt bekommen: Kacke, die an Wände geschmiert wurde. Babykotze, die unfreiwillig im Mund der Eltern landete. Kleinkinder, die Hundefutter naschen. Babys, die ihre Rotze vom Boden schlecken … Okay, okay, das dürfte wohl fürs Erste genügen.

Einkaufen gehen

Ich weiß nicht, warum ich mir das überhaupt noch antue, mit den Kindern zum Einkaufen zu gehen.

Ich meine nicht den Großeinkauf im Supermarkt (der mit Kindern ebenfalls die Hölle ist, sich aber schlecht vermeiden lässt), sondern einen *richtigen* Shoppingtrip. In die Innenstadt. Eigentlich weiß ich genau, wie das abläuft, trotzdem bin ich blöd genug, es immer mal wieder zu versuchen.

Neulich stand ich im Kaufhaus und hatte jegliche Kontrolle über den hyperaktiv herumwuselnden Henry verloren. Wie immer sagte ich zunächst mit meiner liebenswürdigen, verständnisvollen Gute-Mutter-Stimme: »Nein, wir rennen hier nicht einfach so durch die Gänge, Henry-Schätzchen. Bitte komm her …«, nur um bald darauf schrill zu kreischen: »Verdammt noch mal, du kommst jetzt sofort hierher! Absolutes iPad-Verbot, und Weihnachten kannst du auch vergessen!« (Tja, da sind sie wieder, die leeren Drohungen …) Der Rest des Nachmittags wurde von den Themen Fläschchen und Toilette dominiert – keine Chance, auch nur einen schnellen Blick in meine Lieblingsläden zu werfen. Aber ich bin ja selber schuld. Mit kleinen Kindern geht man nicht zum Einkaufen. Sondern man bestellt im Internet.

Krank sein

Wenn man Kinder hat, kann man nicht mehr krankfeiern – nicht einmal dann, wenn man wirklich krank ist! Denn man muss sie trotzdem stillen, füttern, wickeln, anziehen und bespaßen und sich fragen lassen, warum man so verquollene Augen hat. Die Tage, an denen es mir richtig schlecht ging, und James nicht freinehmen konnte, waren wirklich die Hölle. Nichts ruft einem brutaler in Erinnerung, dass die eigenen Bedürfnisse mit Kindern keinerlei Rolle mehr spielen. Aber es bringt nichts, darüber zu jammern. Schließlich muss man den Kindern trotzdem was zu essen machen und Superheldenschlachten mit ihnen ausfechten.

Kindern ist nichts heilig

Aber auch *gar nichts*. Ich habe kein Problem damit, dass meine Jungs mich nackt sehen. Auch nicht damit dass sie mir auf der Toilette zusehen oder mitkriegen, wie ich Tampons kaufe. Aber manchmal, *manchmal* wäre es wirklich nett, wenn ich mir in Ruhe die Beine rasieren, Pipi machen oder mich um meine Regel kümmern könnte. Inzwischen verbuche ich schon einen unbegleiteten Toilettenbesuch unter »kostbare Zeit für mich«. Und da bin ich bestimmt nicht die Einzige ... Schlimm, nicht wahr?

»Im Drogeriemarkt griff ich nach den Tampons und versuchte, wie eine coole, völlig entspannte Mutter zu wirken. Doch da sagte mein Dreijähriger laut: ›Du brauchst noch Fäden für deinen Popo, stimmt's, Mama?‹«

Anonym

Aber es ist natürlich nicht nur schrecklich, Kinder zu haben:

Die Sonnenseiten

Sie lieben einen bedingungslos

Die Wirkung eines Kinderlächelns ist unglaublich. Wenn sie ihre kleinen Ärmchen um deinen Hals schlingen, ihr Gesicht an deiner Brust vergraben, einfach nur sagen: »Ich hab dich lieb, Mami«, oder dich anstrahlen und die Arme nach dir ausstrecken, ist das einfach zum Dahinschmelzen. (Vor allem, wenn nicht gleich darauf die Frage kommt: »Und, krieg ich jetzt einen Keks?«) Es gibt Momente, wenn sich die Jungs wehtun oder wegen irgendwas verunsichert sind, in denen ihnen nur eine Umarmung von James oder mir helfen kann. Dann wollen sie ihre Mama oder ihren Papa, *brauchen* Mama oder Papa. Selbst wenn das nicht weiter überraschend ist (schließlich sind wir ihre wichtigsten Bezugspersonen), fühle ich mich dadurch immer noch sehr geehrt. Solche Momente genügen oft schon, um aus einem echten Scheißtag einen echten Glückstag zu machen.

Gemeinsam lachen

Zugegebenermaßen erzähle ich gern, wie deprimierend das Leben mit Kindern sein kann, aber andererseits gibt es nichts Schöneres, als mit ihnen zu lachen. Mit Kindern leben ist einfach komisch – nicht nur, weil sie gern nackt herumhüpfen und Chewbacca imitieren, sondern auch, weil sie wirklich witzige Sachen sagen. Ich bin fast erstickt vor Lachen, als der Mann von den Gaswerken kam, um unsere Therme zu warten, und Henry ihn selbstbewusst als Mann identifizierte: »Der hat keine Muschi.« (Ich habe inzwischen gelernt, dass die meisten Eltern Wörter wie »Mumu« oder »Pipimatz« verwenden, wenn sie über Genitalien sprechen. Früher wusste ich das aber noch nicht, sodass ich Henry von vornherein beibrachte, dass es »Pimmel« und »Muschis« gibt.)

Manchmal legen wir Musik auf und sehen zu, wie unsere beiden Söhne splitterfasernackt die verrücktesten Tänze aufführen. Darüber kann ich mich immer wieder kaputtlachen. Gelacht wird bei uns generell gern und oft, und egal, wie anstrengend es manchmal mit ihnen ist, können meine Söhne mit ihrem Lachen noch die dunkelsten Momente aufhellen. Sie haben mir damit schon so manchen Tag gerettet.

> »Mein Dreijähriger nennt Musikinstrumente immer ›Musikexkremente‹. Außerdem ist die laktosefreie Milch, die ich kaufe, für ihn ›narkosefrei‹.«
>
> *Heidi*

Weihnachten

Als Kind war ich ganz verrückt nach Weihnachten, aber der Zauber verflog mit den Jahren. Irgendwann ging es nur noch um ein paar freie Tage, an denen man sich mit Truthahn und Plätzchen vollstopft, und kaum noch um Familientraditionen.

Doch der Zauber kehrt zurück, wenn man Kinder hat. Schon beim Gedanken daran, den Baum zu schmücken und Geschenke einzupacken, bekomme ich Gänsehaut. Und wenn die Jungs dann erst sehen, dass der Weihnachtsmann da war … Weihnachten macht die Anstrengungen des Jahres locker wieder wett. Hinzu kommt, dass wir sehr entspannt sind, was das Weihnachtsessen anbelangt, und nicht die Fassung verlieren, wenn Henry schreit: »Igitt, was ist denn das? Tu das sofort weg!«

Familienurlaub

Ich will ganz ehrlich sein: Im Urlaub treten sowohl die Sonnen- als auch die Schattenseiten, die das Leben mit Kindern mit sich bringt, intensiver hervor. Denn Urlaub mit kleinen Kindern unterscheidet sich *deutlich* von dem erholsamen Strandurlaub aus dem vorigen Leben. Treffender als eine gute Freundin von mir kann man es eigentlich nicht beschreiben: »Gleicher Scheiß, anderer Ort.«

Trotzdem sind Familienurlaube etwas Besonderes. Vielleicht liegt es daran, dass man den heimischen vier Wänden entkommt und keine häuslichen Pflichten hat – ich bin im Urlaub auf jeden Fall deutlich entspannter und kann mich viel mehr an meinen Kindern freuen als sonst, selbst wenn sie Tobsuchtsanfälle haben. Als ich Jude letzten Sommer in Cornwall voller Begeisterung am Strand auf Entdeckungstour gehen sah, während James und Henry Sandburgen bauten und ich die Sonne auf meiner Haut spürte, war das Leben einfach nur perfekt. Einer von diesen unvergesslichen Momenten, die einen für alles entschädigen.

Die Zukunft

Denn um sie geht es doch letztlich, oder etwa nicht? An ganz besonders schlimmen Tagen, an denen ich extrem erschöpft bin, nicht einmal seufzen kann, ohne dass mich einer der Jungs unterbricht, meine Skinny Jeans aussortiere, weil sie mir ohnehin nie mehr passen werden, ja, wenn ich mich frage, wie wir uns jemals wieder einen Urlaub leisten sollen – dann stelle ich mir vor, wie unser Leben in fünf Jahren aussehen wird. Oder in zehn oder zwanzig Jahren, wenn meine Jungs die Schule auf den Kopf stellen, Freundinnen mit nach Hause bringen oder selbst Kinder haben werden. Lauter Momente, in denen ich unglaublich dankbar dafür sein werde, dass wir eine vierköpfige Familie gegründet haben. Wir sind eine Familie! Kann es etwas Besseres geben?

Schön locker
bleiben!

»Nur weil man total fertig ist,
ist man noch lange
keine schlechte Mutter.«

Ein offener Brief an die Mutter im roten Mantel

Liebe Mutter im roten Mantel,

bestimmt erinnerst du dich nicht mehr an mich.

Ich habe dich letzte Woche an einem regnerischen Nachmittag auf dem Spielplatz gesehen. Ich musste einfach immer wieder zu dir hinsehen und dich anlächeln, weil ich spürte, dass du einen Scheißtag hattest. Ehrlich gesagt hab ich es nicht nur gespürt ... du hast verdammt elend ausgesehen. Deine Kinder führten sich auf wie kleine Teufel, und du fragtest dich, was bloß aus deinem Leben geworden ist. Das habe ich dir schon von weitem angesehen, weil es mir auch immer schon von weitem anzusehen ist, wenn ich gerade denke: »Wann hört das bitte endlich auf?«

Deshalb habe ich kurz zu dir gesagt: »Manchmal sind sie echt furchtbar, stimmt's?«, was du mit einem zaghaften Lächeln quittiert hast.

Vermutlich warst du von deinem Kleinkind abgelenkt,

das gerade beide Schuhe ausgezogen und vom Klettergerüst geworfen hatte, nur um sich anschließend zu
weigern, wieder runterzukommen. Außerdem von deinem Baby, das sich einfach nicht beruhigen ließ. Vielleicht wolltest du aber auch gar nicht mit mir reden, weil
du hörtest, wie mein Sohn brüllte: »Kacka-kacka-pups-
pups!«, und zwar direkt vor den anderen Kindern (so was
tut er öfter).

Aber ich habe so den leisen Verdacht, dass du eher
vom Verhalten deiner eigenen Kinder verstört warst.

Ich wollte einfach nur irgendwas sagen.

Dir versichern, dass dir das wirklich nicht peinlich sein
muss. Doch, deine Kinder haben sich total danebenbenom-
men, das will ich auch gar nicht beschönigen. Aber das
heißt noch lange nicht, dass du als Mutter versagt hast.
Du darfst sie getrost anschreien, leise fluchen, weinen,
sie mit Milchschnitten bestechen oder was auch immer.
Aber schau dich dabei bitte nicht so verstohlen um, als
würdest du dich vor tadelnden Blicken fürchten.

Mir geht es nämlich ganz genauso.

Ich kann dich gut verstehen. Ehrlich. Wenn mein Großer sich absichtlich steif macht und ich ihn wie ein
schreiendes Brett vom Spielplatz tragen muss, zieht das
natürlich sämtliche Blicke auf sich. Und als dein Sohn
rief: »Nein, ich komm nicht runter! Ich hasse dich!«, hat er
das nicht gerade leise getan – logisch, dass sich alle nach
euch umgedreht haben! Doch dann fühltest du dich auch
noch verpflichtet zu sagen: »Noch nicht gleich, Schätz-

chen, du bist gerade erst gestillt worden«, was zwar an
dein Baby gerichtet war, aber doch eher den Umstehen-
den gegolten hat, so, als hättest du Angst, wir könnten
denken: »Warum stillt sie ihr Baby nicht endlich?«

Dabei haben wir das gar nicht gedacht.

Ich glaube dir sofort, dass du dein Kleines gerade erst
gestillt hattest, es gewiegt und geschaukelt und ihm
etwas vorgesungen hast, um es zu beruhigen – so, wie
jeder von uns das getan hätte.

Nur leider war das deinem Baby schnurzegal.

Wir alle kennen diese Momente.

Ich bin wirklich keine Erziehungsexpertin, aber ich
weiß, dass Kinder manchmal ziemlich schrecklich sein
können.

Den ganzen Tag lang.

Das steht in dieser Deutlichkeit leider in keinem
Erziehungsratgeber, obwohl man es vielleicht wenigstens als Fußnote mal erwähnen sollte (»Wenn Sie es
partout nicht schaffen, Ihr Kind zu beruhigen, ist eben
gerade mal wieder ein totaler Scheißtag«, oder so ähnlich).

Du tust, was du kannst, in einem Job, der schier nicht
zu bewältigen ist. Und dieser Nachmittag ist für dich
wirklich furchtbar gelaufen. Werde wütend deswegen,
lach darüber (Entschuldigung, aber sein theatralischer
Ausruf: »Ich will
eine neue Mami!« war wirklich komisch!) und hake es
anschließend ab.

Der Ausflug zum Spielplatz war eine Katastrophe – na und?

Leg ihn in deiner privaten Katastrophenschublade ab und sag dir: Morgen ist ein neuer Tag! (Ganz in der Nähe des Spielplatzes gibt es übrigens einen Supermarkt, wo man Traubensaft für Erwachsene und Bestechungskekse kaufen kann.)

Droh mit der Faust und sag: »Du kannst mich mal, du verregneter Mittwochnachmittag! Neuer Tag, neues Glück!« Gut möglich, dass die Kinder morgen genauso furchtbar gelaunt sind wie heute. Das muss aber nicht sein.

Denn aufgepasst, jetzt kommt eine goldene Regel: Auf dem Spielplatz gibt es immer Kinder, die sich aufführen wie Monster – und manchmal sind es eben die eigenen.

Wenn also das nächste Mal eine Mutter »Manchmal sind sie echt furchtbar, stimmt's?« zu dir sagt, solltest du wissen, dass sie dich keineswegs verachtet, genauso wenig wie deine Kinder. Sie gibt dir einfach nur Gelegenheit, mal Dampf abzulassen. Sie versteht dich. Denn auch sie hat ein zahnendes Baby und ein Kleinkind, das es liebt, sich auf den Boden zu werfen und steifes, schreiendes Brett zu spielen.

Schöner Mantel, übrigens!

Alles Gute!
Von der »Rabenmutter«, die sich immer freut, wenn andere Mütter ihr verständnisvolles Nicken erwidern.

Ich habe diesen Brief im März 2015 geschrieben und weiß bis heute nicht, ob die Mutter im roten Mantel ihn jemals gelesen hat. Aber die Vorstellung gefällt mir. Vor allem freue ich mich darüber, dass ich so viele Reaktionen von anderen Eltern darauf bekommen habe, die lauteten: »Ich hatte heute auch so einen ›Rote-Mantel-Tag‹.« Wir alle erleben solche Tage. Ich trage meinen imaginären roten Mantel dermaßen oft, dass er schon ganz verschlissen ist.

Einer dieser Tage

Bevor ich Mutter wurde, habe ich nicht allzu viel darüber nachgedacht, welche Art Mutter ich sein möchte. Aber eines wusste ich genau, nämlich, dass ich nicht rumschreien würde. Niemals würde man mich dabei beobachten, wie ich meine Kinder in aller Öffentlichkeit anbrülle.

Ich verachtete die Mutter, die im Supermarkt durchdrehte. Wie würdelos! Wie prollig! Auch über die Mutter im Bus, die ihren Nachwuchs wegen seines unmöglichen Benehmens anzischte, schüttelte ich nur den Kopf. Ich glaube, sie drohte ihm sogar eine Ohrfeige an (was ich nach wie vor völlig daneben finde). Damals wurde ich auch jedes Mal traurig, wenn ich mitbekam, wie Fragen neugieriger Kinder nur knapp und fantasielos beantwortet wurden, von Eltern, die eindeutig zu faul waren, irgendwas zu erklären, sondern nur mit »weil es eben so ist« konterten. Un-mög-lich!

Von meinem hohen, kinderlosen Ross herab verurteilte ich ihre Erziehungsmethoden, noch nicht ahnend, dass ich mich eines nicht allzu fernen Tages ganz ähnlich verhalten würde. Schließlich sollte man seinen Kindern doch ein gutes Vorbild sein, oder?

Natürlich schlug das Karma eines Tages zurück. Nachdem ich mich jetzt seit über drei Jahren mit kleinen Kindern herumschlage, sind mir schon öfter die Sicherungen durchgebrannt. Ich bin genau die Art Mutter geworden, über die ich früher den Kopf geschüttelt habe. Zum Glück nicht immer – manchmal gelingt es mir auch, Ruhe zu bewahren. Trotzdem habe ich mich durchaus schon dabei ertappt, dermaßen rumzubrüllen, dass die Super-Nanny nur vorwurfsvoll den Kopf schütteln und mir erklären würde, dass Schreien niemals zu Lösungen führt.

Inzwischen weiß ich, dass mein Urteil über wütende Eltern auf reiner Ahnungslosigkeit beruhte – Ahnungslosigkeit darüber, was schon alles *im Vorfeld* passiert war. Ich habe nur den Moment mitbekommen, in dem das Fass überlief, aber nicht die steten Tropfen, die dafür gesorgt hatten, dass es schon randvoll war. Insofern war meine oberflächliche Einschätzung der Lage einfach nur ungerecht.

Ich möchte mich aufrichtig bei dir entschuldigen, liebe Mutter aus dem Supermarkt! Als ich sah, wie du deiner kleinen Tochter gegenüber völlig ausgeflippt bist, habe ich dich für eine furchtbare Mutter gehalten und dein Kind tief bemitleidet. Ich bin gar nicht auf die Idee gekommen zu überlegen, was sich bereits alles vor eurem Supermarktbesuch abgespielt haben könnte. Ich werde nie wissen, was es im Einzelnen war, habe aber mittlerweile eine ziemlich genaue Vorstellung davon, denn inzwischen habe ich selbst zwei Supermarktalbträume in die Welt gesetzt.

Vermutlich hat sich deine Tochter geweigert, ihre Schuhe anzuziehen und war außerdem immer noch bockig wegen des Cornflakes-Dramas. (Du hattest ihr wie gewünscht Frosties gegeben, aber als die Schüssel vor ihr stand, fiel ihr plötzlich ein, dass sie Frosties nicht ausstehen kann.)

Vermutlich hat die Kleine so laut gekreischt, dass du den Postboten überhört hast, der dir ein Paket bringen sollte, auf das du schon am Vortag vergeblich gewartet hattest. Ein Paket, das zweifellos Spielsachen oder Kleider für die kleine Frosties-Verweigerin enthielt und nicht etwa etwas für dich.

Vermutlich hat sich deine Tochter auch wie wild gesträubt, als du sie im Kindersitz anschnallen wolltest, hat nicht nur den Rücken durchgebogen, sondern dich auch noch ins Gesicht getreten.

Vermutlich musste sie auch »gaaaah nicht« aufs Klo, als ihr das Haus verlassen habt, nur um zwei Minuten später im dicksten Stau ganz dringend Pipi zu müssen.

Bestimmt fragte sie, solange sie brav im Einkaufswagen saß, die ganze Zeit nach Süßigkeiten. Aber nachdem die Milchschnitte aufgegessen war, hast du ihr erlaubt, aus dem Wagen zu klettern, mit der Auflage, dass sie die ganze Zeit bei dir bleibt … eine Anweisung, die mit einem Sprint Richtung Kassen prompt ignoriert wurde.

Es mag für Außenstehende kein Weltuntergang gewesen sein, dass ein kleines Mädchen munter durch die Gänge rannte. Aber heute kann ich verstehen, dass es das Fass, *dein* Fass, zum Überlaufen gebracht haben kann. Du hast nicht überreagiert, du konntest einfach nicht mehr! Mit Sicherheit wusstest auch du, dass dein Ausbruch: »Jetzt reicht es endgültig! Komm sofort zurück! SOFORT! Dein Geburtstag ist gestrichen!« in dieser Situation alles andere hilfreich war. Aber manchmal kann man einfach nicht anders.

Ich möchte mich auch aufrichtig bei dir entschuldigen, liebe Mutter im Bus. Denn bei genauerer Betrachtung hättest du während der Fahrt nicht viel anders machen können. Deine Kinder waren, offen gestanden, ein Albtraum, und deine laut gezischten Beschimpfungen waren die einzige Möglichkeit, den anderen Fahrgästen (einschließlich mir) zu zeigen, dass du ihr schreckliches Benehmen nicht in Ordnung findest (auch wenn ich die Sache mit der Ohrfeige nach wie vor nicht akzeptieren kann). Keine Ahnung, was ich in dieser Situation gemacht hätte. Ich finde auch, dass man Grenzen setzen muss, dass Disziplin wichtig ist. Aber manchmal habe ich einfach keinerlei Kontrolle über meine Kinder. Es fällt mir schwer, das zuzugeben, aber es ist die Wahrheit.

Deshalb möchte ich mich auch bei allen »Weil es eben so ist«-Eltern entschuldigen. Als ich mich nämlich darüber ereiferte, dass Ihr nur mit »Hmhm«, »Ja, Schätzchen« und »Sei doch mal ruhig!« auf die intelligenten Fragen Eurer Kinder reagiert, wusste ich noch nichts von den *Millionen* Fragen, die Euch an diesem Tag garantiert schon gestellt worden waren, zum Beispiel:

»Warum ist Mittwoch?«

»Krieg ich nachher noch was Süßes? Wann ist nachher? Wann krieg ich was Süßes? Ist jetzt schon nachher?«

»Was ist Müsli? Was ist Müsli? Ja, aber was genau? Kann ich Cornflakes haben? Neeeeein, keine Frosties!«

Ich kann das inzwischen gut verstehen. Weil ich es selbst erlebe.

Einmal bei Lidl trat Henry dermaßen um sich, dass ich ihn laut angeschrien habe, was schließlich dazu führte, dass wir beide weinend zwischen den Aktionsangeboten standen.

Ein andermal hatten wir nichts zum Mittagessen im Haus, also liefen wir schnell (also *relativ* schnell) zum Supermarkt. Als ich dort von meinen Kindern aber pausenlos angeschrien und von den anderen Kunden pausenlos angestarrt wurde, ließ ich den Einkaufskorb einfach stehen und rannte so schnell es ging nach Hause, ohne irgendetwas eingekauft zu haben. Ich kochte dann Reis mit Erbsen, als Beilage gab es Käsewürfel: An diesem Tag wagte ich keinen weiteren Versuch, mich mit meinen Kindern in der Öffentlichkeit zu zeigen.

Der stets sehr wissbegierige Henry hat mich einmal eine Stunde lang zu unserer Katze Floyd verhört, die gerade eingeschläfert worden war. Ich erklärte ihm ausführlich, dass Floyd krank gewesen und über den Regenbogen gegangen sei – nicht unbedingt ideal, ich weiß, aber seine Fragen trafen mich in meiner eigenen Trauer, und das Konzept »Himmel« konnte und wollte ich nicht einführen (siehe auch »Für dich, Mama«, Seite 308). Ich setzte ihm geduldig auseinander, dass Floyd nicht mehr wiederkommt, sondern für immer schläft. Dass niemand ewig lebt, wir uns aber jederzeit an unsere Lieben zurückerinnern können. Wir hatten Henry sogar zum Tierarzt mitgenommen, wo ich verzweifelt geschluchzt hatte. (Ich war damals gerade mit Jude schwanger und überzeugt davon, dass Floyd dachte, wir würden ihn wegen des Babys in die ewigen Jagdgründe befördern.) Eigentlich dachte ich, wir hätten Henry damit den Kreislauf des Lebens überzeugend nahegebracht ...

Doch dann fragte Henry: »Wann kommt Floyd eigentlich wieder, Mama?«

Himmelherrgott, wir waren ohne Katze vom Tierarzt zurückgekehrt und hatten eine geschlagene Stunde über den Tod geredet! Was gab es daran nicht zu verstehen?

»Er kommt nicht wieder«, entgegnete ich seufzend.

»Warum nicht?«

»Weil er eben nicht wiederkommt!«, war alles, was ich darauf noch zu sagen wusste.

Heute kann ich nur hoffen, meine früheren harten Urteile gegenüber anderen Eltern wiedergutzumachen, indem ich mich mitfühlend zeige, wenn ich vergleichbare Situationen erlebe. Ich mache nicht mehr mit, wenn andere kopfschüttelnd murmeln: »Wieso hat die ihre Kinder nicht besser unter Kontrolle?« Stattdessen lächle ich nur und nicke den Betreffenden zu, um ihr zu verstehen zu geben, dass ich ihre Lage kenne. Und voll hinter ihnen stehe.

Ruhe in Frieden, Floyd! (2003–2014)

»Neulich gipfelte der Besuch eines Schuhgeschäfts darin, dass meine zweijährige Tochter laut schrie: ›Meine Mama tut mir weh!‹, und zwar immer und immer wieder. (Ich hatte ihr gerade eine Socke angezogen.) Die anderen Kunden starrten mich entsetzt an, und ich fühlte mich genötigt, ihr irgendwelche coolen, aber unpraktischen Schuhe zu kaufen, die deutlich teurer waren als meine eigenen (okay, meine blinken nicht), nur um den Laden schnell verlassen zu können, bevor jemand das Jugendamt verständigt.«

Lydia

Supermutter, du kannst mich mal!

Nach Judes Geburt war ich extrem erschöpft und dünnhäutig. Offen gestanden verbrachte ich den Herbst und Winter 2014 überwiegend im Morgenmantel auf dem Sofa, guckte »Paw Patrol« und stopfte mich mit Keksen voll. Ich war völlig am Ende.

Ich bin noch nie ein großer Fan von Neujahrsvorsätzen gewesen. (Bis auf damals, als ich beschloss, das Daumenlutschen aufzugeben. Trotz der Warnungen meiner Eltern, dass ich Hasenzähne bekommen werde, habe ich es nach neunundzwanzig Jahren immer noch nicht geschafft. Im Ernst – ich bin fast dreißig und lutsche immer noch am Daumen.) Aber wie dem auch sei, an Neujahr 2015 wachte ich auf und war seltsam optimistisch.

Vielleicht, weil ich null verkatert war (wenn auch nicht ganz freiwillig, schließlich durfte ich meine Muttermilch nicht mit Prosecco vergiften). Vielleicht auch, weil Neujahr immer eine Art Neuanfang markiert. Auf jeden Fall hatte ich das Gefühl, dass 2015 unser Leben als vierköpfige Familie so richtig anfangen würde. Zwei Schwangerschaften, zwei Geburten und eine störrische Plazenta lagen hinter mir, dafür war ich jetzt Mutter zweier Kinder. Perfekt! Am Horizont zeichnete sich nun auch schon das Ende meines Mutterschaftsurlaubs im Frühling ab.

Ich nahm mir fest vor, so einiges an meiner Erziehung und meinem Verhalten gegenüber meinen Söhnen zu verbessern: Ich würde mit den Kindern viel mehr unternehmen und unsere gemeinsame Zeit optimal nutzen – 2015 würde ich auf keinen Fall nur mit Kinderfernsehen und Keksen auf dem Sofa verbringen.

Meine guten Vorsätze in Sachen Erziehung, gefasst am 1. Januar 2015, lauteten wie folgt:

- Wir werden nicht mehr so viel fernsehen.

- Ich werde weniger als zwei Drittel des Tages mit meinem Handy beschäftigt sein.

- Ich werde keine Bestechungskekse mehr einsetzen. Ich werde gar keine Kekse mehr *brauchen,* weil ich gesundes, lustiges Mittagessen mit Tiergesichtern aus Quinoa und Blaubeeren zubereiten werde.

- Wir werden lange Spaziergänge in Gummistiefeln unternehmen.

- Wir werden Kuchen backen.

- Wir werden mit Fingerfarben malen, Puzzles legen und Höhlen bauen.

2015 sollte das Jahr der Supermutter werden.

»Und, wie ist es gelaufen?«, höre ich Sie schon fragen, doch ich fürchte, Sie kennen die Antwort bereits. Denn hätte die Supermutter es tatsächlich geschafft, Quinoa mit Tiergesichtern zu servieren, hätte sie ein ganz anderes Buch geschrieben. Eines mit dem Titel »In 30 Tagen zur Supermutter« mit einer strahlenden Mami samt Kindern in blütenweißen T-Shirts auf dem Cover, die zusammen irgendwas basteln (ohne dass Mami den »Scheißglitter« verflucht).

Aber dieses Buch existiert nicht.

Und da nun bereits *wieder* ein Jahr vergangen ist, ist es leider sehr wahrscheinlich, dass ich meine guten Vorsätze auch in Zukunft nicht in die Tat umsetzen werde. Die Bilanz 2015 sieht so aus:

Die Kinder haben nicht weniger ferngesehen. Sogar eher mehr, da ich den Fernseher leider oft als Babysitter missbrauche – um dann bis spätabends die Titelmelodie der vermaledeiten »Bubble Guppies« als Ohrwurm zu haben.

Ich schaue nach wie vor viel zu oft aufs Handy, es ist die reinste Sucht. Wenn wir einen Ausflug machen, versuche ich, es zu Hause oder im Auto zu lassen. Aber wenn ich mit den Jungs zu Hause hocke, stehe ich kurz vor einer Sehnenscheidenentzündung, weil ich dermaßen viel in den sozialen Medien rumsurfe. Manchmal gebe ich sogar vor, aufs Klo zu müssen, nur um die neuesten Meldungen lesen zu können (zum Beispiel, was Buzz-Feed wieder über die Kardashians berichtet).

Keksbestechungen gibt es nach wie vor. Täglich (stündlich). Henry wird mittlerweile auch schon mit Donuts und Kinderzeitschriften bestochen. *Ich weiß, ich weiß.* Pädagogisch völlig daneben. Aber es funktioniert, und für alles andere bin ich oft einfach zu kaputt und willensschwach. (Der Nebeneffekt ist, dass wir jetzt in Gratisgimmicks aus billigem Plastik ertrinken.)

Viele lange Spaziergänge haben wir nicht gemacht. Vielleicht vier oder fünf (okay, drei). Aber wir tragen dabei Gummistiefel! Einmal hat Henry sogar Stöcke aus dem Wald mitgebracht und so getan, als wären es Harpunen.

Ein einziges Mal habe ich freiwillig gebacken. Schon nach fünf Minuten war ich fix und fertig, weil Henry die gesamte Kuchendekoration aufgegessen hat und sich außerdem ständig in gefährlicher Nähe zum heißen Ofen befand. In meiner Panik sah ich schon Verbrennungen dritten Grades vor mir.

Immerhin habe ich ein paar Farben gekauft und halbherzig eine Bastelkiste angelegt. Aber ich müsste lügen, wenn ich sagen würde, dass wir unsere Bastelstunden *genießen.* Ich hatte mir vorgestellt, dass wir bunte, chaotische, wunderhübsche Bilder malen und Fotos davon auf Pinterest einstellen. Aber Henry möchte eigentlich immer nur sämtliche Farben so lange auf einem Blatt zusammenrühren, bis ein großer, triefender, kackbrauner Fleck entsteht. Mit Puzzles, Glitter oder Pailletten habe ich es gar nicht erst versucht.

Mit anderen Worten: Ich bin auf ganzer Linie gescheitert, oder?

Ja, ich bin gescheitert. Um ehrlich zu sein, hat sich die Supermutter schon nach kürzester Zeit ins Nirwana verzogen, und seitdem mogle ich mich wieder so durch.

Trotzdem habe ich meinen Frieden damit gemacht, und ich will Ihnen auch sagen, warum:

Die Supermutter gibt es gar nicht. Sie ist nur eine Kunstfigur im Blumenkleidchen, die Superfood-Smoothies trinkt, ihre Kinder in einem Geländewagen herumkutschiert und alle angesagten Kochbücher nicht nur besitzt, sondern auch benutzt. Oft sieht man sie auch in Skinny Jeans und cooler Weste, mit lässig zerzaustem Haar, in ihrer perfekt aufgeräumten Küche, die einmal eine alte Scheune war und jetzt nach Obstkuchen duftet.

Die Supermutter hat in einem Zaubertrank gebadet,

weshalb sie niemals wütend wird. Natürlich führen sich ihre Kinder nie unmöglich auf oder erzählen lautstark etwas von Kacka und Pups, weil sie frühzeitig Grenzen gesetzt hat. Sie hat zwei Kinder (einen Jungen und ein Mädchen natürlich), die nie fernsehen – außer an kalten, verschneiten Tagen. Dann trinken sie vorm Fernseher alle zusammen heiße Schokolade und kuscheln sich in eine karierte Wolldecke.

Obwohl ich schon oft eifersüchtig auf die Supermutter war, ist mir klar geworden, dass ich genauso gut auf Barbie und ihre unerreichbaren Maße eifersüchtig sein könnte. Von mir aus kann die Supermutter mit ihren Chiasamen-Muffins bleiben, wo der Pfeffer wächst – ganz einfach, weil sie *nicht existiert.*

Niemand schafft es, rund um die Uhr eine Supermutter zu sein.

Immerhin habe ich wenigstens manchmal ein bisschen Ähnlichkeit mit ihr: Einmal waren wir im Wald, haben im Wohnzimmer eine Höhle gebaut, mit Fingerfarben gemalt und heiße Schokolade getrunken – und das alles an einem Tag! (Ja, ich habe Fotos davon auf Instagram gepostet und kam mir ziemlich toll vor.) Aber es fühlt sich dann immer so an, als würde ich die Supermutter nur spielen: Der Alltag sieht definitiv anders aus.

Ich würde liebend gern jeden Tag Abenteuer mit meinen Kindern erleben. Ingwerkekse backen. Ein Floß aus leeren Spüliflaschen bauen. Aber an einem ganz normalen Wochentag rennt Henry mit gefühlten hundert Stundenkilometern durch die Wohnung und schreit: »Ich bin Captain Buzz Lightyear!«, während ich mich mit vier Wäscheladungen abmühe, weil die Windeln nicht dicht gehalten haben und Jude sich außerdem übergeben musste. Außerdem muss ich noch die Haftpflichtversicherung verlängern, Fläschchen sterilisieren, und duschen sollte ich auch mal wieder, weil drei Tage Trockenshampoo hässliche weiße Rückstände hinterlassen haben, die an Schuppen erinnern … An solchen Tagen packe ich es einfach nicht, rauszugehen und Abenteuer zu erleben oder zu Hause, wo es ohnehin aussieht, als hätte der Blitz eingeschlagen, auch noch ein Bastelchaos anzurichten.

Also gehe ich wieder einmal nur kurz mit den Jungs in den Park, damit sie mal an die frische Luft kommen. Wenn wir wieder nach Hause kommen, mache ich den Fernseher an, gebe Henry einen Keks und surfe eine Stunde lang auf Facebook rum.

So ist das Leben nun mal!

Und auch ohne ausgiebige Basteleien, Chiasamen-Muffins und einen endlosen Geduldsfaden scheinen mich meine Kinder ziemlich super zu finden. Für sie bin ich die Supermutter.

Insofern ist mir alles andere ziemlich egal.

»Ich war völlig fertig und konnte kaum fassen, wie sehr sich mein Leben durch die Kinder geändert hatte. Es ist überhaupt nicht so idyllisch, wie immer alle sagen, und ich weiß noch, dass ich am liebsten laut ›Ihr könnt mich mal!‹ geschrien hätte, als sich die anderen Mütter in der Krabbelgruppe ernsthaft darüber unterhalten haben, wie man Glitterknete herstellt.«

Steph

Mütterliche Schuldgefühle

Ich hasse Schuldgefühle.

Solche Schuldgefühle, wie ich sie jetzt als Mutter habe, kannte ich vorher nicht. Sie sind noch schlimmer als die von damals, als ich meiner Freundin erzählte, mein Telefon wäre kaputt, weil ich keine Lust zum Quatschen hatte. Oder als ich beschwipst etwas von mir gab, das gar nicht so gemeint war (oder vielleicht doch, trotzdem hätte ich es lieber für mich behalten sollen). Oder als ich eine ganze Packung Pralinen aufaß, ohne etwas für James übrig zu lassen oder wenigstens hinterher Sport zu machen.

Diese neuartigen Schuldgefühle lassen sich auch viel schlechter abschütteln: Magen und Herz ziehen sich schmerzhaft zusammen, und man bekommt kaum noch Luft.

Doch wenigstens bin ich damit anscheinend nicht alleine.

Seit ich meinen Blog habe, bekomme ich endlos viele Mails von Müttern, die schier vergehen vor Schuldgefühlen, sich ihrer Aufgabe nicht gewachsen fühlen und mir

Dinge schreiben wie: »Ich hab so ein schlechtes Gewissen wegen XY«, oder: »Ich wünschte, ich wäre mehr wie XY.« Normalerweise antworte ich dann: »Bitte seien Sie nicht so streng mit sich wegen XY – es ist nun mal nicht leicht, Mutter zu sein! Sie tun, was Sie können, und allein, dass Sie sich infrage stellen, beweist, wie sehr Sie sich kümmern. Denken Sie daran, Sie sind nicht die Einzige!«

Dabei komme ich mir jedoch wahnsinnig scheinheilig vor, da ich mich selbst von früh bis spät fertigmache. Auch der Gedanke, dass ich tue, was ich kann, hilft mir nicht weiter. Ich tue, was ich kann, ja, aber es reicht einfach nicht! Wahrscheinlich sollte ich auch Schuldgefühle haben, weil ich den Leuten sage, dass sie keine haben sollen, dabei aber selber welche habe. Schuldgefühle, wohin man schaut.

Als ich mir letztes Jahr vornahm, etwas über mütterliche Schuldgefühle zu schreiben, dachte ich, ich liste einfach mal alles auf, was mir bisher Schuldgefühle beschert hat. Diese Liste ist mit der Zeit immer länger geworden:

Weil ich noch nicht wusste, dass ich schwanger war, habe ich in den ersten sieben Schwangerschaftswochen keine Folsäure eingenommen.

Ich habe in der Schwangerschaft keine teuren Vitaminpräparate aus der Apotheke gekauft, sondern das Billigzeug aus dem Drogeriemarkt.

Ich habe es im dritten Schwangerschaftstrimester nicht gerade ruhig angehen lassen mit der Arbeit. Ich habe richtig geschuftet und Baby Henry womöglich nachhaltig geschädigt.

Ich habe mein Baby mit Drogen vollgepumpt, anstatt es ohne Medikamente zur Welt zu bringen.

Ich wünschte, ich hätte es geschafft, länger zu stillen. Ich habe Henrys Immunsystem nicht genügend gestärkt.

Ich hätte nicht wütend auf Henrys ständiges Geschrei reagieren dürfen. Niemand brüllt ein weinendes Baby an!

Ich bin bald wieder arbeiten gegangen und habe Henry allein gelassen. Welche Mutter tut so etwas *freiwillig?*

Ich mache viel zu wenig, wenn ich zu Hause bin. Mein Kind langweilt sich.

Ich langweile mich, wenn ich mit meinem Kind zu Hause bin. Wie furchtbar ist das denn?

Ich schimpfe zu viel. Ich bin zu ungeduldig.

In gewisser Weise habe ich Henry verraten, als ich noch ein zweites Kind bekommen habe: Er ist nicht mehr mein Ein und Alles.

Während der zweiten Schwangerschaft habe ich oft vergessen, meine Vitaminpräparate zu nehmen.

Ich habe manchmal sogar ein Glas Wein getrunken, obwohl doch jeder weiß, dass man während der Schwangerschaft *überhaupt nichts* trinken soll! Es war zwar nur ganz selten und nur ganz wenig, aber wenn irgendwas mit meinem Kind nicht stimmt, ist alles meine Schuld.

Ich habe mir insgeheim ein Mädchen gewünscht, deshalb war Judes Geburt so schlimm – ich hatte es nicht anders verdient.

Ich war mit Jude in keiner Krabbelgruppe. Mit Henry bin ich zur Babymassage und zum Musikgarten gegangen, Jude wird total vernachlässigt.

Ich verbringe viel zu viel Zeit mit meinem Handy.

Ich koche nicht gesund genug. Wir essen zu viele Fertigmahlzeiten.

Ich lasse Henry zu viel naschen. Bald werden ihm die Zähne ausfallen.

Wir haben keinen schönen Garten. Ich ruiniere die Kindheit meiner Söhne, weil wir in einer Betonwüste leben.

Ich habe den Kindern Schuhe gekauft, ohne vorher ihre Füße vermessen zu lassen. Bestimmt werden sie schlimme Deformationen bekommen.

Ich habe Henry weinend im Kindergarten zurückgelassen. Jetzt weiß er, dass ich eine elende Lügnerin bin, schließlich hatte ich ihm versprochen, ihn nie allein zu lassen.

Spätestens um siebzehn Uhr sehne ich die Bettgehzeit herbei, manchmal sogar schon um elf Uhr morgens. Ich weiß die Zeit mit meinen Kindern gar nicht zu schätzen!

Ich bin keine Mama, mit der man richtig Spaß haben kann. Ich bastle, backe und male nicht. Ich bin stinklangweilig.

Als ich die Liste anschließend durchlas, war ich ganz schön erschüttert. Manches darauf ist urkomisch – wenn es nicht so schrecklich traurig wäre!

Im Rückblick werden einige Schuldgefühle weniger oder verschwinden ganz. Ich habe keine Schweißausbrüche mehr wegen nicht eingenommener Folsäure, wegen der Medikamente während der Geburt und wegen des nicht ganz so ausgiebigen Stillens. Es war eben einfach so. Und ich weiß auch, dass Henry wirklich die ganze Zeit geschrien hat (Freunde und Verwandte bestätigen es).

Ich wusste damals wirklich nicht mehr aus noch ein, und obwohl ich nicht stolz darauf bin, mein Kind angebrüllt zu haben (»Was zum Teufel stimmt bloß nicht mit dir?«, und zwar unter Tränen), weiß ich, dass ich deutlich mehr Zeit mit Kuscheln und Vorsingen verbracht habe. Diese Schuldgefühle haben sich in Luft aufgelöst.

Aber ein paar sind noch heute aktuell. Es quält mich, dass ich nicht mehr aufregende Sachen mit den Jungs unternehme. Dass ich nicht genug mit ihnen spiele. Dass ich die Zeit mit ihnen, ja sie selbst, nicht intensiver genieße, zu oft auf die Uhr sehe, um dann ungläubige Tweets zu verschicken, dass es immer noch nicht Abend ist.

In einigen Jahren werden noch ganz andere Schuldgefühle dazukommen: dass ich sie wegen meiner Arbeit nicht jeden Tag von der Schule abhole, ihnen nicht genug mit den Hausaufgaben helfe, ihnen keinen tollen Auslandsurlaub bieten kann.

Ehrlich gesagt leide ich jetzt schon unter *zukünftigen* Schuldgefühlen, die mich eines Tages ereilen werden, wenn meine Söhne alt genug sind, dieses Buch zu lesen ... voller ungeschönter Erinnerungen an ihre Kindheit. Vielleicht hätte ich sie lieber in dem Glauben lassen sollen, dass ich jede einzelne Sekunde mit ihnen genossen und mich nie nach meinem früheren Leben zurückgesehnt habe?

Aber nun versuche ich, meine zukünftigen Schuldgefühle erst mal zurückzustellen und mich wieder den schuldbewussten Mails anderer Mütter zu widmen.

Wie also umgehen mit diesen ständigen Schuldgefühlen? Ich kann schlecht sagen, dass Sie nicht so streng mit sich sein sollen, wenn ich diesen Rat nicht mal selbst befolgen kann. Deshalb habe ich eine ganz simple Bitte:

Sprechen Sie darüber!

Mit anderen Leuten. Mit anderen Eltern. Wetten, dass Schuldgefühle einfach überall sind? Haben Sie eine halbe Stunde lang das Spiel »Wer hat die schlimmsten Schuldgefühle?« gespielt, werden Sie vermutlich zu dem Schluss kommen, was für ein überflüssiger Quatsch das doch alles ist … und sich schuldig fühlen, weil Sie viel zu lange über Schuldgefühle geredet haben.

Und ich bleibe dabei: Wer Schuldgefühle hat, der kümmert sich wenigstens!

Die meisten Punkte auf meiner Liste sind jedenfalls keine, für die man sich *wirklich* schuldig fühlen müsste. Ein halbes Glas Pinot Grigio und ein paar nicht eingenommene Vitamine in der Schwangerschaft schädigen noch kein gesundes Kind. Und eine PDA macht noch keinen zukünftigen Meth-Junkie. Natürlich wäre es besser, weniger zu telefonieren und stattdessen mehr mit den Kindern zu spielen. Aber es bringt auch nichts, sich das ständig vorzuwerfen. Man verbringt schließlich genügend Zeit zusammen.

Und basteln sollen sie halt im Kindergarten. Aus Schuldgefühlen wird nur dann echte Reue, wenn man Kleinkinder allein mit Pailletten hantieren lässt.

»Ich konnte einfach nicht verstehen, warum ich nicht so in meiner Mutterrolle aufging wie die anderen. Jeder Tag war ein einziger Kampf. Ich hatte schreckliche Schuldgefühle deswegen. Aber meine Tochter ist fantastisch, und im Rückblick war es das mehr als wert.«

Sara

Bloß nicht rechtfertigen!

Mütter gehen ganz schnell in die Defensive.

Alles, was wir tun, müssen wir rechtfertigen, erklären, dass wir das *normalerweise* anders machen, aber gerade keine Zeit hatten/das nur eine Ausnahme ist/wir einen extrem harten Tag haben...

Manchmal überkommt mich ein schier unwiderstehlicher Drang, jede meiner Handlungen zu begründen, so, als müsste ich jeden Moment mit der Frage rechnen: »Warum machst du das eigentlich so und nicht anders?« Und obwohl diese Frage nie kommt, kann ich gar nicht damit aufhören, mich zu rechtfertigen – nur so zur Sicherheit...

Dafür sind garantiert besagte mütterliche Schuldgefühle verantwortlich. Aus Angst, ich könnte etwas falsch machen, nicht gut genug sein, lege ich diesen leicht aggressiven Tonfall an den Tag. Dabei fürchte ich mich wahrscheinlich einfach nur davor, von anderen Eltern verurteilt und als schlechte Mutter gebrandmarkt zu werden.

Und es geht nicht nur mir so. Ich bekomme ständig mit,

wie sich Mütter für alles Mögliche rechtfertigen. Dabei ist das vollkommen unnötig, total überflüssig! Im Folgenden eine Liste mit Rechtfertigungen, die ich tatsächlich so in Krabbelgruppen oder auf dem Spielplatz gehört habe – gefolgt von dem, was ich damals gern geantwortet hätte (doch ich fürchte, ich habe vermutlich nur verständnisvoll genickt):

»Ich hab ihm den Schnuller bloß gekauft, weil er so viel quengelt, er hilft ihm, sich zu beruhigen, auch wenn ich an und für sich nichts von Schnullern halte ...«

Na wunderbar! Der Schnuller scheint wirklich zu helfen! Ich wünschte, meine Kinder hätten sich auch damit beruhigen lassen, aber das hat leider nicht funktioniert. Meine Babys haben sich von gar nichts beruhigen lassen – Pech gehabt!

»Normalerweise bekommt sie vormittags noch keinen Keks, aber wir haben gerade kein Obst da, also ...«

Nur keine Panik! Die Kleine bekommt einen Keks, na und? Ich sehe, dass sie glücklich und gesund ist, mit Sicherheit bekommt sie auch ab und an was Anständiges zu essen. Aber sie mag Schokokekse, sie ist schließlich ein Kind. Das Kind, das *keine* Schokokekse mag, muss erst noch geboren werden! Du hast ihr den Keks versprochen, wenn sie brav auf die Toilette geht. Das hat geklappt, prima! Jegliche Rechtfertigung ist völlig überflüssig.

»Der Fernseher läuft bloß, weil ich die Wäsche machen muss, so ist sie eine halbe Stunde abgelenkt. Normalerweise schaut sie um diese Uhrzeit nie fern ...«

Ein bisschen Fernsehen hat noch niemandem geschadet! Dauerbeschallung ist natürlich nicht gerade ideal, aber seien wir doch mal ehrlich: Wir haben eben auch noch was zu erledigen! Ein Hoch aufs Kinderfernsehen – den Babysitter, der niemals Urlaub macht!

Auch beim Thema Stillen gehen viele Mütter sofort in Abwehrstellung. Ich kann das gut verstehen, schließlich ist das eine sehr emotionale Angelegenheit. Ich war selbst versucht, jedermann/jeder Frau/jedem Kind/jedem Hund zu erklären, warum ich mein Baby bereits nach vier Monaten abstille. Einmal habe ich sogar die Frau hinter mir an der Drogeriemarktkasse damit zugetextet, dass Henry Reflux hat und zu langsam zunimmt. Sie hatte weder Interesse noch Bedarf an Henrys Krankengeschichte, trotzdem musste sie sich meine ganze Stillproblematik anhören. Denn genau das habe ich in dem Moment gebraucht – ich war·hormongesteuert, überempfindlich und ängstlich, dass mich jemand wegen der Säuglingsnahrung in meinem Einkaufskorb verurteilen würde. Ich verspürte den unstillbaren Drang, dieser Frau zu erklären, dass ich es *wirklich* versucht hatte.

Ich kann nur sagen, dass ich *keinerlei* Rechtfertigung erwarte, wenn ich eine Mutter nach dem Stillen frage und erfahre, dass sie ihrem Kind die Flasche gibt. Ich wollte mit dieser Frage einfach nur ins Gespräch kommen. Ich werde auch nicht damit anfangen, ihr was von durchgeweichten Stilleinlagen zu erzählen, wenn sie nicht gestillt hat. Und sie umgekehrt nicht fragen, was sie von einer bestimmten Sorte Babynahrung hält, wenn sie ausschließlich stillt. Ich will einfach nur wissen, wie es läuft. Ohne dass sie mir ausführlich erzählen muss, wie schwer es war, das Baby anzulegen, dass es ein unterdurchschnittliches Geburtsgewicht hatte oder dass sie wegen einer Brustdrüsenentzündung abstillen musste. Sollte sie das Bedürfnis haben, über diese Themen zu reden, bin ich selbstverständlich ganz Ohr. Aber sie muss sich nicht rechtfertigen.

Vor lauter Angst vor Kritik an unserer Erziehung fühlen wir uns gezwungen, uns zu verteidigen. Wir befürchten, geprüft und nicht für gut befunden zu werden. Vielleicht hoffen wir, mit unseren Erklärungen jede Kritik im Keim ersticken zu können: »Wenn ich erkläre, warum ich etwas tue, wird man nicht so schlecht über mich denken …«

Doch die Wahrheit ist, dass man es so oder so tun wird. Denn manche Leute können es einfach nicht lassen.

Ich habe Mütter kennengelernt, die hemmungslos über andere urteilen. Mütter, die sich für das Maß aller Dinge halten und überzeugt davon sind, alles richtig zu machen. Schließlich haben sie die richtigen Ratgeber gelesen und wissen: entweder so oder gar nicht! Das sind auch die Mütter, die einem ungebetene Ratschläge erteilen, von der Sorte: »Ich persönlich habe festgestellt…«, oder: »Ich würde da vorsichtig sein, denn ich habe gelesen, dass…«

Damals bei Henry habe ich immer genickt und gelächelt, wenn ich von solchen Müttern »beraten« wurde, nur um mich dann erst recht wie eine Versagerin zu fühlen, weil man mich als unprofessionell geoutet hatte. Beim zweiten Kind schaffte ich es meist, solche ungebetenen Einmischungen einfach zu ignorieren.* Kommen mir heute wohlmeinende, aber übergriffige Mütter mit Perlen der Weisheit wie: »Wissen Sie, das Wörtchen ›ungezogen‹ sollten Sie unbedingt vermeiden, weil es so negativ ist und sich ungünstig auf die weitere Entwicklung Ihres Kindes auswirken kann« (Genau das hat mir tatsächlich mal jemand gesagt!), lächle ich äußerst schmallippig, und hoffe, dass meine Botschaft ankommt, die da lautet: »Sollte ich Hilfe brauchen, gebe ich Bescheid. Ansonsten halt dich bitte zurück!«

Sollten Sie öfter mit solchen Besserwisserinnen zu tun haben, empfiehlt es sich, sie einfach zu ignorieren. Sie müssen sich als Mutter nicht ständig rechtfertigen. Denn

---

* Ich kann aber sehr wohl ungebetene Ratschläge von gutem Rat unterscheiden: Manchmal hat der andere wirklich nur die Sicherheit oder das Wohlbefinden des Kindes im Sinn, und wenn jemand hinterfragt, wie ich den Kindersitz befestige oder mich darauf hinweist, dass sich Jude ein Steinchen in den Mund gesteckt hat, bin ich sehr dankbar dafür. Manchmal sehen andere Eltern, wie man sich abmüht und denken: Das kenne ich, da kann ich helfen. Wunderbar, wir Eltern müssen zusammenhalten! Nur den Predigten à la: »Das muss man aber genau so machen und nicht anders«, zeige ich den Stinkefinger.

auch dadurch sind Sie nicht vor der Kritik anderer Mütter gefeit: Es wird immer welche geben, die sich einbil-
den, es besser zu wissen. Kümmern Sie sich nicht darum,
was andere von Ihnen denken! Gehen Sie hoch erhobenen
Hauptes ihren Weg.

Denn genau das wirkt erstaunlich gut. Wer klarstellt:
»Ich mache das so und so, weil es für mich und meine
Familie gut funktioniert«, erntet Respekt. Es zeugt von
Selbstbewusstsein, davon, dass Sie *selbst* wissen, was rich-
tig ist. Und zwar nicht für alle Welt, wie diese Besserwis-
serinnen glauben, sondern *für Sie*. Für *Ihre* Kinder. Für
Ihre Familie.

»Nein, ich stille nicht.«

»Ja, sie ist drei und trägt noch Windeln.«

»Nein, ich habe nicht vor, wieder arbeiten zu gehen.«

Sie verstehen, was ich meine.

Sie müssen sich vor niemandem rechtfertigen!

Verteidigen Sie sich nur, wenn Sie wirklich das Bedürfnis dazu haben. Man kann es nicht jedem recht machen:
Jeder ist anders, und das gilt erst recht für unsere Kinder.

Wie unterschiedlich man mit Erziehungsproblemen
umgehen kann, wurde mir erst klar, als mir ein Vater
nach Lektüre meines Blogs und den Kommentaren darauf schrieb: »Meinungen sind wie Arschlöcher. Jeder hat
eins.«

Wenn Sie *das* bei der nächsten unliebsamen Begegnung
mit einer Besserwisserin nicht zum Lachen bringt, kann
ich Ihnen auch nicht helfen!

»Im letzten Urlaub waren die Kinder den ganzen Tag müde und quengelig, außerdem wussten wir nicht wohin mit unserem acht Monate alten Baby, das noch nicht krabbeln konnte, sich aber dafür liebend gern vom Sofa stürzte. Schließlich hab ich meiner Familie erzählt, ich hätte mich im Rückreisedatum geirrt, dabei sind wir absichtlich einen Tag früher zurückgefahren, weil der Urlaub so nervig war.«

Kasie

Jeder muss sich mal auskotzen

Dass ich mich regelmäßig auskotze*, ist nachweislich bekannt.

Inzwischen bekomme ich täglich Reaktionen auf meinen Blog – von Leuten, die sich ebenfalls auskotzen müssen und deren Solidarität ich sehr zu schätzen weiß. Vor allem, wenn ich mich gerade wieder mal aufs Klo im Erdgeschoss zurückgezogen habe und versuche, nicht zusammenzubrechen, nicht gleich mit dem Kopf gegen die Wand zu rennen (manchmal eine durchaus verlockende Vorstellung).

Folgende Dinge, über die ich mich auskotzen musste, sind auf meinem Blog zu finden:

- Henry bekommt einen Tobsuchtsanfall wegen »falscher« Schnürsenkel (obwohl die schon in seinen Schuhen steckten, als wir sie gekauft haben).

---

* Mir ist bewusst, dass »sich auskotzen« keine besonders vornehme Ausdrucksweise ist, aber es passt einfach wie die Faust aufs Auge.

- Ich muss Jude wegen seiner Kack-Tornados zum vierten Mal in vier Stunden einen neuen Strampler anziehen.

- Schlechte Laune bei beiden Kindern, gefolgt von wildem Um-sich-Schlagen und -Treten (die Kinder, nicht ich).

- ...und zahlreiche andere nervenaufreibende Situationen – wie damals, als Henry ins Bett machte und prompt die Waschmaschine kaputtging.

Meist reicht es, wenn ich laut stöhne, um meiner Verzweiflung Luft zu machen, und mir dann eine Tasse Tee aufbrühe. Ich habe mal ein Schild gesehen, auf dem stand: »Eine Tasse Tee, und schon ist die Welt wieder in Ordnung.« Auch ich finde, dass es fast nichts gibt, was eine Tasse Tee nicht erträglicher machen kann. Außer vielleicht die Aussicht auf einen ordentlichen Drink, wenn die Kinder schlafen. »Wäre doch nur schon Bettzeit und Gin-Tonic-Zeit!«, habe ich oft genug lachend zu James gesagt.

Manchmal ist mir jedoch überhaupt nicht zum Lachen zumute.

Manchmal verspüre ich weder den Drang, mir die Augen auszustechen noch laut zu brüllen noch Gin Tonic aus der Dose zu trinken, obwohl ich ein großer Fan von Dosen-Gin-Tonic bin.

Manchmal verspüre ich auch nicht den Drang, mich im Klo einzusperren.

Denn manchmal bin ich einfach nur völlig verzweifelt. Das sind die Tage, an denen mir die Kinder wirklich alles abverlangen und ich nicht mehr aus noch ein weiß.

Mir ist bewusst, dass ich mich überwiegend wacker schlage und sträflich übertreibe, wenn ich behaupte, keine gute Mutter zu sein. Aber es gibt Momente, da befürchte ich ernsthaft, dass es stimmt, Momente, in denen sich mein Magen so verknotet, dass ich keinen Bissen mehr runterbringe und auch kein noch so kleines Schlückchen Tee.

Manchmal werde ich einfach das Gefühl nicht los, als Mutter eine Fehlbesetzung zu sein.

Wenn ich die Nerven verliere, weil im Auto ununterbrochen gequengelt wird. Wenn ich Henry anlüge und behaupte, die Rutsche sei noch nass, bloß weil ich die Vorstellung des dreiundachtzigsten Spielplatzbesuchs in dieser Woche unerträglich finde. Wenn ich mir wünsche, dass es nicht noch drei Tage bis zum Wochenende sind, weil ich es einfach nicht länger allein mit den Kindern zu Hause aushalte … dann habe ich Angst, dass mit mir etwas ernsthaft nicht stimmt.

Warum kann ich die Zeit zu Hause nicht genießen?

Warum fällt mir das nur so verdammt schwer?

Geht es anderen Müttern auch so?

Haben sie genauso zu kämpfen?

Finden andere Mütter das zeitgleiche Gebrüll von Baby

und Kleinkind auch so anstrengend, dass sie unter die Dusche gehen und mit einstimmen? Sodass dann *drei* Personen im Bad heulen? (Keine Ahnung, was meine Nachbarn denken!)

Wenn mich solche Selbstzweifel erfassen, bekomme ich das Gefühl zu ersticken, ja, ich kriege richtig Panik. *Mann, was bin ich bloß für eine Scheißmutter! Ich schaff das einfach nicht!* Anschließend mache ich mich nur noch mehr fertig, indem ich mich mit den #livelaughlove-Müttern auf Instagram vergleiche. Angesichts des Dauergrinsens, der tollen Mutter-Kind-Aktivitäten und der vielen coolen Outfits kann ich eigentlich nur verlieren. Warum tragen die eigentlich nicht das fleckige Kapuzenshirt von gestern? Doch so rasch mich diese Selbstzweifel überfallen, so rasch sind sie auch wieder verschwunden, oft dann, wenn James von der Arbeit kommt oder das Sandmännchen im Fernsehen läuft. Meine Güte, denke ich dann. Wieso musst du dich eigentlich ständig mit diesen Müttern vergleichen? Natürlich weiß ich, dass es nicht gerade toll ist, im Bad zu heulen, meinen Sohn anzulügen und im Auto Mordgedanken zu hegen. Trotzdem ist das noch lange nicht repräsentativ für meine Fähigkeiten als Mutter.

Mein einziger Maßstab sind meine Jungs. Wie es ihnen geht, wie sie sich fühlen. Nichts ist wichtiger, als dass sie sich geliebt fühlen.

Nach einem besonders harten Tag, nur wenige Monate nach Judes Geburt, war ich wirklich völlig am Ende. Ich machte nicht mal mehr Witze darüber, sondern konstatierte einfach nur, dass ich *die größte Rabenmutter aller Zeiten* war.

Den ganzen Tag lang hatte ich mich von meinen Kindern fortgewünscht.

Ich hatte sie einfach nicht verdient.

Sie hatten etwas Besseres verdient!

Dann wurde es Schlafenszeit. Jude döste beim Stillen ein, und ich saß zehn Minuten mit ihm im Halbdunkel und streichelte seine kleinen Ohren. Da lächelte er. Vielleicht verzog er auch nur das Gesicht, weil er Blähungen hatte, denn kurz darauf kotzte er mir den BH voll. Aber selbst wenn es nur eine Grimasse war, sah er in diesem Moment genauso glücklich und zufrieden aus wie die Babys auf den Ratgeber-Covern. Anschließend sagte ich Henry gute Nacht. Doch anstatt ihn einfach nur zuzudecken, legte ich mich neben ihn und las ihm zwei Geschichten vor. Staunte, wie viel er schon verstand, wie intelligent, witzig und fröhlich er war.

»Ich liebe dich bis zum Mond und wieder zurück, mein Wonneproppen«, sagte ich und kicherte, als er erwiderte: »Kackapopopupsproppen.« (Er war gerade in der Kackapopopupsphase.) Dann ließ ich mich aufs Sofa fallen und schaute mir »Ich bin ein Star, holt mich hier raus« an. Mit dem guten Gefühl, alles richtig gemacht zu haben. Ging es uns nicht gut?

Vermutlich ist es nur normal, dass es auch Tage gibt, an denen nichts gut geht.

An denen man das Gefühl hat zu versagen.

An denen man sich am liebsten von seinen Kindern scheiden lassen würde, weil sie sich aufführen wie Arschlöcher.

Tage, an denen einfach alles schiefläuft.

Zugegeben, manchmal läuft mehr schief als mir lieb ist, und wenn ich solche Tage abschaffen könnte, würde ich es tun. Aber das geht leider nicht. Doch wenn ich mir meine Jungs so ansehe, muss es das auch gar nicht.

Wenn Sie sich auch manchmal mit solchen Scheißtagen quälen und das dringende Bedürfnis haben, sich auszukotzen, sollten Sie wissen:

Sie sind deswegen noch lange keine schlechte Mutter.

Sondern einfach nur *menschlich*.

Sie sind völlig in Ordnung, okay?

Wir alle kennen solche Tage – sie gehören zum Muttersein einfach dazu!

Doch sollten Sie tatsächlich das Gefühl haben, es überhaupt nicht mehr zu schaffen, weil es Ihnen tagein, tagaus immer nur schlecht geht, dann lassen Sie sich bitte helfen! Sprechen Sie mit Ihrem Arzt oder Ihrer Hebamme, weitere Adressen finden Sie auf Seite 343.

»Ich bin oft heulend dagesessen, weil ich mein eigenes Kind nicht ausstehen konnte – welche Mutter kann bitte schön ihr eigenes Kind nicht ausstehen?«

Gina

Mit zig Bällen gleichzeitig jonglieren

Ich kann mich nicht erinnern, dass ich irgendwann mal keine ellenlange To-do-Liste hatte. Diese Liste existiert größtenteils nur in meinem Kopf und ändert sich ständig, weil ich in meinem chaotischen Hirn nur Platz für eine bestimmte Anzahl an Punkten habe. Deshalb fällt »muss endlich Fotos von Jude ausdrucken, damit niemand denkt, wir hätten bloß einen Sohn« immer wieder hinten runter, um Platz zu machen für »beim Finanzamt anrufen« und »Geburtstagskarte für Opa kaufen«. Besonders dringende Dinge werden in den raffinierten Terminplaner eingetragen, den ich mir gekauft habe, als ich noch glaubte, eine perfekt organisierte Mutter werden zu können. Meine Gedächtnisnotizen werden zunächst nur mit Kugelschreiber eingetragen (»Impftermin für Henry ausmachen«, »Rechnungen verschicken«). Sind sie zwei Wochen später immer noch nicht abgearbeitet, werden sie unterstrichen, mit Textmarker eingefärbt und irgendwann so lange wütend mit Textmarker bearbeitet, bis die Farbe das Papier durchweicht und auf die nächsten Seiten durchscheint. Der einst so schicke Terminplaner ist inzwischen nur noch ein neongelb vollgekleckster Beweis für totale Unfähigkeit.

Die sich ständig ändernde To-do-Liste in meinem Kopf würde auf Papier noch viel schlimmer aussehen, denn sie ist nichts weiter als eine chaotische Ansammlung von Punkten, die wirklich dringend erledigt werden *müssen* und Dingen, die ich tun *sollte* (und derentwegen ich ständig ein schlechtes Gewissen habe):

Badezimmermatte kaufen, Kindergärten besichtigen (andere Eltern haben das längst erledigt!), Klamotten zum Secondhandladen bringen (noch mehr ausmisten?), die nächsten Kapitel fürs Buch schreiben, Dusche entkalken und Schimmel entfernen, Müllbeutel kaufen, Karten für Dankesschreiben besorgen (zu spät? Entschuldigungsmails wegen üblicher Schlamperei verschicken), mehr Gemüsegerichte kochen, bevor die Kinder Mangelerscheinungen bekommen, Frau Dingsbums wegen dingens antworten, Jude vorlesen oder ihn zu einem Kurs anmelden, weil er noch gar keine Kurse besucht hat, neue Hose für Henry kaufen, Zeitschriftenkolumnen schreiben, neues Waschbecken bestellen, Sport treiben und/oder Hanteltraining gegen schlaffe Oberarme machen, zum Frauenarzt gehen und Verhütungsmittel verschreiben lassen (DRINGEND!!!), Blog weiterschreiben, Kostenvoranschläge für Fensterreparatur einholen, Geburtstagstermine nachschauen (hab ich mich etwa schon wieder doppelt verabredet?), kaputtes Handydisplay reparieren lassen, Handcreme benutzen, den Ausgehabend organisieren, den ich schon dreimal abgesagt habe, Wohnzimmer sieht aus wie eine Müllhalde: Aufbewahrungsboxen für Spielzeug kaufen (Ikea?), meine Schwester anrufen.

Wie man sieht, jongliere ich mit zig Bällen gleichzeitig bei dem Versuch, mit der Linken den Mutter- und Ehefrau-Ball zu fangen und mit der Rechten den Karriere-Ball in der Luft zu halten. Weder der eine noch der andere darf mir entgleiten, deshalb werden meine Arme manchmal unglaublich schwer. Wegen dieser Doppelbelastung bleibt mir nichts anderes übrig, als den Haushalts-Ball (sprich, das Verlängern der Versicherungsverträge, die Thermenwartung, die Hausarbeit und all den anderen Mist, um den man sich als Erwachsener kümmern muss) einfach fallen zu lassen. Gott sei Dank gibt es James, der auch noch vieles auffängt, zum Beispiel das Abtragen der Kreditkartenschulden und das Ablesen der Gas- und Wasserzähler, von denen ich nicht mal weiß, wo sie sich eigentlich befinden.

Ich bin immer sehr ordentlich gewesen (»ein Platz für alles und alles an seinem Platz«). Aber so leid es mir auch tut: Ich kann meine früheren Standards nicht aufrechterhalten. Unsere einst so gut sortierten Schränke quellen über vor Zeug, das niemand braucht – meist muss ich den Türen einen Fußtritt verpassen, damit sie geschlossen bleiben. Überall liegt Staub – dort, wo man ihn nicht sieht, aber auch dort, *wo* man ihn sieht. Der früher stets auf Hochglanz polierte Fernsehständer aus Glas (ja, keine gute Idee, ich weiß!) ist ständig voller kleiner Fingerabdrücke. Wenn ich dann abends versuche, mich vor der Glotze zu entspannen, wird mein Blick magisch von dem Lippenabdruck angezogen, der mir verrät, dass Jude (wieder einmal) versucht hat, irgendwelche Zeichentrickfiguren zu küssen, und zwar unmittelbar nach dem Genuss einer Schüssel Porridge.

Doch nicht nur der Haushalt ist mir entglitten. Es gab auch mal einen Ball mit der Aufschrift »Zeit für mich«, prall gefüllt mit Dingen wie Strähnchen färben lassen, regelmäßig schwimmen gehen, Freundinnen treffen oder in Klatschzeitschriften über VIP-Mütter lesen, die bereits drei Stunden nach der Entbindung wieder Size zero tragen. Dieser Ball ist irgendwie unters Sofa gerollt, und ich krieche ihm bestenfalls einmal im Jahr hinterher, wenn meine Haare so schlimm rausgewachsen sind, dass ich einfach zum Friseur gehen *muss*. Einmal habe ich es sogar zum High-Definition-Brauenzupfen geschafft, die Folgesitzungen allerdings versäumt und mir stattdessen eine Augenbrauenschablone gekauft.

Sollte ich tatsächlich irgendwann Zeit haben, die Küchenmöbel fertig zu streichen (womit ich vor anderthalb Jahren begonnen habe, Sie erinnern sich!), *hinter* dem Fernseher zu staubsaugen (was seit dem Nestbautrieb in meiner ersten Schwangerschaft nicht mehr passiert ist) oder mehr als nur die Hälfte meines Körpers mit Selbstbräuner zu behandeln, werde ich sicherlich ein schlechtes Gewissen haben, diese Zeit nicht in die ebenfalls gefährlich außer Reichweite geratenen Bälle »Mutterschaft« und »Karriere« investiert zu haben.

Ich habe mich immer als jemanden gesehen, der es schafft, Kinder und Karriere unter einen Hut zu bringen. Ich hatte mir vorgenommen, von der gelungenen Business-Präsentation im Konferenzraum direkt zur Weihnachtsaufführung meiner Töchter (tja...) zu eilen. Die anderen Eltern würden nur so staunen! Als ich das erste Mal in Mutterschaftsurlaub war, ging ich fest davon aus, schon bald wieder Vollzeit oder zumindest vier Tage die Woche im Finanzsektor zu arbeiten, um meine hart erkämpfte Karriere nahtlos fortzusetzen. Eine Wunschvorstellung, die sich nur wenige Monate aufrechterhalten ließ. Ich wollte wirklich in meinen alten Job zurück, merkte aber schnell, dass ich mich nicht mehr so engagieren konnte wie früher. Wenn ich Henrys kleines Gesicht sah und spürte, wie er sich an mich klammerte, sobald ich nur den Raum verließ, bekam ich Bauchschmerzen bei dem Gedanken, ihn unter der Woche den ganzen Tag abzugeben, vielleicht sogar das Baden und die Gutenachtgeschichte zu verpassen. Ich weiß, dass viele Frauen (auch Mütter, die ich kenne) das durchaus schaffen und in gute Positionen zurückgekehrt sind. Ich empfinde nichts als Hochachtung für sie (und vielleicht auch einen winzigen Hauch Eifersucht).

Trotzdem spürte ich – und da bin ich sicherlich nicht die Einzige –, dass dabei irgendwas zu kurz kommen würde. Früher war es für mich selbstverständlich, bis spätabends zu arbeiten und auch am Wochenende meine dienstlichen Mails zu checken. Ich war eine ehrgeizige Vierundzwanzigjährige mit Firmenwagen, adrettem Kostüm und Pumps, die es genoss, Finanzierungsverträge abzuschließen, um dann zu einer Flasche Wein und diversen BlackBerry-Checks nach Hause zurückzukehren. Ich opferte mich mehr oder weniger für die Arbeit auf. (»Es ist 22 Uhr, aber ich werde dieses Mail noch beantworten, um zu beweisen, wie *wahnsinnig* beschäftigt und ehrgeizig ich bin.«) Damals war mir das gerade recht, denn neben dem Aufräumen ohnehin aufgeräumter Schränke und Powerwalking zu meiner Lieblingsmusik (meine beiden damaligen Hobbys), hatte ich unter der Woche eigentlich sonst kaum etwas zu tun. Selbst wenn ich krank war, arbeitete ich noch vom Bett aus. Ich gab wirklich alles für meinen Job.

Die berufstätige Mutter, die ich heute bin und deren Figur in den Blusen von früher ziemlich enttäuschend wirkt, die es nicht ohne Babykotze auf der Strumpfhose aus dem Haus schafft und schon um fünf wieder daheim sein muss, um das Abendessen zuzubereiten, sagt in letzter Minute Besprechungen der Kinder wegen ab und kann auf keinem Gebiet *alles* geben – weder als Mutter noch im Job.

Ich habe geweint, als ich meinen Vollzeitjob zugunsten

einer Teilzeitstelle an der hiesigen Universität kündigen musste. Es war, als hätte ich all meine beruflichen Ambitionen aufgegeben. Gleichzeitig weiß ich, dass mich mein alter Job nur frustriert hätte. Ich hätte zwar mein Bestes gegeben, aber es wäre eben nur mein Bestes als berufstätige *Mutter* gewesen, beschränkt auf die Zeit zwischen neun und fünf, von Montag bis Donnerstag. Nicht mein Bestes, wie ich es von früher gewohnt war. Ich konnte den Vergleich mit meinen Leistungen von damals, als ich noch keine Kinder und richtige Brüste hatte, einfach nicht ertragen.

Als Henry ein halbes Jahr alt war, gab ich ihn in die Krippe, um an der Universität anfangen zu können. Es war ein Teilzeitjob, drei Tage die Woche: ein Traum für berufstätige Mütter. Auf diese Weise könnte ich das Beste aus beiden Welten haben, so sagten mir viele. Und genau das wollte ich damals: *alles* haben, *alles* schaffen, *alles* sein. Seitdem habe ich erneut den Job gewechselt (jetzt arbeite ich als freie Autorin, mal sehen, wie sich das entwickelt), bin allerdings nach wie vor in Teilzeit, da die Jungs und ich uns an den Dreitagerhythmus gewöhnt haben.

Bedeutet das nicht, dass ich nach wie vor alles habe? Das Beste aus beiden Welten? Ich bezweifle das stark. Ich finde zwar nach wie vor, dass ein Teilzeitjob das Beste für unsere Familie ist, weil ich auf diese Weise mehrere Tage zu Hause bleiben und ganz in der Mutterrolle aufgehen kann, um dann ein paar Tage zu arbeiten, um mehr zu sein als *nur* Mutter (wie gesagt, allen Vollzeitmüttern gilt meine Bewunderung, ich selbst würde allerdings durchdrehen).

Ich mag meine Doppelrolle, trotzdem gibt es Tage, an denen ich mich frage, ob es nicht utopisch ist, das Beste aus beiden Welten haben zu wollen. Natürlich gibt es heute viele Stellen mit flexiblen Arbeitszeiten für Mütter und Väter bzw. Jobs, bei denen man von zu Hause aus arbeiten kann. Aber eben immer noch deutlich mehr, bei denen man auf keinen Fall pünktlich zur Gutenachtgeschichte wieder zu Hause ist. Deshalb kenne ich genügend Mütter, die auf eine Beförderung verzichtet haben, weil sie sich eben auch noch ihren Kindern widmen wollen.

Es gibt Tage, da bin ich das Jonglieren leid. Dann bin ich einfach nur frustriert, weil ich keinen meiner Bälle besonders gekonnt hochhalte. Ich wünschte, ich könnte mehr Aufträge annehmen, aber das geht leider nicht. Ich wünschte, ich könnte all meine Mails beantworten und mit wichtigen Leuten telefonieren, ohne Henry mitten im Gespräch den Hintern abwischen zu müssen, aber das geht leider nicht. Ich wünschte, ich könnte die ganzen Einladungen zu coolen Arbeitstreffen in London annehmen, aber das geht leider nicht. Gleichzeitig habe ich immer noch ein schlechtes Gewissen, weil ich meine Kinder drei Tage die Woche abgebe. Ich fühle mich schuldig, wenn James und ich beide so spät mit der Arbeit fertig sind, dass wir nur noch Fischstäbchen auftischen können. Wenn mich Henry an einem Mittwochabend fragt, ob ich morgen mit ihm auf den Spielplatz gehe, und ich ihm sagen muss: »Nein, morgen nicht, Schätzchen, da muss ich arbeiten«, woraufhin er fragt, ob es denn übermorgen klappt, und ich sage: »Da muss ich auch arbeiten. Trotzdem werden wir ganz bald zusammen auf den Spielplatz gehen, das verspreche ich dir!«

Deshalb habe ich nicht immer das Gefühl, das Beste aus beiden Welten zu haben – ich mache weder das eine noch das andere richtig gut, kann aber auch nichts davon aufgeben und mich ausschließlich auf meine Mutterrolle oder auf meinen Beruf konzentrieren. Ich jongliere mit beiden Welten, und mehr darf man vielleicht auch gar nicht erwarten. Vielleicht sind meine chaotische Organisation und mein chaotischer Haushalt einfach der Preis, den ich dafür zahle, alles haben zu wollen. Die Supermutter würde natürlich alles schaffen, logisch. Aber für alle anderen gilt: Irgendwas muss hinten runterfallen.

An allererster Stelle steht für mich meine Familie, und das wird auch immer so bleiben, dicht gefolgt von meinem Beruf, denn der hilft mir dabei, wieder mal ich selbst und nicht ganz so verpeilt zu sein. Der ganze Rest, die Alltagsorganisation – nun, die muss eben ein bisschen leiden. Ich fürchte, ich werde das entweder akzeptieren oder mir eine Putzfrau anschaffen müssen. Ich fürchte nur, dass ich mich dann verpflichtet fühlen werde zu putzen, bevor die Putzfrau kommt, so schlimm schaut es bei uns aus!

Aber ein Tag hat eben nur vierundzwanzig Stunden.

Und so geschieht es eben, dass ich vier Tage vergeblich auf die PIN einer Kreditkarte warte… die schon vor

Wochen eingetrudelt war und die ich »an einem sicheren Ort« notiert hatte.

Dass der Sonntag der einzige Tag in der Woche ist, an dem ich Gemüse zubereite, das nicht aus einer Dose kommt.

Dass ich die Spielzeugberge nach wie vor nervig finde, sie aber einfach mit dem Fuß unters Sofa schiebe und das Aufräumen auf morgen vertage.

Als Eltern haben wir ohnehin viel um die Ohren: Dinge, die noch erledigt werden wollen, die wir dringend tun sollten, die wir vergessen haben oder gerne tun würden, wenn wir endlich Zeit dafür hätten …

Deshalb können wir nicht mehr tun, als zu entscheiden, welche Bälle unbedingt im Spiel bleiben müssen – nämlich diejenigen, die uns glücklich machen, die uns ausmachen. Und angesichts der anderen, die runterfallen, tief durchzuatmen.

Man kann nicht alles schaffen.

Nur den Vorleger fürs Badezimmer, den muss ich wirklich dringend kaufen!

Für dich, Mama

Ich schreibe ein Buch, Mama. Ein richtiges Buch! Ich bin dermaßen stolz deswegen, trotzdem zerreißt es mir bei diesem Kapitel schier das Herz, weil du es nicht mehr lesen kannst. Vielleicht ist es dumm, das hier überhaupt aufzuschreiben, aber es gibt Dinge, die ich einfach loswerden will. Und wenn nicht im Rahmen dieses Buches, wann dann? Ich möchte nicht, dass sie ungesagt bleiben, auch wenn du nie davon erfahren wirst. Oh, wie sehr ich wünschte, dass du dies hier sehen könntest!

Als ich neulich in der Stadt war, sah ich eine Frau in meinem Alter aus einem Geschäft kommen. Noch nie bin ich auf eine Wildfremde so eifersüchtig gewesen! Sie hatte etwas dabei, dass mir kein Geld der Welt kaufen kann, nämlich ihre Mutter. Die beiden gingen Arm in Arm, redeten über die Läden, die sie noch besuchen wollten und einigten sich darauf, vorher noch einen Kaffee trinken zu gehen.

Ein wirklich seltsamer Moment, denn einerseits wollte ich am liebsten den Blick abwenden, zwischen den Passanten untertauchen und so tun, als hätte ich gar nichts gesehen. Andererseits konnte ich mich von ihrem Anblick einfach nicht losreißen. Es war ein so besonderer, wunderbarer Moment, dass ich ihnen am liebsten zugerufen hätte: »Haltet euch fest, und genießt jede gemeinsame Minute, die euch bleibt!«

Ach, wie ich wünschte, du wärst jetzt hier, Mama! Ich würde so gern einen Kaffee mit dir trinken gehen, obwohl ich gar keinen Kaffee mag. Du hast sonntags gern Kaffee getrunken und die Zeitung gelesen – vielleicht hätte ich irgendwann doch noch Gefallen daran gefunden.

Ich wünschte, ich könnte mich bei dir unterhaken und mit dir zusammen Klamotten shoppen. Ich wünschte, du würdest sagen, dass wir zuerst zu Marks & Spencer gehen sollen, »weil sich die Sachen von denen nicht so schnell auswaschen.«

Aber vor allem wünsche ich mir, wir könnten noch all die Mutter-Tochter-Momente erleben, die uns versagt geblieben sind. Ich wünschte, du könntest mich besuchen, um über Gott und die Welt zu plaudern. Mich ins Gartencenter begleiten und mir mit den Geburtstagstorten für die Jungs helfen – an Judes erstem Geburtstag war ich völlig überfordert und versaute die Glasur. Du hättest nie im Leben die falsche Glasur verwendet! Ich wünschte, die Jungs könnten Kuchen von ihrer Oma Debbie bekommen. Viele sagen, wie schade es doch ist, dass sie dich nie kennengelernt haben. Doch es ist weit mehr als nur schade. In unserem Leben klafft eine Riesenlücke. Egal, wo ich bin und was ich tue – irgendetwas fehlt immer. Du fehlst!

Henry fragt oft nach dir. Er hat ein Foto von dir auf meinem Nachttisch entdeckt, und wir mussten ihm erklären, dass du zwar seine Oma bist, er aber nicht bei dir übernachten kann. Und dass du ihn auch nie zum Schwimmen abholen wirst. Ich habe ihm gesagt, dass du »über den Regenbogen« gegangen bist. Und als er wissen wollte, ob es dir dort gefällt, musste ich mich schwer beherrschen, um nicht laut loszuschluchzen.

Ich glaube nicht daran, dass man über den Regenbogen geht oder in den Himmel kommt. Ich glaube nicht an ein Leben nach dem Tod. In meinem tiefsten Innern bin ich fest davon überzeugt, dass wir eines Tages sterben, und das war's dann. Nur in unserer Erinnerung bleibt der Mensch lebendig, aber von seinem Körper und seiner Seele bleibt nichts mehr übrig. Gern würde ich darauf vertrauen, dass du irgendwo über mich wachst – so viele nette Menschen haben mir das immer wieder gesagt, um mich zu trösten –, aber ich bin dafür wohl einfach zu realistisch.

Bevor Henry wissen wollte, was aus seiner Oma geworden ist, hatte ich ihm eigentlich die Wahrheit sagen wollen. Aber als es so weit war, sagte ich nicht: »Wenn Menschen sterben, sind sie weg, Liebling«, sondern: »Oma Debbie ist über den Regenbogen gegangen, zusammen mit unserer Katze Floyd und all den anderen, die zu krank waren, um hier bei uns auf der Erde bleiben zu können.«

Eines Tages, und zwar schon sehr bald, werde ich ihm erklären müssen, dass wir den wunderbaren Ort meinen, an dem wir deine Asche verstreut haben, wenn wir sagen, dass wir zu Oma Debbies Strand gehen.

Es ist einfach so traurig!

Manchmal frage ich mich, wie du dich in den letzten Monaten im Krankenhaus gefühlt haben musst. Ich war damals noch zu jung, um mir wirklich Sorgen zu machen. Ich hatte Hausaufgaben zu erledigen, und wenn die Besuchszeit vorbei war, fuhr uns Dad zum Abendessen nach Hause. Wenn ich heute daran denke, wie allein du damals gewesen sein musst, würde ich am liebsten die Zeit zurückdrehen und jede Minute bei dir am Bett sitzen. Du wolltest, dass wir so normal wie möglich weiterleben, uns auf die Schule konzentrieren. Das war für uns damals zwar genau richtig, aber es dauerte nicht lange, und du warst weg. Keine Besuche mehr.

Ich würde alles darum geben, bei dir zu sitzen, deine Hand zu halten und nicht von deiner Seite zu weichen. Ich hatte solche Angst vor dem Moment, in dem du uns verlassen würdest, dass ich mir nie Gedanken darüber gemacht habe, welche Ängste *du* ausgestanden haben musst. Wie verzweifelt du gewesen sein musst in dem Wissen, dass wir ohne dich groß werden würden. Heute weiß ich, was eine Mutter für ihre Kinder empfindet, und der Gedanke, Henry und Jude müssten ohne mich aufwachsen, ist mir einfach unerträglich. Es muss so schwer für dich gewesen sein!

Es ist nicht leicht, Mutter zu sein. Du schienst diese Rolle mit Leichtigkeit auszufüllen, obwohl du jahrelange Behandlungen über dich ergehen lassen musstest. Du warst eine Mutter, wie sie im Buche steht. Du hattest eine Engelsgeduld, hast lecker gekocht und unsere Pullis mit Aufnähern verziert. Und obwohl du Vollzeitlehrerin warst, hatte ich nie das Gefühl, dass du nicht genügend für uns da warst (bis auf diese blöde Schulaufführung, bei der du gefehlt hast, aber darüber will ich mal großzügig hinwegsehen). Du warst – und bist – mein Mama-Vorbild. Du bist fast so etwas wie eine Supermutter, und ich bin sehr stolz darauf, dass diese Supermutter *meine* Mutter war.

Heute bin ich selbst Mutter. Ich bin eine Mutter, die weder backen noch nähen kann, die wegen Kleinigkeiten die Nerven verliert, weil sie einfach keine Geduld hat. Oft denke ich, ich könnte eine deutlich bessere Mutter sein, wenn du mir dabei helfen würdest. Es ist einfach nicht fair, eine Mutter ohne Mutter sein zu müssen!

Ich versuche mir klarzumachen, dass auch ich eine Mutter habe. Dass du jeden Tag bei mir bist. Nicht körperlich und auch nicht irgendwo da oben auf dem sagenumwobenen Regenbogen. Sondern in meinen Gedanken und in meinem Herzen, in all meinen Kindheitserinnerungen. Ich stehe tief in deiner Schuld – du hast mir eine Kindheit geschenkt, die ich deinen Enkeln auch gern schenken möchte. Du würdest sie lieben, Mama! Es sind zwei wirklich fantastische Jungs! Und sie würden dich lieben! Henry hätte liebend gern mit dir gekuschelt, und Jude hätte sich begeistert von dir vorlesen lassen. (Wahrscheinlich hätte er zwischendurch versucht, dir eine reinzuhauen. Aber das ist nur so eine Phase.) Und James hättest du auch geliebt! Meinen Ehemann habe ich sehr klug gewählt. Ich war mir immer sicher, dass du mit meiner Entscheidung sehr einverstanden gewesen wärst.

An den Tagen, an denen ich am meisten zu kämpfen habe, an denen ich das Gefühl habe, als Mutter zu versagen – nun, an diesen Tagen weiß ich wieder, wie großartig du warst. Ich möchte, dass du stolz auf mich bist. Ich kann dir nicht versprechen, dass ich irgendwann lernen werde, besser zu kochen. Ich kann dir auch nicht versprechen, dass ich nie mehr rumschreien werde (ich werde definitiv rumschreien, ich kann einfach nicht anders!). Dass ich keine Fehler mehr machen oder immer mal wieder alles andere als perfekt sein werde.

Aber eines kann ich dir versprechen:

Dass ich mein Bestes tun werde. Denn das ist das Einzige, was zählt, hast du uns immer gesagt – zu Recht! Ich möchte, dass meine Jungs eine glückliche, behütete Kindheit haben, vor allem aber, dass sie sich geliebt fühlen. Ich werde sie lieben wie verrückt, mit jeder Faser meines Herzens. Und ich werde versuchen, ihnen deine Liebe zu ersetzen.

Ich werde ihnen die Extrakuscheleinheiten geben, die sie von dir nicht kriegen können, und ich werde ihnen erzählen, dass du einfach die Beste warst.

Denn das ist die reine Wahrheit.

Es tut mir in der Seele weh, dass du niemals hören wirst, wie ich ihnen das erkläre.

Ich würde
sie nie mehr
hergeben
(...oder?)

»Manchmal schaue ich meine Jungs
an und kann kaum fassen,
dass das meine Söhne sind.«

Ehe man sich's versieht...

Würde ich jedes Mal eine Münze bekommen, wenn jemand sagt: »Meine Güte, sind die groß geworden!«, hätte ich genügend Geld, um ständig bei Petit Bateau einzukaufen. Aber als Babys haben meine von Reflux gequälten Jungs sowieso jedes Outfit innerhalb weniger Sekunden vollgekotzt, und auch heute noch finde ich, dass 30 Euro eine schöne Stange Geld für ein Ringelshirt sind. Da gehe ich lieber zu H&M.

Entschuldigung, ich schweife ab. Ich wollte über das Lieblingsthema eines typischen Gesprächs unter Eltern schreiben: Wie schnell die Zeit vergeht!

»Das ist die schönste Zeit, genieße sie!«

»Eines Tages wirst du dich danach zurücksehnen!«

»Und plötzlich gehen sie in die Schule!«

Normalerweise gebe ich nichts auf diese ungebetenen Perlen der Weisheit. Anfangs haben mich solche Bemerkungen auch ziemlich genervt: Als Henry sich weigerte, sein Protesteck zu verlassen (einmal war es der Kaufhauslift, in dem er sich brüllend auf den Boden warf, was andere Fahrgäste dazu bewog, kopfschüttelnd auszusteigen). An den Abenden, an denen ich in einem Spielzeughaufen saß, Essen aufsammelte, das aus dem Hochstuhl geworfen worden war, und schmutzige Wäsche aufhob, ohne überhaupt zu wissen, wo ich mit dem Aufräumen anfangen sollte. An den Tagen, als Jude nach seinem Fläschchen schrie (das irgendwie immer ein bisschen zu heiß war) oder sich zahnend an meine Knöchel klammerte und meine Jeans vollsabberte. In solchen Momenten gelangte ich regelmäßig zu dem Schluss, dass die Zeit gar nicht schnell genug vergehen kann und ich mich bestimmt nie nach solchen Anekdoten zurücksehnen würde.

Ich neige nicht dazu, in Meilensteinen zu denken, mich gerührt daran zurückzuerinnern. Nicht weil es keine Meilensteine gegeben hätte – im Gegenteil! Es passieren ständig die tollsten Dinge. Daher habe ich nie ein großes Theater um den ersten Zahn, das erste selbstständige Umdrehen usw. gemacht. Und ich hätte nie gedacht, dass ich einmal zu den Eltern gehören würde, die alte Babyfotos hervorkramen und sagen: »Oh, schau ihn dir nur an! Schau nur, wie winzig er war!«

Doch genau so ist es gekommen.

Den ersten sentimentalen Anfall hatte ich im Herbst letzten Jahres, als sich Judes erster Geburtstag näherte. Diese Gefühlswallungen trafen mich ziemlich unvorbereitet – auch weil mich Henrys erster Geburtstag relativ kaltgelassen hatte (tut mir leid, H Bomb, wir hatten eine tolle Feier, aber Tränen der Rührung gab es keine). Doch dass mein Zweitgeborener ein Jahr alt werden würde, beschäftigte mich bereits Wochen vorher – zum Beispiel, wenn ich abends die Augen schloss und ausnahmsweise mal nicht an die Punkte auf meiner To-do-Liste dachte, wie »Termin bei Frauenarzt ausmachen« und »Altglas wegbringen«.

Ich ertappte mich dabei, Judes Duft einsaugen zu wollen, diese Baby-Aura, die ihn umgab, ganz und gar in mich aufzunehmen. Natürlich wusste ich rein verstandesmäßig, dass er an seinem Geburtstag nur einen einzigen Tag älter sein würde als am Tag zuvor. Doch er würde ein Einjähriger sein, ein *Einjähriger* mit Zähnen und den ersten Schuhen. Ist ein Kind ein Jahr alt, ist es schließlich kein richtiges Baby mehr, oder? Ab dem ersten Geburtstag geben viele Eltern das Alter ihres Sprösslings in Jahren an, nur ich befürchtete, für immer in der Monatsschleife hängenzubleiben: »Er ist vierzehn/siebzehn/zweiundzwanzig Monate alt.« Wie lange lässt sich das durchhalten? »Er ist jetzt 219 Monate und lebt im Studentenwohnheim. Ja, es geht ihm gut, danke, er entwickelt sich prächtig und wiegt jetzt zweiundachtzig Kilo.«

James sah mich belustigt, aber auch etwas besorgt an, als ich ihm erzählte, dass mich Judes erster Geburtstag wehmütig stimmte. So etwas hatte es noch nie gegeben: Seine sonst nicht gerade babyversessene Frau wurde auf einmal babyversessen! Irgendwann fühlte er sich sogar gezwungen klarzustellen: »Ja, aber wir werden trotzdem kein weiteres Kind mehr bekommen. Nie mehr!«

So verführerisch es auch wäre, ihn umzustimmen, indem ich sehnsüchtig Babyschühchen betrachte oder Namen für ein drittes Kind vorschlage – ich bin mir eigentlich ebenfalls sicher, kein weiteres Kind zu wollen. Und genau deshalb bin ich ja ein wenig sentimental: weil mir klar geworden ist, dass dieses Kapitel ein für alle Mal abgeschlossen ist – wie ein bestimmtes Level eines Computerspiels.

Baby-Level: abgeschlossen.

Etwas, das gleich aus mehreren Gründen gefeiert werden sollte: Ich werde sicherlich kaum den nudelverklebten Hochstuhl vermissen, genauso wenig wie die Babykotze und das Dauergequengel zwischen siebzehn und neunzehn Uhr. Auch das Mitschleppen einer riesigen Wickeltasche wird mir garantiert nicht fehlen. Es wäre auch gelogen zu behaupten, dass ich das Stillen im Drei-Stunden-Rhythmus vermissen werde oder dass mir beim Anblick der winzigen Fußabdrücke auf der Geburtsanzeige die Tränen kommen.

Trotzdem: Eine Ära ist zu Ende. Jude ist schon so groß geworden, und ich weiß aus Erfahrung, dass er schon bald mit Lichtschwertern herumfuchteln und Furzgeräusche machen wird. In gar nicht ferner Zukunft werden wir mit dem Töpfchentraining beginnen, ihn mit richtigen Hosen vertraut machen und das ganze Pipi-Unfälle-Drama noch mal erleben. Ich habe ausgerechnet, dass wir bis dahin 1825 Mal eine volle Morgenwindel gewechselt haben werden. Und obwohl mich noch so manche vollgepinkelte

Hose erwartet, werde ich trotzdem einen Freudentanz aufführen, wenn die letzte Windel entsorgt wird.

In der Zwischenzeit ist sein großer Bruder (mittlerweile ein Profi in der Kunst des Lichtschwertschwingens und Pupsens) in eine ganz neue Phase eingetreten, nämlich in den Kindergarten, was weitere sentimentale Anfälle hervorgerufen hat. Immer wieder habe ich an besonders anstrengenden Tagen mit Henry gemurmelt: »Es wird höchste Zeit, dass du in die Schule kommst!« Doch mittlerweile bin ich mir da nicht mehr so sicher. Er kommt nämlich dieses Jahr in die erste Klasse, und allein beim Gedanken dass mein Schätzchen, *mein Baby,* mit Schuluniform und Ranzen ein Klassenzimmer betreten wird, zieht sich mein Herz jetzt schon schmerzhaft zusammen. An seinem ersten Schultag werde ich bestimmt weinend über alten Babyfotos sitzen und zu anderen Eltern Sätze sagen wie: »Oh, ist die groß geworden!«, und: »Genieß die Zeit!« Denn bis dahin werde ich den Vorfall im Kaufhauslift längst verdrängt haben und mich nach dem Moment zurücksehnen, an dem ich noch beide Jungs gleichzeitig auf den Schoß nehmen und an ihren Haaren schnuppern konnte, ohne dass sie protestierten.

Aber es wird natürlich noch viele andere schöne, scheußliche und zweifellos auch schreckliche Momente geben. (Ich habe Hunderte Mails von Eltern bekommen, in denen steht, dass das bisher noch gar nichts war, was ich ihnen sofort glaube.) Ich weiß, dass ich die Kinder unzählige Male zur Schule bringen, Übernachtungsbesuche organisieren und besorgt aufbleiben werde, bis sie, beschwipst von Alkopops, zur Tür hereingestolpert sind. Aber ich weiß auch, dass sie nie mehr so von mir abhängig sein werden wie in diesen ersten Jahren. Ich bin im Moment noch extrem wichtig für meine Jungs, und obwohl es mich manchmal in den Wahnsinn treibt, wenn sie so klammern, wäre es gelogen zu behaupten, dass es sich nicht auch *gut* anfühlt, gebraucht zu werden. Es hat zwar etwas Befreiendes zu wissen, dass sie immer unabhängiger werden (ich freue mich jetzt schon auf die Wochenendtrips mit James, während die Kinder bei ihrem Opa bleiben), aber es ist auch ein bisschen traurig.

Bald werden sie in der Schule sitzen und stundenlang Zeug lernen, von dem ich nicht mehr die geringste Ahnung habe. Und schon bald werden sie viel zu cool sein, um noch in der Küche mit mir tanzen oder zu mir ins Bett krabbeln zu wollen.

Diese Dinge werde ich definitiv vermissen.

Wenn Sie momentan ein winziges Baby zu Hause haben, das Sie die halbe Nacht am Schlafen hindert/in Ihren BH kotzt/die Wiege vollscheißt, oder wenn Sie gerade mit einem kreischenden Kleinkind aus dem Supermarkt zurückgekehrt sind, werden Sie meine Schilderungen von zukünftigen sentimentalen Anfällen vermutlich mit Skepsis lesen. Ich selbst war damals höchst skeptisch allen Müttern gegenüber, die behaupteten: »Ehe du dich's versiehst, geht er zur Schule, und du wirst dich nach dieser Zeit zurücksehnen!« Die Schule schien noch eine *Ewig-*

keit weg zu sein. Und jetzt sitze ich hier, muss mich für eine bestimmte Grundschule entscheiden, mache mir Riesensorgen, wie Henry ohne mich zurechtkommen wird und noch größere darum, dass er es tatsächlich schaffen könnte (was er sicherlich tun wird).

Vielleicht muss man diese sentimentalen Anfälle erst selbst erlebt haben, um sie zu verstehen. Vielleicht gehört es zum Elternsein einfach dazu, dass man manchmal an seinen kleinen Kindern verzweifelt – nur um dann plötzlich eines Tages aufzuwachen und festzustellen, dass man genau diese kleinen Kinder vermisst.

So, jetzt werde ich endlich damit aufhören zu sagen, wie schnell die Zeit vergeht, und mir stattdessen alte Babyfotos anschauen. Aber sagen Sie bitte nicht, ich hätte Sie nicht gewarnt!

> »Es ist schon verrückt, wie sehr man sich danach sehnt, dass diese erste Zeit endlich geschafft ist – nur, um sie sich bald darauf zurückzuwünschen.«
>
> *Mhairi*

Wird man als Mutter ein anderer Mensch?

Mehrere Wochen nach Henrys Geburt fragte mich eine Freundin: »Und, fühlst du dich jetzt *anders,* so als Mutter?«

»Nein«, sagte ich. »Eigentlich nicht.«

Ich fühlte mich *körperlich* anders. Meine Brüste waren so groß wie Melonen, und ich hatte gerade erst ein über drei Kilo schweres menschliches Wesen aus meiner Scheide gepresst. Es war mir schon besser gegangen. Aber emotional, psychisch, seelisch war ich ganz die Alte. Ich schaute in den Spiegel, sah eine dickere, erschöpftere Version meiner selbst, war aber im Grunde unverändert.

Nur, dass ich ein Baby im Arm hielt.

Natürlich würde sich mein Leben, mein Körper mit Kindern deutlich verändern, nicht aber meine Persönlichkeit, davon war ich fest überzeugt. Obwohl nun Dinge für mich wichtig waren, die ich vorher überhaupt nicht gekannt hatte – Windeln, Spucktücher, Stilleinlagen – war ich doch genau dieselbe wie vorher.

Ich kenne allerdings auch Mütter, die sich durchs Muttersein komplett verändert haben. Sie sind zu ganz anderen Menschen geworden. Ehrlich gesagt hatte ich ziemliche Angst davor, dass es mir genauso gehen könnte. Ich wollte mit aller Macht verhindern, dass mein früheres Ich von meinem Mutter-Ich verdrängt würde.

Doch neulich im Auto hatte ich ein Aha-Erlebnis. Ich war allein unterwegs zur Krippe und hatte endlich mal wieder Gelegenheit, eine meiner alten CDs einzulegen. Neben einigen R'n'B-Stücken aus den Neunzigern und mehreren Songs von The Killers (meine absolute Lieblingsband – Brandon, ich liebe dich!) befand sich auch »Niggas in Paris« von Jay-Z und Kanye West darauf.

In dem Moment, als ich die »Muh-fuckas«-Passage ordentlich aufdrehte, sah ich mein Spiegelbild im Rückspiegel. Dann ließ ich meinen Blick über den Maxi-Cosi und den Sonnenschutz mit dem Katzenmotiv schweifen. Ich musterte die verräterischen Krähenfüße rund um meine Augen und meinen gescheiterten Versuch, die Augenringe abzudecken. Und plötzlich kam ich mir nur noch blöd vor, hier in voller Lautstärke was von muh-fuckas zu hören. *Ich fühlte mich wie eine Mutter.*

Diese CD stammte aus den Zeiten, als ich stundenlang in meinem PS-starken BMW mit den Sportsitzen zu Kunden unterwegs gewesen war. Jetzt, wo Kanye was von »echt irre, der Scheiß« rappte, während ich in unserem alten Vauxhall Astra saß, umgeben von leeren Quetschi-Packungen und kaputten Spielsachen (ein altes Quietschtier und ein halber Ninja Turtle), war es einfach nicht mehr dasselbe. Der Sonnenschutz, der Kindersitz und die Tatsache, dass ich Jay-Z am liebsten gegen den Soundtrack des Films »High School Musical« ausgetauscht hätte, waren eindeutige Beweise dafür, dass sich mein Leben verändert hatte. Und dass ich mich ebenfalls verändert hatte.

Es gibt durchaus Momente, in denen mein altes Selbst wieder durchkommt: Als ich neulich mit ehemaligen Arbeitskolleginnen aus war, warf ich den Vorsatz, bei Gin zu bleiben, schon um neunzehn Uhr über Bord. Obwohl drei von uns fünfen Kinder haben, tranken wir wild durcheinander und quatschten über alles Mögliche, das nichts mit unseren Kindern zu tun hatte. Es wurde an diesem Abend über Dinge geredet, von denen ich mich bis heute noch nicht erholt habe, zum Beispiel von einem erwachsenen Menschen (!), der im Bett einen mehr als feuchten Pups gelassen hat. Ich wusste gar nicht, dass einem das auch noch jenseits des Kleinkindalters passieren kann ...

Ich muss aber nicht zwingend sternhagelblau sein, um über etwas anderes als die Kinder reden zu können. In unserer Krabbelgruppe war ich immer die Erste, die versuchte, von den Themen Zahnen, Schlaflosigkeit und Perzentilenkurven abzulenken – nicht, weil ich meine Mutterrolle verleugne, sondern, weil es zur Abwechslung einfach mal guttut, über »Game of Thrones« quatschen zu können.

Ich habe jede Menge kinderlose Freunde. Manchmal bevorzuge ich es sogar, meine kinderlosen Freunde zu sehen, statt Spieleverabredungen zu treffen. Denn Schilderungen von Urlaubsflirts, berufliche Neuigkeiten oder Klatsch und Tratsch aus dem Internet sind eine willkommene Abwechslung zu den Gesprächen über Nachsorgeuntersuchungen und Folgemilch. Gut möglich, dass ich mich ein Stück weit über meine kinderlosen Freunde auslebe, aber natürlich führe ich ein völlig anderes Leben als sie. Meine Kinder haben mein ganzes Dasein verändert und infolgedessen auch mich.

Sie haben mein Denken verändert und auch meine Denk*inhalte*. Ich bin nicht mehr so unbekümmert. Ich spüre die enorme Verantwortung, es nicht zu versauen, sicherzustellen, dass sie eine glückliche, behütete Kindheit haben. Ich habe Angst, nicht gut genug zu sein, glaube, sie hätten eine bessere Mutter verdient, weil ich mich manchmal überfordert fühle. Doch manchmal sehne ich mich nach der Zeit zurück, in der ich mir noch Rap-CDs angehört und Ausgehabende zelebriert habe, ohne dass ich am nächsten Tag auf irgendeinem Kindergeburtstag auftauchen und Blinde Kuh spielen musste. Kindergeburtstage sind wirklich die Hölle, wenn man verkatert ist!

Manchmal schaue ich meine Jungs an und kann kaum fassen, dass das *meine Söhne* sind. Meist passiert das an Tagen, an denen ich gearbeitet und mich fast wieder wie mein altes Selbst gefühlt habe, bis mir plötzlich dämmert, dass ich ja für zwei sehr reale kleine Menschen verantwortlich bin – Hilfe, wie ist das nur passiert? Natürlich weiß ich, wie es passiert ist (und nein, ein Storch war nicht involviert), aber manchmal kann ich immer noch nicht richtig glauben, dass ich eine Mutter bin.

Ich bin Mutter.

Und natürlich nicht nur das. Ich bin Autorin, Bloggerin (wenn auch leider keine von den coolen, hippen), Freundin, Ehefrau, ehrenamtliche Mitarbeiterin bei einer Frauenhilfe-Hotline und außerdem eine ziemlich ungeschickte Person, die nicht richtig abwaschen kann (angeblich weiche ich das Geschirr nicht genügend ein – egal!) und eine Vorliebe für Gin und Zimtschnecken aus der Tiefkühltruhe hat. Aber wären alle Aspekte meines Lebens in einem Tortendiagramm abgebildet, würden meine Jungs den größten Teil einnehmen (James eingeschlossen, aber das verrate ich ihm lieber nicht!).

Höchstwahrscheinlich wird mein Leben nichts mehr so nachhaltig verändern wie die Tatsache, dass ich Mutter geworden bin. Diese Veränderungen sind einfach unglaublich. Neben diesen silbrigen Dehnungsstreifen (habe ich eigentlich schon erwähnt, dass ich sie an den *Schenkeln* habe?) und den logistischen Herausforderungen, die man bewältigen muss, wenn man zwei Kinder hat, gibt es auch Unmengen von seelischen Veränderungen. Die Eltern, denen das nicht passiert, möchte ich gern einmal kennenlernen!

Dass ich Mutter geworden bin, hat mich tatsächlich verändert. Meine Jungs haben mich verändert. Aber im Großen und Ganzen finde ich das gut so. »Echt irre, der Scheiß«, um es mit Kanyes Worten zu sagen!

»Niemals hätte ich gedacht, dass ich mich als Mutter so aufführen würde: Ich habe doch glatt applaudiert, als mein Sohn zum ersten Mal auf dem Töpfchen saß und reingepupst hat! Das zählt doch auch als Erfolg, oder? Wir waren jedenfalls beide ungeheuer stolz!«

Amy

»Sie wissen ja gar nicht, wie gut Sie es haben!«

Bevor ich dieses Buch beende, muss ich dringend noch was loswerden. Ich habe das Bedürfnis, mir mal so richtig Luft zu machen, mich richtig auszukotzen: übers Auskotzen. Darüber, dass man sich offenbar nicht auskotzen darf! (Ich schreibe dieses Kapitel mit einem Glas Wein neben mir, weil es sich ein bisschen anfühlt wie ein Gespräch mit einer guten Freundin, das mit einem lauten Seufzer beginnt.)

Seit ich mir meine Probleme als Mutter auf meinem Blog »The Unmumsy Mum« von der Seele schreibe, werde ich regelmäßig dafür kritisiert, dass ich mich über das Leben mit Kindern beschwere. Dass ich beschreibe, welche Gefühle es in mir auslöst. Einmal habe ich doch glatt geschrieben: »Wäre das hier eine bezahlte Stelle, würde ich sofort fristlos kündigen.«

Die Kritik beschränkt sich nicht auf meine, zugegeben meist sehr offenherzige, Ausdrucksweise, sondern besteht meist aus Variationen des immer gleichen Themas: Worüber beschwert die sich überhaupt?

»Sie sollten dankbar sein! Andere Leute können keine Kinder kriegen.«

»Wenn Sie sowieso bloß jammern, warum haben Sie dann überhaupt Kinder bekommen?«

»Sie wissen ja gar nicht, wie gut Sie es haben!«

Ich habe diese Reaktionen nicht etwa auf die leichte Schulter genommen oder den Absendern heimlich den Stinkefinger gezeigt und gemurmelt: »Ach, ihr könnt mich mal, ihr selbstgerechten Wichser!« Ehrlich gesagt war ich davon ziemlich getroffen. Einmal habe ich sogar James gegenüber erwähnt, dass ich überlege, den Blog (und meine Aktivitäten in den sozialen Medien) einzustellen und einfach nur Mutter zu sein anstatt die »Unmumsy Mum«.

Aber natürlich hatte ich das nie ernsthaft vor, sodass ich nach außen hin so tat, als würde mich negatives Feedback nicht kratzen. Doch die wiederkehrenden Kommentare haben mich einfach nicht mehr losgelassen, an mir genagt und mir ein ziemlich schlechtes Gewissen gemacht. Wenn mich heute mal wieder Selbstzweifel überfallen, halte ich mich an einen sehr weisen Rat von Taylor Swift – »Shake it off«! Aber es gab eine Zeit, in der ich mich schwertat, ihre Empfehlung in die Tat umzusetzen und diese Kommentare zu ignorieren. Vermutlich, weil ich wusste, dass sie einen wahren Kern enthalten.

Ich *habe* unglaubliches Glück.

Ich habe *überhaupt keinen* Grund, mich zu beklagen.

Ich *sollte* mehr Dankbarkeit zeigen.

Ich weiß das alles, weil ich sehr wohl dazu in der Lage

bin, über den eigenen Tellerrand hinauszuschauen. Ich weiß wirklich nicht mehr, wie oft ich ausgiebig gejammert habe (vermutlich, weil die Kinder mal wieder ununterbrochen gequengelt haben oder weil ich mich nach einem weiteren beschissenen Tag zu Hause ins Büro zurücksehnte) – nur um dann sofort zu verstummen, wenn ich etwas sah, hörte oder las, das mir bewusst machte: Meine Güte, worüber beklage ich mich eigentlich?

Ich habe von Eltern gelesen, deren Kinder behindert sind. Von Eltern, die die Liebe ihres Lebens oder eines ihrer Kinder verloren haben. Ich habe von Paaren gehört, die jahrelang vergeblich versucht haben, Kinder zu bekommen, die ihr Heil in künstlicher Befruchtung suchten, nur, um dann doch eine Fehlgeburt zu erleiden. Es reicht ja schon, die Nachrichten anzuschauen: Als ich die Leiche des dreijährigen Flüchtlingsjungen Alan Kurdi sah, angespült an einen türkischen Strand, habe ich den ganzen Tag geweint und mir geschworen, mich nie mehr über mein Leben zu beklagen.

Alle diese Geschichten sind mit unvorstellbarem Leid verbunden und bringen mich immer dazu, mir vorzunehmen, weniger zu jammern und dankbarer zu sein.

Ich habe zwei Söhne, ein Haus, ich bin gesund, *sie* sind gesund – oft genug umarme ich meine Kinder mit einem Seufzer der Erleichterung darüber, dass bei uns alles in Ordnung ist. Meine wunderbare Mutter war noch nicht mal fünfzig, als sie gestorben ist, ich weiß also, wie kurz das Leben sein kann. Vieles spricht dafür, sich auf die positiven Dinge zu konzentrieren, sich bewusst zu machen, dass alles viel schlimmer sein könnte. (Aber hören Sie schon das große ABER? Genau das kommt jetzt.)

Ich könnte diese Kapitel leicht mit dem Rat beenden: »Also konzentrieren Sie sich auf die positiven Dinge und jammern Sie nicht so viel.« Aber das sehe ich gar nicht ein. Ganz einfach, weil ich auch über die vielen Kommentare nachgedacht habe, die ich von anderen Eltern bekomme. Eltern, die mir schreiben, dass sie mit ihrem Latein am Ende sind und kaum noch wissen, wie sie den Tag oder die Woche (oder überhaupt das gesamte Elternsein) überleben sollen. Das sind keine Leute, die einfach nur gern jammern. Sie geben aufrichtig zu, wie schwer sie sich gerade tun, und fühlen sich auch noch schuldig deswegen! Ihre Mails enden oft genug mit dem Satz: »Ich weiß, ich sollte eigentlich froh sein ...«, oder: »Ich weiß, dass es Leute gibt, die deutlich schlechter dran sind ...« Und obwohl ich mich darin wiedererkenne, finde ich das doch ziemlich frustrierend. Meist möchte ich sofort darauf antworten: »Ich *weiß*, dass Sie Ihr Glück zu schätzen wissen. Mal Dampf abzulassen, bedeutet *nicht,* dass Sie undankbar sind. Jammern gehört einfach zum Leben dazu. Wir sollten unsere Ängste und Sorgen, unsere Wut und unseren Frust lieber miteinander teilen: ganz einfach, weil es uns hilft zu verstehen, dass wir ganz normal sind.«

Zu dieser Erkenntnis gelangte ich, als ich mit einer Mutter sprach, die zehn Jahre lang vergeblich versucht hatte, schwanger zu werden, bevor sie mithilfe von künstlicher

Befruchtung eine wunderbare Tochter bekam. Sie erzählte mir, dass sie einmal nach einem besonders harten Tag gerufen hatte: »Das war es, verdammt noch mal, alles nicht wert!« Und zwar in Gegenwart einer schockierten Freundin und um anschließend vor lauter Gewissensbissen in Tränen auszubrechen. Allein das Wunder, dass sie überhaupt eine Tochter bekommen hatte, schien ihr jegliches Jammern zu verbieten. Doch auch ihre Tochter konnte wie jedes kleine Kind hin und wieder eine echte Nervensäge sein. Ich wusste, dass diese Mutter noch mehr als viele andere in der Lage war, über den Tellerrand hinauszuschauen und schier platzte vor Dankbarkeit. Gleichzeitig weiß ich aber auch, dass jeder von uns mal Dampf ablassen muss, egal, wie dankbar er ist!

Klar, wenn ich mir überlege, mit welchen Schicksalen manche Familien zu kämpfen haben, überlege ich mir auch, ob ich mich wirklich über meine Bagatellprobleme beschweren muss. Doch so lobenswert diese Überlegung auch sein mag – sie ist immer schnell wieder vergessen. Im Nu habe ich es wieder mit einem schreienden Baby und einem brüllenden Kleinkind zu tun, das sich zum sechsundsiebzigsten Mal weigert, eine Hose anzuziehen. Und dann gewinnt meine Wut die Oberhand, und ich denke kein bisschen mehr an die anderen, sondern verfasse einen neuen Blogeintrag voller Selbstmitleid und außerdem eine SMS an James, »dass ich die Faxen echt dicke habe« (tut mir leid, James). Ich kann das einfach nicht kontrollieren!

Nicht *ein Mal* bin ich aufgewacht und hab mir gedacht: Heute will ich mich mal so richtig darüber auskotzen, wie sehr meine Kinder mich nerven und was für eine bescheuerte Idee es war, Mutter zu werden.

So funktioniert das nicht.

Deshalb verteidige ich alle Eltern, die sich bei mir beklagen und bedaure auch meine eigenen Jammerpostings nicht, nicht einmal besagten Satz, dass ich meine Mutterrolle am liebsten aufkündigen würde. Ganz einfach, weil es sich damals so angefühlt hat. Ich war wütend, frustriert, gelangweilt und hatte ein schlechtes Gewissen, und zwar alles auf einmal. Damals wollte ich nur noch alles hinwerfen. Damals habe ich mir mein altes Leben zurückgewünscht, als nicht alle zehn Minuten jemand weinte, als ich noch in Ruhe aufs Klo gehen, ja sogar Nachrichten hören konnte, ohne dass diese von elektronischem Spielzeug übertönt wurden.

Doch selbst, wenn ich damals als Mutter hätte kündigen können, hätte der Anblick zweier leerer Bettchen gereicht, um mich eines Besseren zu besinnen: Spätestens dann hätte ich mich in den Staub geworfen und alles dafür getan, meinen Job zurückzubekommen. Ich kotze mich aus übers Kinderhaben – aber nicht, weil ich undankbar wäre, sondern, weil die lieben Kleinen mich manchmal einfach in den Wahnsinn treiben.

Jetzt, wo ich ausreichend Zeit hatte, mir über die kritischen Kommentare Gedanken zu machen, bin ich zu dem Schluss gelangt, dass das Argument: »Warum Kinder bekommen, wenn man sich anschließend sowieso nur darüber beklagt?« einfach nicht stimmig ist. Das ist ein bisschen so, als würde man sagen: »Nun, Sie haben sich ganz bewusst für den Job in der Personalabteilung entschieden, und jetzt beschweren Sie sich, weil Sie einen beschissenen Arbeitstag hatten? Sie sind doch *freiwillig* hier!«

Stellen Sie sich vor, man würde Ihnen Ihren absoluten Traumjob anbieten. Eine Traumposition, in einer Traumfirma mit einem Traumgehalt. Einen Job, den Sie mit Kusshand angenommen haben. Aber statt montags bis freitags von halb neun bis halb sechs zu arbeiten, schuften Sie täglich mindestens sechzehn Stunden, werden nachts mehrfach zum Arbeiten aus dem Schlaf gerissen und dürfen nicht mal mehr unbeaufsichtigt aufs Klo. Wetten, dass Sie spätestens am Mittwochabend denken: »Meine Güte, hört der Scheiß eigentlich nie auf?« Genauso ist es, wenn man Kinder hat. Manchmal ist es einfach fantastisch, und ich bin wirklich froh, dass ich diesen Job habe. Und manchmal ist es einfach nur furchtbar, sodass ich mir meinen alten Job zurückwünsche.

Ja, ich habe mich bewusst für Kinder entschieden. *Sogar zwei Mal!* Und ich möchte sie nicht mehr missen, aber trotzdem werde ich doch mal sagen dürfen: »Scheiße, mir reicht's!« Jeder von uns darf das. Nicht, weil wir unsere Kinder nicht zu schätzen wüssten oder all das Schöne in unserem Leben nicht sehen. Sondern weil wir uns einfach manchmal scheiße fühlen, wenn der Tag besonders anstrengend war. Und auch, wenn diese Gefühle längst nicht mit denen zu vergleichen sind, die man beim Verlust eines geliebten Menschen, einem Trauma oder einer echten Panikattacke empfindet, sind sie doch sehr real.

Wie gesagt, es tut immer gut, über den Tellerrand hinauszuschauen. Aber es ist kein Allheilmittel und hilft einem erst recht nicht, über die vermaledeiten ein, zwei Quengelstunden am späten Nachmittag hinweg. Wenn ich mich mit einem mit Essen werfendem Baby und einem trotzenden Kleinkind herumschlagen muss, kann ich das einfach nicht als Segen betrachten. Man ist nicht *verpflichtet*, jeden einzelnen Moment zu genießen, und deshalb sollte man auch kein schlechtes Gewissen haben, wenn man sich ab und an mal auskotzen muss.

Das Schreiben dieses Kapitels hat sich angefühlt wie eine Therapiesitzung! Begonnen hatte ich es mit der Bemerkung »Du weißt ja gar nicht, wie gut du es hast« im Hinterkopf. Und jetzt möchte ich allen Mitgliedern der »Jammer nicht rum«-Fraktion noch Folgendes sagen:

Liebe Mitglieder der »Jammer nicht rum«-Fraktion,

danke, dass Sie mein Gejammer kritisieren und versuchen, mir ein noch schlechteres Gewissen zu machen, als ich es ohnehin schon habe, weil ich nicht jede Sekunde als Mutter genieße.

Trotzdem habe ich beschlossen, Ihre Kommentare zu ignorieren. Ich muss mir von Ihnen nicht anhören, wie gut ich es habe. Meine beiden Söhne sind ein unglaubliches

Geschenk. Wenn Sie sich die Mühe machen, genauer hinzuschauen, werden Sie staunen, wie ausführlich ich auch das, neben meinem ausgiebigen Gejammer, dokumentiert habe.

Aber ich bin nur ein Mensch, den das Muttersein manchmal auf eine harte Probe stellt, und kein Roboter, der darauf programmiert ist, alles im Leben jubelnd zu begrüßen. Mir ist durchaus klar, dass es Menschen gibt, die es längst nicht so gut getroffen haben – aber es gibt eben auch Tausende von Müttern, die sich sehr einsam fühlen, wenn sie einen schlechten Tag haben. Und deshalb werde ich nicht aufhören, immer wieder in die Welt hinauszurufen, dass sie damit nicht allein sind.

Mit anderen Worten: Sie können mich mal!

Mit herzlichen Grüßen von der »unmumsy« (aber nicht undankbaren) Mum

Einsteigen und festhalten!

Ronan Keating hat mal gesungen, dass das Leben die reinste Achterbahn sei, und statt »Leben« hätte er genauso gut »Elternschaft« singen können.

Es stimmt: Ich habe aus meinen Gefühlen nie einen Hehl gemacht, auch vor den Kindern nicht. Ich bin dafür bekannt, im Auto zu schreien: »Entscheide dich für eine Spur, du Wichser, für irgendeine Spur!« Man hört mich an feuchtfröhlichen Ausgehabenden hysterisch lachen und sieht mich bei Talentshows gerührt in Tränen ausbrechen, wenn einer der Teilnehmer sagt, dass er es zum ersten Mal seit dem Tod seiner Katze wieder wagt zu singen.

Ich bin also offensichtlich recht gefühlsbetont. Aber so eine emotionale Achterbahn wie in den letzten vier Jahren meines Lebens habe ich noch nie erlebt. Und das war fast die größte Herausforderung am Mutterwerden.

Es gibt keine guten oder schlechten Tage mehr: Seit ich Mutter bin, durchlebe ich oft sämtliche Gefühle an nur einem Tag. Manchmal sogar in nur einer *Stunde*. Man weiß einfach nie, was einen als Nächstes erwartet.

Manchmal werde ich wütend. So sehr ich mich auch bemühe, diese Wutanfälle zu unterdrücken (und ich bemühe mich wirklich!), kann ich nur ein begrenztes Maß an Nahrungsverweigerung, Sofa-Hechtsprüngen und Gequengel ertragen. Ich sage bestimmt 127 Mal am Tag »Verdammte Scheiße« (und seufze). Ich hasse es, wie ich mich als Mutter anhöre. Ich schimpfe eindeutig zu oft.

Manchmal habe ich ein schlechtes Gewissen. Weil ich mich nicht ein bisschen mehr anstrenge, nicht immer mein Bestes gebe und die Messlatte tiefer lege: von gut auf *gut genug*. Manchmal bin ich enttäuscht von meiner recht pragmatischen Erziehungsauffassung. Aber manchmal kann ich es eben einfach nicht besser.

Manchmal bin ich glücklich und platze nur so vor Stolz und Dankbarkeit über alles, was ich habe, über meine Familie. Dann lache ich über die Albernheiten meiner Jungs, strahle bis über beide Ohren und frage mich, womit ich bloß so viel Glück verdient habe.

Manchmal habe ich Angst. Angst, weil ich sie so sehr liebe. Angst, weil ich sie eines Tages in die große, weite Welt hinauslassen muss (okay, erst mal bloß in die Schule, aber auch die ist schon deutlich weitläufiger als unser Wohnzimmer). Ich habe Angst, sobald ich sie nicht mehr sehen oder hören kann. Selbst wenn sie nur bei meiner Schwiegermutter übernachten, kann ich den Anblick ihrer leeren Betten kaum ertragen, weil sie mich dazu bringen zu denken: Was wäre wenn ... wenn eines Tages das Schlimmste, das Allerschlimmste passieren sollte?

Alles hat seinen Preis, nicht wahr?

Das Lachen, das Weinen, das Schreien, das Ängsteaus-stehen und noch mehr Lachen. Kein Wunder, dass Eltern immer so erschöpft sind. Dieses ständige emotionale Auf und Ab ist dermaßen anstrengend, dass ich manchmal einfach nur noch meine Ruhe will. Dann wünsche ich mir, zur Arbeit gehen und mich nur wegen irgendwelcher Büroziele zu stressen, um dann zu einer Flasche Weißwein nach Hause zurückzukehren, ohne mich zu fragen, wie ich heute meine andere Rolle bewältigt habe – die unbezahlte, aber deutlich wichtigere Rolle, nämlich die Verantwor-tung für zwei kleine Menschenwesen, die mein Leben völ-lig auf den Kopf gestellt haben.

Wenn ich an all die Male zurückdenke, die ich mich weit fort gewünscht habe, muss ich zugeben, dass ich es in diesen Situationen wirklich so gemeint habe. Aber ohne meine Söhne wäre »weit fort« verdammt leer. Es wäre ruhiger, vorhersehbarer und nicht so chaotisch, und ich müsste zum Weinen nicht mehr auf die Toilette flüchten. *Aber es wäre eben verdammt leer.*

Vielleicht müssen wir diese Aufs und Abs einfach ak-zeptieren. Die Talfahrten genauso wie die Höhenflüge. Vielleicht müssen wir einfach da durch, durch diese be-schissenen Tage, in dem Wissen, dass auch wieder bessere kommen werden.

Ronan hat recht: Das Leben ist eine Achterbahn. Und was bedeutet das?

Einsteigen und festhalten!

Nützliche Adressen

Im Folgenden finden Sie Organisationen, bei denen Sie Hilfe finden, wenn Sie befürchten, an postpartaler Depression zu leiden, wenn Sie nicht mehr weiterwissen oder völlig erschöpft sind.

Deutsches Bündnis gegen Depression e. V.
Klinik für Psychiatrie und Psychotherapie
Universitätsklinikum Leipzig AöR
Semmelweisstr. 10, Haus 13
04103 Leipzig
http://www.buendnis-depression.de/depression/nach-der-geburt.php

Caritas
Einrichtungen, Dienste und Verbände in ganz Deutschland, Österreich und der Schweiz. Zweigstellen in Ihrer Nähe finden Sie unter: www.caritas.de/adressen
www.caritas.at
www.caritas.ch

Elly Heuss-Knapp-Stiftung
Deutsches Müttergenesungswerk
Bergstr. 63
10115 Berlin
Tel. (030) 33 00 29 0
www.muettergenesungswerk.de

Pro Familia
180 Beratungsstellen sowie Onlineberatung
Tel. (069) 26 95 77 90
www.profamilia.de

Wellcome
250 Standorte in Deutschland
Tel. (040) 226 229 720
www.wellcome-online.de

Verband alleinerziehender Mütter und Väter
Bundesverband e.V. (VAMV)
Hasenheide 70
10967 Berlin
Tel. (030) 69 59 78 6
www.vamv.de

Elternnotruf Schweiz
Tel. 0848 35 45 55 (Festnetz-Ortstarif)
www.elternnotruf.ch

Familienberatung Österreich

knapp 400 Beratungsstellen in Österreich

Tel. 0800 240 262 (kostenlos aus dem österreichischen Festnetz)

https://www.familienberatung.gv.at

Dank

Ich möchte mich bei so vielen Leuten bedanken, dass ich am besten nicht lange drumherum rede: Hannah Ferguson, danke, dass du stets an dieses Buch geglaubt und mich als Agentin so gut betreut hast. Auch den Mitarbeitern des Transworld-Verlags danke ich für das Zustandekommen dieses Buches: Ihr seid wirklich ein enorm kluger, liebenswerter Haufen! Mein besonderer Dank gilt Michelle Signore, Sophie Christopher und Louise Jones, aber auf jeden Fall Harriet Bourton, die das ganze Abenteuer überhaupt erst in die Wege geleitet hat, bevor sie sich in den Mutterschaftsurlaub davonstahl ;-)

Dad, danke für alles (wem sonst habe ich die letzten neunundzwanzig Jahre zu verdanken?)! Danke auch Tina Becca, Ena, Andrew und der ganzen Familie, die mich stets unterstützt haben (hauptsächlich mit Kinderbetreuung, der wichtigsten Unterstützung überhaupt). Darüber hinaus möchte ich mich bei allen Freunden sowie ehemaligen und aktuellen Kollegen bedanken, die mir dabei geholfen haben, den Sprung ins Ungewisse zu wagen.

Mary-Anne, danke für deine ermutigenden Worte als beste Freundin! Danke, dass du als Erste immer wieder auf meinen Blog verwiesen hast! Mel, danke, dass du für mich da warst, wenn ich eine Schulter zum Ausweinen gebraucht habe (und dass du manchmal mitgeweint hast). Und ein großes Dankeschön an alle, die ich online kennengelernt und heute Freundinnen nennen darf: Lizzi, Dee, Ella und all die anderen wunderbaren Bloggerinnen, die ich an dieser Stelle unmöglich alle aufzählen kann.

James, mein heiß geliebter James: Danke, dass du einen kühlen Kopf bewahrst, wenn ich meinen gerade verliere. Danke, dass du mir Tee kochst, auch wenn ich eigentlich an der Reihe wäre. Wir beide sind ein tolles Team! Danke, Henry und Jude, dass ihr mich zum Schreiben inspiriert habt und dafür, dass ihr mich so unglaublich stolz macht. Tut mir leid, dass ich manchmal zu sehr mit Tippen beschäftigt war, um eurer Bitte, »Mama, jetzt schau doch mal!« folgen zu können. Lasst uns bald in Urlaub fahren, der Laptop bleibt zu Hause, versprochen!

Zu guter Letzt möchte ich mich noch bei den Lesern meines Blogs und bei meinen Followern in den sozialen Medien bedanken: dafür, dass ihr mir folgt, auf mich verweist und mich regelmäßig zum Lachen bringt. Für all die Kommentare und Bilder, die ihr mir schickt. Ihr habt mir geholfen, mich nicht mehr wie eine mütterliche Totalversagerin zu fühlen, und dafür werde ich euch ewig dankbar sein!

Register

Unsere Leseempfehlung

208 Seiten
Auch als E-Book
erhältlich

„Warum hasst mich mein Kind?" Gut, vielleicht ist „hassen" übertrieben, aber diese oder ähnliche Fragen stellen sich täglich Tausende von Eltern, wenn der Wahnsinn ins Kinderzimmer Einzug hält. Denn Kinder können kleine Psychopathen sein und sich wie das Zentrum des Universums aufführen, ohne auf die Bedürfnisse ihrer fürsorglichen Eltern zu achten. Wann immer Eltern drohen, von Rachegefühlen und Fluchtgedanken übermannt zu werden, sollte dieses Buch konsultiert werden – mit zahlreichen Tipps fürs Essen, Zähneputzen, Schlafengehen, Urlaubmachen und viele andere Krisenmomente im Alltag.

www.goldmann-verlag.de
www.facebook.com/goldmannverlag

 **GOLDMANN**
Lesen erleben